中国物流专家专著系列

物流企业创新

田　雪　著

中国财富出版社

图书在版编目（CIP）数据

物流企业创新／田雪著．—北京：中国财富出版社，2014.12

（中国物流专家专著系列）

ISBN 978－7－5047－5394－6

Ⅰ．①物…　Ⅱ．①田…　Ⅲ．①物资企业—企业创新　Ⅳ．①F253

中国版本图书馆 CIP 数据核字（2014）第 228759 号

策划编辑 张　茜　　**责任印制** 方朋远

责任编辑 白　昕　颜学静　　**责任校对** 饶莉莉

出版发行 中国财富出版社（原中国物资出版社）

社　　址 北京市丰台区南四环西路 188 号 5 区 20 楼　　**邮政编码** 100070

电　　话 010－52227568（发行部）　010－52227588 转 307（总编室）

010－68589540（读者服务部）010－52227588 转 305（质检部）

网　　址 http：//www. cfpress. com. cn

经　　销 新华书店

印　　刷 北京京都六环印刷厂

书　　号 ISBN 978－7－5047－5394－6/F·2246

开　　本 710mm×1000mm　1/16　　**版　　次** 2014 年 12 月第 1 版

印　　张 16. 25　　**印　　次** 2014 年 12 月第 1 次印刷

字　　数 275 千字　　**定　　价** 48. 00 元

前　言

创新是一个国家繁荣昌盛的不竭源泉及动力，也是物流企业占稳市场、谋求发展的重要途径。随着全球服务经济的日益兴起，服务业对经济的带动作用日趋明显。物流服务业对国民经济发展起着越来越重要的作用。在我国，国民经济持续快速增长，对物流服务需求不断增加，但是我国物流企业难以满足市场需求、提供更加个性化的物流服务。当前，以仓储和运输为代表的物流基础业务呈现出极强的同质化竞争态势，同时，物流成本过高、客服满意率不高、物流效率不高。为了在竞争中立于不败之地，物流企业必须不断按照消费者的需求开发新的服务，从而可以在一定程度上形成差异，使物流企业实现持续发展与成长。

目前，物流企业服务创新的研究尚未有公认结论，结合服务创新理论对物流企业服务创新机制进行的研究还不多见，但是从多方联动、协同发展的角度研究物流企业的服务创新是大势所趋。物流业是生产性服务业的重要组成部分，同时也与现代制造业的发展密切相关，存在着互相影响、互相制约的辩证关系。物流业的发展离不开制造产业的发展，制造业的发展离不开物流业的辅助，尤其是在经济发展阶段转化的过程中，以物流为代表的生产性服务行业成为了社会经济创新转型的主导力量。所以，研究物流业与制造业的联动发展便有了重大意义。物流产业与制造业的联动过程，实际是在产业分工深化基础上，原产业价值链分解并重新与物流业融合，形成效率更高的新型产业价值链网，获取产业竞争优势的过程。在制造业与物流业的联动过程中，物流产业与制造业之间相互需求的结构发挥了创新扩散效应，带动两个产业共同成长，促进产业结构整体升级。

因此，本书从物流企业的网络嵌入性入手，通过案例研究、实证研究等方式研究了物流企业以及他们之间服务创新的影响机制。在此基础上，应用博弈方法、系统动力学方法和投入产出联动的方法，分析了与制造业联动背景下的物流企业服务创新途径。物流企业应该如何应对未来大数据和低碳经济的挑战是本书第三部分的研究内容。最后，总结和整理了中国物流企业近年来的服务创新的一些最佳实践案例，希望能对我国物流企业的服务创新建设提供一定的借鉴。

参与本书编写和策划的老师有：张旭凤、王成林、刘俐、温卫娟、杜志平、唐长虹等。杨江龙、塔阳、钱清、司维鹏、刘莹莹、李晓义、郑彩云等研究生也参加了本书的部分编写工作。本书出版得到了北京市教委、北京市组织部、中国物流学会等单位的项目资助，并且得到北京物资学院物流学院领导和同事的大力支持，很多同行和专家也给我提出了宝贵的意见和建议，在此表示感谢。对本书所参考的专著、报告、论文的作者深表谢意。由于作者水平有限，书中疏漏之处难免存在，望读者批评指正。

田　雪

二零一四年六月　于北京

目 录

第一篇 绪论

第二篇 基于嵌入性视角的物流企业服务创新研究

第三篇 综合视角下的物流企业服务创新研究

第四篇 新技术视角下的物流企业服务创新

第五篇 物流企业服务创新案例篇

第一篇　绪论

1 引言

在大力发展服务业的宏观背景下，作为重要的生产性服务行业的物流业受到越来越多的关注，加之自主创新的国家发展战略在物流领域得到贯彻落实，物流企业服务创新成为当前学术界和实务界关注的新热点。服务创新在国外已有20多年的研究历史，在国内的研究也逐渐增多，但具体到物流领域内有关服务创新的研究尚属凤毛麟角。

1.1 研究背景

随着经济全球化进程的加快和信息技术的发展，现代企业生产经营方式正在发生深刻的变化。企业间的关系已由单纯的竞争走向竞合共赢，学习与创新成为企业赢得竞争优势的关键。物流企业作为生产性服务行业，已嵌入到整个社会经济网络中并发挥着越来越重要的作用。

1.1.1 政府对物流业发展十分重视

物流业近年来的快速发展受到政府的高度重视。2005年10月，党的十六届五中全会通过的《中共中央关于制定国民经济和社会发展第十一个五年规划的建议》中，首次将“物流”作为产业提出，并明确列入要大力发展的现代服务业中。2009年3月，国务院颁发的《物流业调整和振兴规划》中指出，调整和振兴物流业是适应经济全球化趋势的客观要求，是国民经济持续快速发展的必要保证，要做到创新服务方式，坚持科学发展。2010年9月，国务院发改委又颁布了《关于促进制造业与物流业联动发展的意见》，指出了物流业与制造业产业联动的重要性，要求积极推动制造业物流需求社会化，整合制造业集聚区的物流功能，支持物流企业增强一体化服务能力，促进制造业与物流业信息共享和标准对接。2011 年 3 月出台的《中华人民共和国国民经济和社会发展第十二个五年规划纲要》也强调要促进加工贸易从组装加工向研发、设计、核心元器件制造、物流等环节拓展，延长国内增值链条。从物流作为产业被提出，到物流业与制造业联动发展，再到延长国内增值链条的规划，物流业在我国国民经济和地区经济发展中所起到的带动和支持作用越来越显著，这也体现了物流服务在国民经济网络中的高度嵌入性。

1.1.2 服务创新有利于提升竞争力

随着我国物流业的发展以及物流业市场的对外开放，物流业的竞争更加激烈。面对国际供应链蓬勃发展所带来的机遇和挑战，我国的物流企业要想在未来的物流市场上占有一席之地，就需要超越传统物流服务模式，不断地改善服务质量，进行服务创新。实践证明，物流业作为重要的生产性服务业，与制造业供需关系紧密，创新发展空间大。2009 年，我国社会物流总费用为 6.08 万亿元，与 GDP 的比率为 18.1%；2010 年，我国社会物流总费用为 7.1 万亿元，与 GDP 的比率为 18%；2011 年，我国社会物流总费用为 8.4 万亿元，与 GDP 的比率为 17.8%。但与西方发达国家相比，我国物流成本占 GDP 的比重要高出 8%~10%。在此情况下，物流企业的服务创新不但能为制造企业的发展提供更高水平的物流服务，促进制造业与物流业的有机融合与联动发展，同时也是赢得国际竞争的重要保证。

1.1.3 物流企业服务创新尚不成熟

虽然物流概念传入我国后发展比较迅速，但与欧美的现代化物流相比，我国物流产业发展层次低，不能满足巨大的市场需求。我国物流企业数量众多，服务单一化同质化严重，行业竞争异常激烈，利润率被压缩到极低的水平。就快递业而言，2011 年的平均利率仅为 5%~8%。我国物流企业在信息化、技术装备、人力资源等方面发展明显滞后，特别是我国很多物流企业对物流概念的认识存在偏差，没有将服务置于企业运作的核心地位。同时，我国物流企业服务创新意识还比较淡薄，服务创新理论发展时间很短，研究体系尚未成熟，实证研究较缺乏，没有为物流企业服务创新提供现成模式，这也增加了物流服务创新的难度。因此，当前我国物流服务水平远远不能满足市场多样化的需求，服务水平低是重要原因之一，市场需求和服务水平之间形成了一对矛盾，这就使物流服务创新的研究十分必要。

1.1.4　服务供应链发展的客观要求

2011 年 7 月召开了“运营与供应链管理国际会议”，其会议的主题为“服务供应链管理”。伴随着全球化的不断发展，特别是供应链物流外包的兴盛，供应链创新与服务正日益成为企业界的重要发展趋势和理论界的研究重点。会上英国伦敦商学院的 Chris Voss 教授在题为“Innovation in Services – A Key to the Future”的主题报告中指出，中国经济长期以来依赖于制造业的增长，下一阶段需要更加重视作为独立产业的服务业的发展，或者是同产品制造紧密相连的服务业的发展，因为未来制胜的关键是服务创新。由此可见，供应链理论已经超越传统制造业领域向现代服务业领域延伸，物流服务供应链是当代物流产业发展的重要趋势，对物流企业服务形式和服务内容创新会起到极大促进作用。物流服务供应链为集成服务供应商提供了提高服务水平和质量、进行服务创新的便捷通道，但物流服务企业要胜任市场对集成服务供应商的要求就会面临许多新的挑战。

1.2　研究内容、目的和意义

1.2.1　研究内容

本书是在制造业供应链发展的新阶段和服务供应链日益成熟的条件下，研究物流企业在基础业务之上进行服务创新的影响因素和创新机制的。在对相关理论进行推演并结合典型案例分析的基础上，提出物流企业进行服务创新的概念模型和分析框架，接着通过实证研究对之前的假设进行验证，并在大数据、低碳物流等新的社会形势之下，讨论物流业发展的创新之路。

1.2.2　研究目的

具体来说，本书的研究目的如下：

（1）从网络嵌入性的角度对物流企业的服务创新行为和服务创新绩效的关系进行研究；

（2）从系统动力学的角度对物流企业服务创新能力和物流企业服务创新绩效之间的关系进行研究；

（3）从投入产出的角度对物流企业和不同产业之间的关联关系进行研究；

（4）从低碳物流和绿色物流的角度，以及大数据大背景下对物流企业服务创新的未来趋势进行研究。

1.2.3 研究意义

本书是将嵌入性理论、系统动力学和投入产出理论引入物流领域的一次尝试，希望能为物流企业的服务创新提供一定的参考。

1. 理论意义

创新是服务型企业持续发展的动力和源泉，这在学术界已基本达成共识，但目前对物流服务创新的理论研究仍然处于探索阶段。本书的理论意义在于将社会网络中的嵌入性理论在物流领域进行应用，以创新的网络理论为研究视角，从物流在社会经济中的嵌入性出发，利用结构嵌入和关系嵌入的分析框架研究企业组成的网络为他们带来的竞争优势的异质性资源对物流企业服务创新的影响，并提出了基于嵌入性理论的物流服务创新模型。此外，对所谓的“嵌入性陷阱”在物流领域进行了验证。

此外，本书也是将系统动力学、投入产出理论，以及其他相关的理论引入物流企业的一个尝试。

2. 实践意义

本研究的实践意义在于使物流企业在进行服务创新的过程中，如何将自身能力和企业的市场环境相结合，更有效地进行服务创新。同时，通过对物流企业的问卷调查和实证分析，为物流企业的决策者提供前瞻性的服务创新框架模型，为物流企业的发展提供新的思想和实用技术，为物流企业进行决策提供一定的依据。另外，在技术创新优势减弱、服务同质化严重的形式下，也为政府制定促进物流行业创新的相关政策提供参考。

1.3 研究方法与结构安排

1.3.1 研究方法

本书的研究以理论与实际相结合为基本导向，在理论研究方法上重点关注了以下几个方面。

1. 理论研究与实证研究相结合

本书首先通过大量收集并阅读相关理论文献，得以对目前理论研究的整体情况有一定程度的掌握。通过对现有服务创新理论、嵌入性理论及知识管理的梳理，从中寻求有机结合，探寻一般规律，提炼理论观点。针对性地对相关领域的研究成果和结论进行总结和分析，经过文献回顾后经由理论依据提出研究主题和研究框架，并在文献总结和分析的基础上提出了相关的研究假设，或是构建了相应的理论框架和研究模型。但理论研究必须依赖于实证的支持，故本研究特别关注针对物流企业的实际调研。对物流企业结构嵌入性、关系嵌入性、创新能力、创新动力与服务创新绩效的影响的研究进行企业访谈和案例分析，并设计问卷调查，进行实际调查研究。

2. 案例分析与统计分析相结合

案例研究适用于研究最新的复杂情况，对理论可靠性进行检验，为理论发展提供新的思路。本书通过对物流企业服务创新实践的整体把握和对典型案例的具体分析，既为实践提供了研究借鉴的案例素材，又初步检验了本书理论分析的合理性。此外，通过调查收集大量的数据资料，通过运用结构方程、博弈方法、投入产出方法和系统动力学方法，多维度、多视角地论述了物流企业服务创新的影响要素和相关创新机制。

3. 定性与定量分析相结合

首先通过定性分析，收集并整理本研究领域的相关文献，以前人的理论研究为基础，结合我国物流企业发展实际，总结理论依据、研究的动态，提出研究主题和研究框架，并推理出抽象的定性分析模型。本书主要收集、整理的物流企业服务创新方面的文献，并分别对其进行了理论分析。定量研究则是针对命题假设在进行问卷调查和统计分析的基础上，构建结构方程模型，通过数理统计学知识及相关的统计分析软件，对嵌入构型与创新能力、创新动力的交互作用对服务创新绩效的影响进行实证研究。

4. 综合运用多学科理论知识，注重跨学科交叉互补

本书在研究过程中综合运用了服务创新理论、嵌入性理论、动态能力理论等诸多学科知识和相关理论，相互取长补短。理论推导与逻辑推理相结合，体现了学科优势和多学科交叉的特点。

1.3.2 结构安排

本书的研究主要分为四个部分。第一部分，针对物流企业在供应链社会网络中的嵌入性进行研究。第二部分，从制造业与物流业联动的角度，从多方互动的视角进行研究。第三部分，结合物流企业面临的新挑战——大数据和低碳要求进行物流企业服务创新的研究。第四部分，结合我国不同类型物流企业的服务创新案例进行研究。

1.4 国内外研究现状

本书对国内外研究现状的文献梳理与评述是基于三个潜在前提进行的：①不同学科的研究是沿着一定的方向发展的；②不同学科的研究成果在学科之间存在着广泛的可转移性；③不同学科的研究之间有着从分立到融合的发展趋势。基于这三点并结合嵌入性理论、物流以及服务创新研究的现实情况，对相关内容综述如下。

1.4.1 国内研究现状评述

国内有关物流与嵌入性理论，以及服务创新相结合的研究文献是基于“中国知网”期刊数据库进行搜集的。

1. 国内物流企业服务创新方面的研究

物流服务创新最早研究的内容是物流金融，到目前为止从物流金融的角度研究物流企业服务创新的文章共有 4 篇。罗齐等最早提出了促进中小企业发展的融通仓模式，并分析了融通仓获得金融机构的授信额度和成立独特的信用担保体系两种运作模式（罗齐等，2002）。之后，从第三方物流企业的角

度对物流金融进行的研究也开始出现，并将物流金融视为多赢性的金融服务产品（王树婷，2008）。接下来的研究则从理论整合走向实证检验，在综合前人研究的基础上，对中储股份南京分公司开展质押监管的情况进行了调查研究并提出了相关建议（祁洪祥，2008）。较新的研究是以“区域物流金融”的视角，从区域物流金融业务的发展出发，以“物流、信息流、资金流相结合”为导向提出创新建议（胡恩生，2011）。

其实，对物流服务创新进行研究真正的逻辑起点是对创新动力因素的研究。从根本上讲，任何事物的产生和发展都需要动力支持，物流服务创新也不例外，这是从系统动力学的角度来讲的，同时也为在实践中促进创新的政策设计提供了参考（安建梅，2008）。从我国第三方物流服务的发展和竞争形势来看，加强服务创新是提高物流企业竞争力和参与国际竞争的根本措施，应充分考虑和应用外部动力因素和内部动力因素，分析如何进行服务创新，寻找服务创新的最新突破点（王杏，等，2010）。

对物流服务创新模式的研究是对物流服务创新研究的进一步深入。物流服务创新的模式有跟随竞争创新、顾客需求主导创新、物流技术创新、物流网络创新、增值物流服务创新，它们各自有其优势、劣势及风险，选择何种模式取决于企业环境条件及诸多因素的考虑（张光明，2006）。从服务在物流企业的核心地位来看，应把服务概念创新、客户关系界面创新、服务传递系统创新、新技术应用、战略选择与协调五个要素放在一个相互关联、相互作用的系统中来考虑（翟运开，倪燕翎，杜娟，2006）。深圳怡亚通公司物流服务创新模式的运用实例也表明面向物流行业的企业经营者应根据企业实际情况，采用物流服务创新模式，并与供应链服务企业密切合作，快速提升自身的物流服务能力（李弘，王耀球，2008）。与此同时，在服务科学和服务创新理论的指导下，物流服务驱动要素与使能要素紧密结合的物流服务创新价值链体系结构和服务过程创新模型被提出，同时根据新的企业环境或客户需求，运用信息技术实现物流的“可视化”（徐琪，2008）。

物流服务创新绩效方面的研究是从创新绩效的影响因素开始的，物流服务的理念创新、物流服务的技术创新、物流服务的人员创新以及物流服务的市场创新都有可能影响到物理服务的创新绩效，以武汉城市经济圈的物流企业为对象的实证研究对帮助企业认清物流创新的内容及与物流绩效的关系，促进物流服务创新有一定的借鉴意义（龙长青，2009）。后续的研究转向物流服务创新绩效的评价指标体系研究，从当前的创新评价趋势出发，侧重于物流服务创新联盟层面的指标体系更为合理，同时也具有较强的可操作性，当然这只是在评价指标体系方面进行了理论上的初步探讨，具体的绩效评价理论与方法有待进一步研究（张德海，刘德文，2010）。

提及当前经济发展环境对物流业产生的影响，针对物流服务创新的政策与建议研究也是不容忽视的，只有创新求变才能转危机为机遇（汪鸣，2009）。经济全球化的发展促进了产品及服务，人员和资金，企业、产业链在全球的交流，现代物流业加速了这种经济资源在全球融合的趋势，通过研究物流服务的作用和效果以及当前我国服务业创新中存在的难点，对物流服务的创新与政策性建议的提出颇有益处（王耀球，2011）。

基于企业网络视角的服务创新是最近兴起的一个重要研究方向，在物流领域企业网络表现为供应链的形式。随着服务供应链理论研究的兴起，物流服务创新的研究也被置于物流服务供应链的环境下进行，并提了在顾客导向的战略基础上，从实施一体化物流服务、进行服务营销、进行组织变革、完善信息系统建设四个维度进行物流企业服务创新（罗程程，2009）。另外，企业之间协同发展方面的研究认为多元主体行为的协同是提高物流服务创新网络绩效的有效途径，并通过构建物流服务创新网络的多代理人委托代理模型分析得出，代理人努力成本、协同努力水平向量和创新绩效系数等参数对网络创新机制具有重要的影响，进而提出了整合多种创新资源，加强多元主体协同创新的策略建议（张德海，刘德文，2009）。最近，生态学中的共生理论也被引入物流服务创新的研究中，并以无水港为实例提出了基于共生关系的物流服务创新与物流需求之间的相互作用机制，分析发现在互惠型共生关系下，物流服务创新与物流需求达到良性互动，实现物流企业与客户的共同发展（罗永泰，刘刚，2011）。

其他关于物流服务创新的研究还有，激烈的市场竞争环境下进行服务创新是有效的解决途径（谢美娥，2011）。此外还有研究认为现代物流已成为经济腾飞的亮点之一，应把发展现代物流作为一项涉及经济全局的战略性问题来抓，企业发展要重视提高物流服务的创新（付俊杰，2009）。

2. 国内关于嵌入性理论与服务创新结合方面的研究

嵌入性理论与服务创新结合的研究以王家宝等人研究的最早也最为系统、详细。首先，以企业与外部伙伴关系嵌入性作为切入点，围绕关系嵌入性如何对服务创新绩效产生影响这一基本问题，对关系嵌入构型与学习能力对服务创新绩效的交互效应进行分析，并提出了相关假设，为大样本实证研究奠定了理论基础（王家宝，陈继祥，2010）。接下来的研究主要关注创新网络中企业的关系嵌入与学习能力对服务创新绩效的影响机理，并以 1 家中国制造企业和 5 家中国服务企业为例进行了有关网络化环境下关系嵌入、学习能力对企业服务创新的作用机制的探索性案例分析，并构造关系嵌入、组织学习能力与服务创新绩效研究的概念模型，分析得出企业与外部合作伙伴的关系嵌入、组织学习能力对服务创新绩效有显著影响，不同关系嵌入构型的企业，服务创新绩效亦会有所不同，同时关系嵌入对学习能力有显著影响。对于我国企业来说，除了注重对顾客的嵌入关系以外，还应与供应商有较密集的互动，才能获得新市场的机会与新技术，提高服务创新的可能性，企业还必须侧重于知识的吸收与应用能力，培育并不断提升自身的学习能力，只有将源自于外部合作伙伴的知识与企业自身知识库相结合，并有效地加以整合利用，才能提高实现服务创新的成功率（王家宝，陈继祥，2011）。对企业与合作伙伴的关系嵌入对服务创新绩效的作用机理作进一步分析发现，学习能力在整个过程中的中介作用不容忽视，因此又出现了关系嵌入与学习能力的关系以及学习能力的中介作用的概念模型，并提出，对我国企业而言，要在激烈的市场竞争中建立并保持竞争优势，必须对外部伙伴关系进行管理，在与合作伙伴进行互动的过程，广泛吸收各种服务创新所需的知识与信息，通过不断向伙伴进行学习，提升自身的学习能力，并将所吸收的外部知识与企业知识相结合，不断扩充自身知识，以实现服务创新，提高创新绩效（王家宝，陈继祥，2011）。近期的研究主要围绕关系嵌入性如何影响服务创新绩效这一问题，从学习能力的视角，对三者关系进行理论分析与实证检验，通过对上海 227 家企业的问卷调查，在探索性因子分析、验证性因子分析的基础上，通过结构方程建模验证了关系嵌入性通过促进组织学习能力，进而正向作用于服务创新绩效的机制。考虑到企业与伙伴关系的异质性，将主要的关系嵌入分为三种不同的关系嵌入构型，包括顾客导向者、交易导向者及关系导向者，并根据学习能力的构成不同，将企业学习能力分为高度学习能力、低度学习能力、高度整合能力与高度吸收能力四种类型，通过对205家上海企业问卷数据进行多元统计分析、研究发现，关系导向者绩效最佳，高度学习能力的企业服务创新绩效最佳，此外，关系嵌入构型与学习能力的交互作用对服务创新的内部绩效有显著影响（王家宝，2011）。

最新的研究还提出了嵌入式学科服务的创新模式，论述物理空间的嵌入、数字空间的嵌入、社会关系的嵌入和组织结构的嵌入4种模式以及它们之间的关系，以期为嵌入式学科服务的深化提供指导（刘颖，2012）。另有研究提出了嵌入式网络关系和网络能力对服务创新能力影响的关系模型，以探求提升企业服务创新能力的路径，但该模型仍然只是理论上的逻辑演绎，如何通过相关变量进行衡量，各变量之间的关系是否能够通过实证检验，是进一步的研究方向（王同庆，2012）。

3. 国内关于物流与嵌入性理论结合方面的研究

物流与嵌入性理论相结合的研究是以上海物流业嵌入全球价值链的研究为开端的，在全球化深入发展的形势下，上海物流业通过不断融入全球价值链中，捕捉和发现有用信息，逐渐向物流链的高端演进（廉军伟，曾刚，2006）。同样的背景下，汽车物流产业集群的嵌入性也开始受到关注，在结合模糊综合评价与层次分析等方法的基础上，提出了促使汽车物流产业集群的耦合升级途径，并通过武汉市汽车物流产业集群的实例证实了这种方法的可行性，分析得出武汉汽车物流产业集群处于结网阶段，其发展符合现代物流产业集群的成长规律（崔建立，2008）。随后的研究则是基于全球制造网络设计和运作框架进行分析，认为我国企业可以从制造活动国际化、战略联盟的构建、嵌入全球价值链三个方面借助第三方物流嵌入全球制造网络（胡保亮，2009）。与企业的嵌入性分析略有不同，对不同网络之间的嵌入性，即网络之间的嵌套进行分析是有一个新的研究方向。随着网络成为演化当代市场经济的变革性力量，网络经济的微观组织形式也打破了福特制生产方式下的垂直一体化结构，形成跨国公司主导的网络化生产体系，进而与物流、金融等生产性服务业网络嵌套成全球生产网络。该方面的研究探讨了跨国公司主导的网络化生产体系与生产性服务业网络的一体化分离与分立网络化链接整合的过程，并阐释了这种嵌套网络自身的不平衡发展对全球劳动力市场结构、就业结构以及产业结构的重要影响（赵秀丽，张成，2010）。

随着嵌入性理论在物流领域的应用越来越多，其中更新、更专业的内容也开始在物流领域出现，例如，结构洞理论也被应用到物流领域中。根据实际调查，物流企业所在网络的高密度和结构洞往往是同时出现，而整个网络的群体关系由两两关系组成，因此强关系和弱关系也发挥作用，处于结构洞中的物流企业能与多个高密度网络建立弱联结，并可以通过不断调整与高密度网络的联结方式和联结强度提高企业绩效（王鹏，2010）。集成性物流企业所处的“结构洞”位置，决定了物流企业能够深度嵌入制造企业中，为制造企业提供整体性的物流服务优化方案，物流企业应当充分把握结构性嵌入所提供的潜在机遇，只有提升与制造企业的弱联结数量与质量，强化企业间的互动、情感、互惠等行为，逐步将弱联结转化升华为强联结，才能最终获得社会资本的竞争优势（王海萍，2011）。

除此之外，最新的研究还有关于新兴港口是如何嵌入全球产业物流网络的，并以唐山市为案例设计了融合资源型城市转型和开放型经济培育的唐山市产业系统演进整体方案，提出了唐山市嵌入全球产业物流网络的主要策略（李南，2012）。

1.4.2 国外研究现状评述

国外关于物流与嵌入性理论以及服务创新方面的研究文献，是基于 EBSCO 期刊数据库搜索得到的。有关物流与服务创新结合方面的研究，是以“logistics”“service”“innovation”为关键词搜索文章标题得到的，共 12 篇；有关嵌入性理论与服务创新结合方面的研究，是以“embeddedness”“service”“innovation”为关键词搜索文章标题得到的，共 2 篇；在物流与嵌入性理论结合方面，以“embeddedness”“logistics”为关键词搜索文章标题，未得到搜索结果。

1. 国外物流企业服务创新方面的研究

国外关于物流服务创新方面的文献是从研究物流服务创新的影响因素开始的。随着物流业的经营理念开始从单纯的运输向服务全部的物流客户需求转型，加之科学技术的进步迫使企业不得不考虑潜在的所谓新“资源”（技术、知识和关系网络），并进一步确认其在物流企业商业模式创新和角色扩展中的作用。(Chapman Ross L.，Soosay Claudine，Kandampully Jay，2002，2003) 随后的 Flint，Larsson，Gammelgaard 和 Mentzer (2005)，Wagner (2008) 强调，创新可以帮助物流服务提供商 (LSP) 从他们的竞争对手中脱颖而出，但当时尚不清楚 LSP 多大程度的积极改善可以带来客户忠诚，以及以成本或绩效改善为重点是否是最好的。进一步的研究使用了结构方程建模的研究方法对物流外包关系的效果进行评估，分析积极的成本改善和积极主动的绩效改善对顾客忠诚度的影响。此外，对“服务的复杂性”和“外包期限的长度”调节作用的分析表明积极的成本改善和积极主动的绩效改善对顾客忠诚有极大的促进作用 (Wallenburg Carl Marcus，2009)。之后不断涌现的新研究丰富了原有的研究成果，例如，一种验证和探索研究有限数量的二手数据的程序以举例的方式研究 LSP 的创新活动和绩效，从而延长了 Wagner 的工作，通过对曼海姆创新小组 2006—2008 年关于德国企业创新行为年度调查的二手数据进行评估和假设检验，得出 LSP 所处的创新环境确实不同于其他服务供应商，并且 LSP 中的创新者和非创新者具有几乎相同的收益，有时创新的成本甚至会更高 (Busse Christian，2010)。

近两年的研究角度更加丰富多样。例如，研究企业的组织结构因素 (即分散化、规范化和专业化) 如何影响物流服务的创新能力和企业绩效，并将策略—结构—性能的框架与公司资源基础观相结合提出了概念模型，通过实证调查和结构方程建模进行分析发现分散化和形式化都与企业的物流服务创新能力正相关，物流服务的创新能力也与市场绩效之间存在正相关关系 (Daugherty Patricia J.，Chen Haozhe，Ferrin Bruce G.，2011)。还有的研究从知识管理的角度分析创新管理的知识集成，认为需要更多 LSP 的创新流程和系统全面的研究来帮助 LSP 比较自己的创新管理概念与科学知识的不同，并列举了 LSP 创新管理研究的理论特征，为今后的研究提出了一个分析框架 (Busse Christian，Wallenburg Carl Marcus，2011)。从客户整合的角度来看，尽管客户整合可以提高企业的创新绩效，但也可能对创新消极作用。产生这些矛盾的原因可能是由于创新发展是一个动态的过程，需要不同的任务，因此一个良好的以客户为导向的公司参与的客户整合的部署在整个创新发展过程中是必需的 (MotaPedrosa，2012)。

与大陆的研究相比，台湾的研究起步要早，而且受到西方研究的影响较大，同样是以创新的影响因素为开端，并将影响因素分为三个主要部分：技术特征、组织特征和环境特征，采用问卷调查和回归分析的方法来研究这些因素对创新的影响作用（Chieh - Yu Lin，2006）。之后的研究开始从全球供应链的角度出发，研究技术对服务创新的影响，并得出技术创新对物流服务供应商技术的改善有着积极的作用，对整个供应链绩效的提高也大有益处（Lin Chieh - Yu，2008）。之后关于创新模式方面的研究也开始崭露头角，基于资源基础观（RBV）研究企业的资源，物流服务能力，创新能力和绩效之间的关系就是典型的情况，同时结构方程模型（SEM）也得了到应用（Yang Ching - Chiao，Marlow Peter B.，Lu Chin - Shan，2009）。最近的研究开始关注创新能力对物流服务能力和企业绩效之间的关系的调节作用，并通过多元回归分析得出创新能力、物流服务的可靠性功能和灵活性的能力对企业绩效有显著的正面影响，同时创新能力对物流服务可靠性能力和财务绩效之间的关系具有积极的调节作用（Yang Ching - Chiao，2012）。

2. 国外关于嵌入性理论与服务创新结合方面的研究

研究表明，企业网络嵌入是一个重要的创新性能元素，随着服务行业变得日益重要，探讨网络嵌入与服务创新绩效之间关系的研究也开始兴起。相关性分析，结构方程建模和回归分析的方法也被应用到研究中，相关结论说明除研究机构嵌入外，其他所有形式的网络嵌入有对服务创新绩效都有显著影响，因此企业应更加密切与他们的商业伙伴之间的关系，才能达到更好的服务创新绩效（Jung - Tang，Neng - Pai Lin，Hou - Chao Li，2010）。另外，有关服务创新、嵌入性与企业绩效的研究来自北爱尔兰的区域实证研究，探讨了服务企业方面的创新因素，以及区域内、外连接上的特殊作用，随后研究了服务企业的创新活动涉及的生产力和出口行为，并以2005年的英国创新调查（英国部分第4社区创新调查（CIS））以及北爱尔兰地区的年度业务咨询数据为基础进行实证研究，发现了区域内嵌入的消极作用，但同区域外的联系，特别是与客户的联系对创新有着积极的作用，同时证明服务创新、出口和生产力之间的关系是复杂的，而且创新本身是不足以提高生产效率的，只有当创新与增加出口活动相结合，生产率的提高是明显的（Love James，Roper Stephen，Hewitt - Dundas，2010）。

2 相关理论综述

本章论述了物流服务、服务创新、嵌入性以及动态能力等理论的要点内容，从中可以看出，物流服务作为服务领域一项具体的业务内容，具有服务工作的本质特性，符合服务创新的一般规律。服务创新本身的广泛性、复杂性、交互性、渐进性、多样性、灵活性以及客户导向性，在物流服务创新的过程中体现的有为明显。由于存在这些特性，物流服务创新工作的开展使物流企业与其周围的企业网络紧密地联系在一起。物流企业在嵌入到企业网络的同时也在积极地通过自身的动态能力，从网络中获取有利于创新的异质性资源，从而快速、高效地实现物力企业自身的服务创新。通过这样一条思维脉络，嵌入性理论、动态能力理论对物流服务创新实现了有力的理论支撑，也为后续的研究工作提供了借鉴与参考。

2.1 物流服务概述

何为“物流”？目前，学术界争议颇多。虽有众多的物流定义，却多是一家之言，不敢苟同。在研读各方面关于物流理论著述的基础上，作者谈一下自身体会以供参考。

首先说明一点，此处将“物流”这一概念的探讨限定在理论研究范围内。也就是说，探讨的仅仅针对的是抽象的理论阐释，而非形形色色的具体实践形式。因此，要回答何为“物流”，就是要定位物流最本质的内涵。

“物流”中的“物”，作为概念内涵分析的起点，限定了概念的范畴。从宏观和微观的角度来看，“物”主要有以下两层意思。

1. 从宏观的角度来看，“物流”中的“物”是指社会经济领域中的物质

所谓社会经济领域中的物质，说明并非所有的物质运动都能算作物流的

范畴，主要的区别是该类物质是否与经济效益相联系。例如，认为日月星辰、江河胡海的运动也是属于物流的范畴，这一观点就是有些牵强的。虽然任何学科的发展都是具有扩张性的，任何学科的研究者都希望开疆拓土，把其他学科的内容包含进来，但依当下的情况看来物流的宏观范畴仍应限定在社会经济领域。明确了这一点就不难理解，作者所说的社会经济领域中的物质是指日常的货运物资，包括商品、快递等。同时，还要强调的是这其中包括人的流动，即乘客，由于人的流动也会产生经济效益，因此，人也可以看作经济活动中物质的具体实现形式。

2. 从微观的角度来看，“物流”中的“物”是指物理性的

所谓物理性是指上述社会经济领域中物质本身的属性，也是“物流”中“物”的概念的具体内容，主要包括两个方面：一是物质本身的物理性，如重量、体积等；二是物质所处的周围环境的物理性，如时间、地点、温度、湿度、光照等。

“物流”中的“流”，承接了“物”的内涵，并对这一内涵做出了进一步的演进。可以说“物”界定了范畴，而“流”是整个概念的点睛之处，它也是社会经济活动中最终产生经济效益的确切途径。从时间和空间的角度来看，“物流”中的“流”主要有以下两层意思。

1. 社会经济领域中物质相关活动在时间上的流逝

所谓时间上的流逝，强调的是在某一固定的地点，在一定的时间期限内，随着时间的推移，通过调节周围环境的物理特性使目标物质本身的物理特性得以保持，从而达到物质保存的目的，即仓储功能。

2. 社会经济领域中物质相关活动在空间上的流转

所谓空间上的流转，是指物资从某一地点转移到另一地点的活动过程，当然这其中也不可避免地发生时间的流逝，同时也需要保持目标物质的物理特性。但最重要的是要在进行空间转移过程中，要做到迅速、合理、有效地完成这一活动，即运输功能。

总之，物流活动就是通过将社会经济领域中的物质进行时空变换而取得经济效益的。因此，如果要问什么才是物流学最核心的理论知识，仓储和运输是最确切的回答。

2.2 服务创新概述

熊彼得提出，创新是采用新发明，使它转化为生产力，企业的创新行为包括寻找创新项目、新生产方法、新市场、新原料来源和新产业组织。所以，创新=新的创意+市场价值。

服务创新的概念范围很广，因为服务创新活动发生的范畴不只局限于服务业本身，在其他产业和部门中同样大量出现。因此，可以从广义和狭义两个层面上对服务创新概念进行界定。广义上讲，服务创新是指一切与服务相关或针对服务的创新行为与活动。狭义上讲，服务创新是指发生在服务业中的创新行为与活动。

从狭义上定义，服务创新是指服务型组织为获得更大的商业和社会利益，向目标客户提供更高效、更周到、更准确、更满意的服务，包括由支持性设备、辅助物品、显性服务、隐形服务等要素组成的一系列产品和服务的组合。它包括组织结构创新、服务传递方式创新、服务流程创新、服务作业系统创新等几种主要形式。这里的服务型组织包括营利型和非营利型，它涉及以下领域：商业服务，如咨询、金融、银行；贸易服务，如零售、维修、保养；基础性服务，如通信、运输；社会（或个人）服务，如餐饮、保健；公共服务，如教育、政府管理等。

从广义上定义，服务创新是指各类组织（或部门）不断为用户提供无形的服务、有形的产品或这两者的结合物，以便创造更大的价值和效用，增强客户满意度和忠诚度。从以上论述可知服务创新的实质就是以强烈的创新意识和综合的知识体系，在认真分析研究现有服务商品、服务市场、服务体系等状况的基础上，着力探索服务商品的发展趋势、服务市场的潜在需求，以及服务体系的现代化进程，不断开发和创造新的服务商品、服务技术和服务手段，提高服务质量，最大限度地满足人们在物质、精神等各方面的需要，实现经济效益、社会效益和环境效益的统一。与降低成本、改进产品、提高质量等不同的是，服务的创新是无止境的，服务的创新是营销竞争的最高层次，它不同于价格竞争，可能会使竞争双方两败俱伤；它也不同于广告大战，使客户负担过重。服务的创新会使竞争双方共赢，为客户带来更多的利益和满足。对于服务型企业来说，他们所提供的服务就是其所生产的产品。

本书的研究仅仅将服务创新局限于物流行业，其范畴更为具体。根据服务的本质特征，服务创新概念的界定需要把握以下几方面的关键内容：

（1）创新不表现为有形产品，而是一种概念性、过程性创新活动，具有明显的无形性；

（2）服务创新的新颖度范围较广，是切实可复制创新和解决特定顾客问题的不可复制创新的混合体。必须将传统的创新理论和以积累为基础的持续变化理论结合起来理解服务创新，任何单个理论都不足以把握服务创新的全部内涵；

（3）服务创新形式具有多样性，技术只是其中的一个维度，如“专门创新”、“传递创新”、“形式化创新”和“社会创新”等几种创新形式都是服务业特有的；

（4）服务创新的“顾客导向性”非常明显，顾客作为“合作生产者”积极参与进整个创新过程，创新更多是一种需求推动现象；

（5）服务创新更多针对企业层次，并在企业内部产生和发展，产业层次的创新较少。

在这五个要素中，“无形性”是核心要素，其他四个要素是以它为基础的某种程度的衍生，不同要素之间还存在相互关联和相互作用，如图 2 - 1 所示。

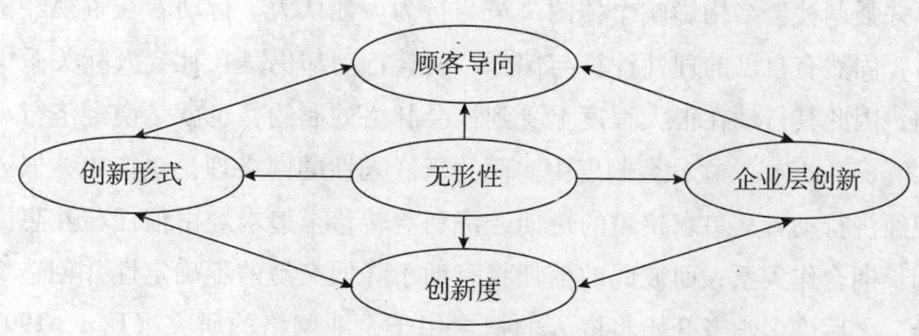

图 2 - 1　服务创新概念维度示意

在此基础上，本研究试图对服务创新进行定义：服务创新是企业为了提高服务质量和创造新的市场价值而发生的服务要素变化，对服务系统进行有目的、有组织、有预见性的改变的动态过程，或者是把特定顾客特定问题的服务解决方案运用到解决其他顾客或其他问题的部分。将此概念运用于物流业，结合行业特点，那么本书研究的主题——物流企业服务创新可以定义为：物流企业为提高服务质量和创造新的市场价值而在物流服务过程中应用新思想和新技术来改善和变革现有的服务流程和服务产品，提高现有的服务质量和服务效率，扩大服务范围，更新服务内容，增加新的服务项目，为客户创造新的价值，最终形成企业的竞争优势的过程。

2.3 嵌入性理论概述

嵌入的概念基于企业通过社会网络与其他组织联结在一起的思想（Granovetter，1985；Zukin 和 DiMaggio，1990；Burt，1992；Uzzi，1996；Dyer，Singh，1998；Gulati，Nohria 等，2000；Rowley，Behrens 等，2000；Gnyawali 和 Madhavan，2001）。企业的网络以及其与其他组织的连带被视为企业的重要资源（Andersson，Forsgren 等 . 2002）。嵌入这一概念基于如下假设：组织的行为不能独立于其社会环境之外，而是受组织间相互社会关系的影响（Gulati，1999）。正如 Granovetter（1985）所述，“组织及其行为受限于其社会关系，将其理解为独立的是重大误解。”

Polanyi（1957）首次使用嵌入一词来描述现代市场动作中的社会结构，Granovetter（1985）清晰地描述了个体的经济行为是如何嵌入在社会关系中的，并强调社会结构影响个体的决策与行为。他认为，行动者在重视经济行为时，固然有自己的理性计算与偏好，但其行动却仍是在社会人际关系中进行的，因此其行动在很大程度上受到社会脉络的制约，也就是说经济行动是嵌入（embedded）在社会制度中。而关于嵌入性的网络理论也指出，嵌入性会使经济行动者从追求狭隘的短期经济利益转移至追求经由信任与互惠所培养的长期合作关系；而彼此的信任将有助于降低交易的不确定性并创造交换机会。之后许多学者开始将嵌入的概念用于企业网络的研究（Uzzi，1997），如在企业网络合作伙伴选择的决策行为上，企业会倾向于与某些值得信任并可与之交换丰富的信息的组织来建立稳定的合作关系（Dore，1983；Powell，1990），并使企业基于既有的合作关系开发新的合作机会（Gulati 和 Gariulo，

1999)；或者将企业网络视为有效资源治理结构的一种安排，以降低交易成本，创新资源价值并促进学习（Dyer 和 Singh，1998)。

在嵌入的概念方面，Granovetter（1985）认为嵌入是个体的经济行为受到社会结构影响的运作方式。Gulati（1998）则将嵌入定义为具有显著历史的团体内交易与讨论的事实，其历史使成员间联结（linkage）例行化并更趋稳定。Uzzi 和 Gillespie（2002）则将企业网络嵌入视为嵌入在社会关系和网络上的跨企业的联结关系，并将这种联结关系称为结或联系（ties)（Gulati，Nohria and Zaheer，2000；Adler 和 Kwon，2002)。总之，人们提出了许多概念来研究企业网络中主体的嵌入性问题，如连接性（connectedness)（Smith，Laage - Hellman，1992；Blankenburg，Johanson，1992)、网络地位（network position)（Mattsson，1985；Johanson，Mattsson，1992)、纽带与联结（bonds，links，ties)（H kansson，1987；H kansson，Snehota，1995）以及场（field)（Melin，1989）的概念。这些概念大多都是关注焦点企业（focal firms）与其他网络成员关系或者只关注与某一其他网络成员的单一双边关系。Halinen 和 Tornroos（1995）对嵌入的概念进行了拓展，将嵌入视为描述网络动态性的一个理论工具，可以解释企业网络的变化与发展，并将其定义为企业与各类网络的关系及对其依赖性。

在嵌入的类型划分上，Zukin 和 DiMaggio（1990）将企业嵌入的社会网络分为结构的（structural)、认知的（cognitive)、制度的（institutional）与文化的（cultural）四大类。Granovetter（1992）将嵌入界定为：经济活动与结果，就如社会活动与结果，都是受行为者的双边关系以及整个网络关系结构所影响这个事实，从而将人类社会网络中的嵌入关系分为关系性与结构性两类。双边关系的影响为关系嵌入，而整个网络结构的影响则为结构嵌入。关系嵌入较为直接，对人或组织的行为具有直接而强烈的效果，这是指人际关系或组织间关系的种类与特性，通常由过去直接互动的经验产生，如友谊、信任等，所强调的是交易成员间的信任关系，信任关系乃是关系性嵌入的核心议题；结构嵌入是指个体的行为与结果会受到网络整体结构的影响，其所强调的是群体的关系与机制如何影响交易关系。

结合 Granovetter（1985）以及 Grabher（1993）关于嵌入的观点，Halinen 和 Tornroos（1995）根据嵌入的性质提出了 6 种嵌入类型：时间嵌入、空间嵌入、社会嵌入、政治嵌入、市场嵌入以及技术嵌入。同时，他们认为，还可以根据水平与垂直两个维度对嵌入进行划分。

1. 垂直嵌入

垂直嵌入（vertical embeddedness）是指网络中不同层级之间的关系。既可以根据地理区域（国际、国内、地区和本地），也可以根据产业链结构（供应商、制造商、分销商以及客户），或者是某一特定业务的不同层次（产业、公司、公司单元/部门以及个人）划分。

2. 水平嵌入

水平嵌入（horizontal embeddedness）是指位于某一特定网络层次上的成员的关系。同一产业的不同企业间的关系，同一地区不同产业之间的关系都可视为水平嵌入。在某一水平层次上，成员可能处于不同竞争关系或竞争网中，甚至处于不同的合作安排，如不同的战略伙伴或合资企业中。

Gulati（1998）以及 Rowley，Behrens 和 Krackhardt（2000）在后续的研究中，基本上沿用了 Granovetter 的分类。他们也都认为，企业网络的嵌入分为关系嵌入与结构嵌入两大类。前者是指在单对联结关系中互动的程度与资源承诺的程度，而后者则是从单对联结关系到整个企业网络成员联结的密度。

2.4 动态能力理论概述

动态能力理论是根据 20 世纪 90 年代市场环境变化的特点而产生的。市场环境日益动态化，技术创新速度加速，经济的国际化和市场的全球化，顾客需求的多样化，造成了竞争内容越来越快，竞争优势的可保持性越来越低，唯有不断创新，才能持续成功。该理论的代表人物是 R. D'Aveni，他于 1994 年出版了《超越竞争》一书，全面阐述了动态能力理论的框架。

动态能力理论是指组织为使产品快速地上市、有效地掌握变化万千的商机，以及能否持续地建立、调适、重组其内外部的各项资源与智能来达到竞争优势的一种弹性能力。它诠释了企业是如何创造商业价值的。

"动态能力"是指企业利用 IT 技术资源、组织资源和管理资源来获得竞争优势的能力。同样，企业还可以通过培育独特灵活的能力，来满足顾客和市场日趋增长的需求。对于信息工作来说，IT 资产本身并不能提供超额的回报，但人们发现，当它们被合理地应用于恰当的业务流程中时，就会稳步促进企业的发展，给企业带来超额回报。

在战略管理领域，企业竞争优势的寻求以及如何获得并保持竞争优势，一直是管理学者和企业界人士最为关注的焦点问题。而在动态环境下，关于企业动态能力的研究已经日渐成为理论界研究的一个热点。本书通过对动态能力的特征及其影响因素、企业获取动态能力等方面进行了分析，提出了企业动态能力的形成机理。

动态能力具有以下的特征。

（1）动态能力具有开拓性。动态能力理论源自于资源基础论，且吸收了核心能力理论的许多观点，因而在特征上与核心能力有相似之处。但动态能力是可以改变企业能力的，并在创新上具有开拓性动力。创新的动力可能是再生性的或开拓性的，因为倾向于以具有强烈路径依赖的经验性为基础的再生性动力并不能改变能力中的惯性。企业动态能力不仅关注企业特有的组织惯例，其焦点更是放在克服能力惯性的创新和开拓性能力上。在动态环境中，动态能力崇尚建立开拓性学习能力。开拓性学习能力是为了在长期内向企业提供新的战略观念而进行的侧重于变革的学习。因此，为了企业获得持续竞争优势，需要的是能够进行创造性毁灭的能力。

（2）动态能力具有开放性。建立在开拓性动力之上的动态能力呈现出开放性的特征。动态能力是企业整合了内部知识与吸收性知识的产物。因为吸收性知识在企业内部和外部资源与能力之间起到了桥梁作用，所以动态能力理论强调建立从外部途径吸纳知识的特殊能力。这与强调企业能力内部化积累的资源基础论和核心能力论有很大的不同。动态能力由于其开放性而显现出灵活性，从而减少了能力中的刚性之不足。

（3）动态能力具有复杂性和难以复制性。在动态环境下的动态能力具有复杂性，因为动态能力是建立在企业的流程基础上的，而其流程具有复杂性。同时，企业流程的紧密联系性导致组织能力系统在不同层次都表现出一致性，如果改变企业内某些流程，就必然会引起其他部分流程的相应改变，在这种情况下，动态能力的复制就变得非常困难了。

动态能力的获得意味着企业拥有新的有关资源使用知识、新的组合资源的方式，也就是说，企业可以激发潜在于企业原有资源中的服务，企业可以获得外部企业拥有的资源服务，企业将获得新的资源协调整合配置的方式。企业获取动态能力的分析框架，如图 2 - 2 所示。

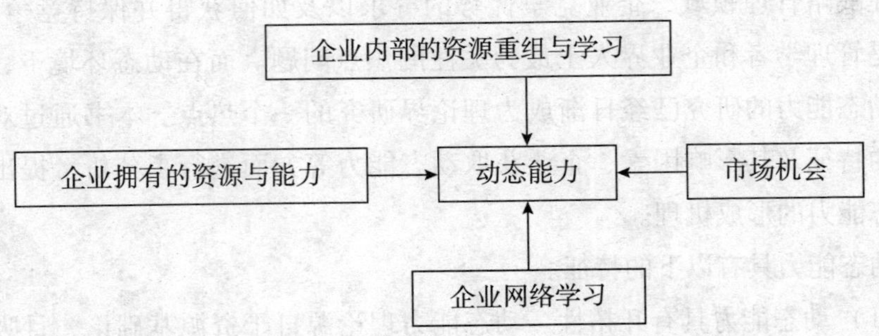

图 2 - 2　企业获取动态能力与市场机会

企业在成长中开始形成或拥有一系列的资源与能力，而这些资源与能力（如组织资本与技术能力）是在特定的市场机会开发中形成的。在市场变化的情况下，它们的价值是有限的，因此，需要企业对这些资源和能力进行更新，以形成新的动态能力，只有这样才能开发利用新的市场机会，推动企业成长。我们认为，获得动态能力可以从企业的内部与外部两个方面去思考。在内部，可以实行资源重组与学习；在外部，可以通过企业网络学习、整合资源来获得新的资源和能力。

参考文献

[1] 王晓华．物流业服务创新研究——行业、企业服务创新分析[D]．北京：首都经济贸易大学，2007.

[2] 王静．中国第三方物流企业服务创新的价值[J]．宁夏社会科学，2007，6（11）：175 - 177.

[3] 王宇．基于动态能力的第三方物流企业理念创新[J]．生产力研究，2011（1）：180 - 181.

[4] 杨浩雄，赵钊．基于供求分析的物流企业服务创新研究[J]．开发研究，2011（2）：119 - 122.

[5] 杜红平，唐长虹．基于核心竞争力的物流企业创新研究[J]．技术经

济与管理研究，2011（7）：49－52.

［6］龙长青．物流服务创新与物流绩效关系的实证研究——以武汉城市经济圈物流企业为例［D］．武汉：华中农业大学，2009.

［7］慕静．基于循环创新链的物流企业集群服务创新体系研究［J］．商业经济与管理，2012（6）：5－12.

［8］刘照军，王秀荣．基于循环经济的第二方物流企业创新研究［J］．中国物流与采购，2011（16）：72－73.

［9］饶志锋．提升我国第三方物流企业服务创新研究［J］．物流管理，2007（7）：32－33.

［10］齐严．网络背景下商业模式创新趋势与物流企业创新研究［J］．中国流通经济，2011（2）：72－75.

［11］刘南，姜泰元，姜敏求．第三方物流的创新案例研究——以韩国甲物流企业为例［J］．科技管理研究，2011（4）：108－113.

［12］高清华．物流企业服务创新及其绩效评价实证研究［D］．长春：吉林大学，2012.

［13］杨敏．服务流程视角下我国物流企业创新路径分析［J］．商业时代，2010（26）：40－41.

［14］杨宝峰．关于物流创新与提升物流企业竞争力的思考［J］．厦门大学学报（自然科学版），2003（42）：56－60.

［15］汪旭晖，徐健．中国本土物流企业有主创新能力的影响因素：一个实证研究［J］．经济管理，2010（1）：140－146.

［16］况漠，缪兴锋．当前我国物流企业服务体系创新途径分析［J］．经济体制改革，2010（5）：77－80.

［17］翟运开．我国第三方物流企业服务创新模式研究［D］．武汉：武汉理工大学，2005.

［18］牛建涛，慕静．基于复杂适应系统理论的物流企业科技创新行为模式研究［J］．科技管理研究，2010（2）：19－21.

［19］王佳宁，慕静．群外企业加入物流集群的创新行为激励机制研究［J］．科技管理研究，2011（7）：126－136.

［20］赵道致，李玮婷．物流企业服务创新的战略路径选择［J］．科学学

与科学技术管理，2011（11）：152－172.

［21］慕静．物流企业集群服务创新行为演化模型及案例分析［J］．商业经济与管理，2011（9）：5－11.

［22］孙颖，陈通，毛维．物流信息服务企业服务创新过程的关键影响要素研究［J］．科学学与科学技术管理，2009（8）：196－199.

［23］李玮婷．物流企业服务创新的战略路径选择研究［D］．天津：天津大学，2011.

［24］张秀娥，刘洋，毛佳．现代物流企业创新机制研究［J］．经济纵横，2007（7）：76－77.

［25］阮国祥，傅克俊．现代物流企业协同创新机制分析［J］．江苏商论，2010（3）：56－57.

［26］林泉，王钦，解进，等．中国制造性物流企业的演进路径与创新能力升级——以海金物流为例［J］．福建论坛：人文社会科学版，2001（9）：26－31.

［27］刘志康．第三方物流衍生服务创新研究［D］．上海：复旦大学，2011.

［28］王雁．物流企业服务产品创新的动力和模式研究［D］．天津：南开大学，2007.

［29］曾翔．物流服务价值创新理论与方法研究［D］．西安：长安大学，2011.

［30］MOTAPEDROSA，ALEX. Customer Integration during Innovation Development：An Exploratory Study in the Logistics Service Industry［J］．Creativity & Innovation Management；Sep2012，Vol. 21 Issue 3，263－276.

［31］YANG，CHING－CHIAO. Assessing the moderating effect of innovation capability on the relationship between logistics service capability and firm performance for ocean freight forwarders［J］．International Journal of Logistics：Research & Applications；Feb2012，Vol. 15 Issue 1，53－69.

［32］DAUGHERTY，PATRICIA J，CHEN，et al.．Organizational structure and logistics service innovation［J］．International Journal of Logistics Management；2011，Vol. 22 Issue 1，26－51.

［33］BUSSE，CHRISTIAN，WALLENBURG，CARL MARCUS. Innovation

management of logistics service providersfoundations [J] . International Journal of Physical Distribution & Logistics Management. 2011, Vol. 41 Issue 2, 187 – 218.

[34] CHIEH – YU LIN. Influencing Factors on the Innovation in Logistics Technologies for Logistics Service Providers in Taiwan [J] . Journal of American Academy of Business, Cambridge; Sep2006, Vol. 9 Issue 2, 257 – 263.

[35] YANG, CHING – CHIAO, MARLOW, PETER B. , LU, CHIN – SHAN. Assessing resources, logistics service capabilities, innovation capabilities and the performance of container shipping services in Taiwan [J] . International Journal of Production Economics; Nov2009, Vol. 122 Issue 1, 4 – 20.

[36] LIN, CHIEH – YU. Determinants of the adoption of technological innovations by logisticsservice providers in China [J] . International Journal of Technology Management & Sustainable Development; 2008, Vol. 7 Issue 1, 19 – 38.

[37] WALLENBURG, CARL MARCUS. Innovation in logistics outsourcing relationships: proactive improvement by logistics service providers as a driver of customer loyalty [J] . Journal of Supply Chain Management; May2009, Vol. 45 Issue 2, 75 – 93.

[38] BUSSE, CHRISTIAN. A procedure for secondary data analysis: innovation by logistics service providers [J] . Journal of Supply Chain Management; Oct2010, Vol. 46 Issue 4, 44 – 58.

[39] CHAPMAN, ROSS L, SOOSAY, CLAUDINE, KANDAMPULLY, JAY. Innovation in logistic services and the new business model [J] . International Journal of Physical Distribution & Logistics Management; 2003, Vol. 33 Issue 7, 630.

[40] ROSS L CHAPMAN, CLAUDINE SOOSAY, JAY KANDAMPULLY. Innovation in logistic services and the new business model: a conceptual framework [J] . Managing Service Quality; 2002, Vol. 12 Issue 6, 358 – 371.

[41] JUNG – TANG HSUEH, NENG – PAI LIN, HOU – CHAO LI. The effects of network embeddedness on service innovation performance [J] . Service Industries Journal; Nov2010, Vol. 30 Issue 10, 1723 – 1736.

[42] LOVE, JAMES H. , ROPER, STEPHEN, HEWITT – DUNDAS, NO-

LA. Service Innovation, Embeddedness and Business Performance: Evidence from Northern Ireland [J] . Regional Studies; Oct2010, Vol. 44 Issue 8, 983 - 1004.

[43] 胡松，蔺宙，吴贵生．服务创新的驱动力和模式[J]．研究与发展管理. 2006, 18 (1): 33 - 39.

[44] 安建梅．物流服务创新动力机制分析 [[J]．大连海事大学学报(社会科学版). 2008 (4).

[45] 吴明隆．结构方程模型——AMOS 的操作与应用[M]．重庆：重庆大学出版社，2009.

[46] 荣泰生. AMOS 与研究方法[M]．重庆：重庆大学出版社，2009.

[47] 韦影．企业社会资本对技术创新绩效的影响：基于吸收能力的视角[D]．杭州：浙江大学，2005.

[48] 蔺宙，吴贵生．服务创新[M]．北京：清华大学出版社，2003.

[49] 夏怡凡. SPSS 统计分析精要与实例详解[M]．北京：电子工业出版社，2010.

[50] 嵇登科．企业网络对企业技术创新绩效的影响研究[D]．杭州：浙江大学，2006.

[51] 潘琼．企业动态能力与经营绩效关系研究[D]．南京：南京航空航天大学，2008.

[52] 安贵．知识整合能力对企业自主创新能力的影响研究——以西安高新技术企业为例[D]．西安：西安工业大学，2011.

[53] 赵林捷．企业创新网络中组织间学习研究[D]．合肥：中国科学技术大学，2007.

[54] 石静．基于知识管理的企业知识创新能力研究[D]．成都：西南石油大学，2011.

[55] 李贺．基于知识管理的企业组织创新研究[D]．长春：吉林大学，2006.

第二篇　基于嵌入性视角的物流企业服务创新研究

3 基于嵌入性理论的物流企业服务案例分析

本章在阐述物流企业服务创新的理论背景与理论预设的同时介绍了案例研究的一般方法论，并在基础上对DHL、江西物流与山绿冷链三家物流企业进行了案例分析。通过对三家物流企业案例的内容进行概括描述，究其内涵进行全面分析，得出这三家物流企业在进行服务创新方面所具有的普遍规律。在结合嵌入性理论、动态能力理论以及服务创新绩效进行剖析方面，认为物流企业紧密地嵌入到其所处的企业网络中，并通过充分运用自身的动态能力，获取推动创新的异质性资源，以期获得更高程度的回报。

3.1 理论预设与案例究方法

3.1.1 理论预设

网络组织既是一种适应知识社会、信息经济，并以网络联结为纽带、以创新为灵魂的组织，也是一种有利于创新的组织模式，它的运作机制、支撑技术、柔性结构为组织创新提供了空间和保障。全球制造网络的出现与兴起，不可避免地改变着整个社会经济发展的范式。同时，企业所嵌入的外部网络也是影响企业行为与绩效的重要因素。

通过嵌入网络，企业可以获取、整合各种资源与能力，获取更多有用的信息和知识，从而促进企业服务创新，提升企业绩效，并赢得持续竞争优势。

而对于在全球制造网络中运作的企业来说，在企业网络中建立怎样的嵌入性关系才更有利于企业利用网络资源、构建再审能力与优势，学者们对此展开了一些列的研究，研究成果形成了“嵌入性悖论”，又叫“嵌入性陷阱”。有些学者认为，在资源传递过程中，弱连接比强链接更有力度、更为重要（如：Granovetter，1973，1985，1992；Petersen，等，2000）；有些学者则认为，嵌入性与企业绩效呈现倒 U 形分布，中间状态最为有效（如：Uzzi，1997；Hakansson，Snehota，1998）；而大部分学者则认为，企业联接越紧密，即嵌入性越强，信息交换越频繁，从网络中获取的知识与资源越多，从而有利于企业赢得竞争优势（如：Powell，等，1996；Dyer，Nobeoka，2000；Anderson，等，2002；McEvily，Marcus，2005；王炯，2006）。

网络是企业创新最重要的外部环境，而嵌入性是网络最重要的属性之一，因此嵌入性对于企业服务创新势必有着重要的影响。为验证“嵌入性悖论”在物流企业服务创新领域中存在与否，本研究将深入探索嵌入性如何作用于物流企业服务创新绩效，以及它究竟给物流企业服务创新带来了怎样的影响。

不断地创新是企业生存和发展的必要条件，企业必须为此进行知识、技术及能力的快速积累。创新的过程是学习的过程，也是能力提升的过程。当前激烈的全球竞争态势迫使企业在加强内部学习和知识积累的同时，还必须超越组织边界以获取最前沿的知识，达到迅速提高自身创新能力的目的。在这种背景下，通过企业间合作来提升自身的资源和能力水平，从而促进创新，已成为企业结成联盟的重要动因。而对于创新过程来说，动态情况的把握是至关重要的。在外部环境发生快速变化的情况下，企业往往需要通过在所处企业网络中获取异质资源，以提高自身应对环境变化的动态能力。企业在网络中的合作学习使得组织学习更具有动态性的特点，更关注全新的信息、知识与技能的获取、积累和应用。通过嵌入在全球制造网络中，企业能更好地获取新知识、新技能。动态能力对于促进企业服务创新活动的开展，提升企业服务创新绩效有着重要作用。因此，本研究假设动态能力对企业技术创新绩效有正向的影响。

综上所述，本研究将“动态能力”这一中介变量引入嵌入性影响企业服务创新绩效的机制中，考察嵌入性是否通过动态能力，进而影响物流企业的服务创新绩效，如图 3－1 所示。

图 3－1 网络嵌入性对物流企业服务创新绩效影响机制的理论预设

3. 1. 2 案例研究方法论

在被研究现象本身难以从其背景中抽象、分离出来的研究情境中，案例研究是一种行之有效的方法。它可以获得其他研究手段所不能获得的数据、经验、知识，并以此为基础来分析不同变量之间的逻辑关系，进而检验和发展已有的理论体系。案例研究不仅可以用于分析受多种因素影响的复杂现象，还可以满足那些开创性的研究，尤其是以构建新理论或精练已有理论中的特定概念为目的的研究需要。所以，在文献整理的基础上，本研究采用案例分析的方法，来探索嵌入性对企业技术创新绩效的影响机制。

1. 案例研究方法论概述

案例研究是在现象和其背景不清晰时，使用多种资料调查现实世界中当前现象的以后总实证的探究。案例研究的目的是产生新理论和复证已有理论，而在复证已有理论的过程中，除了支持已有的理论有效性外，往往能够对已有的理论产生一些新的观点，这些观点扩展或者缩小了原有理论的适用范围。案例研究是一种经验性研究，而不是一种纯理论性的研究。案例研究的意义在于回答“为什么”和“怎么样”的问题。

2. 案例研究类型

案例研究既可以对已有的理论进行重新验证，也可以通过案例分析产生新的理论，还可以在证明已有理论的过程中产生新的理论。根据研究的目的不同，案例研究可以分为探索性、描述性、解释性、评价性四类。各种研究方法的主要目的和研究侧重点如表 3－1 所示。

表 3－1 案例研究方法

案例研究类型	主要研究目的	研究侧重点
探索性案例研究	寻找对实务的新洞察，或尝试用新的观点去评价现象	侧重于提出新的理论观点
描述性案例研究	对人、事件或情景的概况做出准确描述	侧重于描述事例详情

续 表

案例研究类型	主要研究目的	研究侧重点
解释性案例研究	对现象或研究发现进行归纳，并最终做出结论，对相关性或因果性的问题进行考察	侧重于进行理论检验
评价性案例研究	对研究的案例提出自己的意见和看法	侧重于就特定事例做出判断

资料来源：根据孙海法（2004）与余菁（2004）等研究。

从表3－1可以看出，各案例分析方法都各有侧重，为了能够快速准确地把握案例的核心内容，并从中获得分析基础，本研究运用多种案例分析方式相结合的办法，采取综合性的案例分析模式，在已有研究的基础上，对现有理论进行扩展和补充，从而产生新的理论假设。所以本研究尝试从新的视角来探索嵌入性对物流企业服务创新绩效的影响，采用综合性案例研究与前期理论推演相结合的方法来进行初步的概念模型构建。

Eisenhardt（1989）认为理论构建的案例研究主要有八个步骤：

①在研究开始之时，定义研究问题；②选择适当的总体与案例；③采用多种数据收集的方法，设计测量工具；④进入案例现场进行数据收集，并结合及时的数据分析；⑤进行案例内及案例间的数据分析；⑥在比较和验证的基础上形成研究假设；⑦把新的构思、理论或假设与已有的文献进行比较；⑧当理论饱和时解决案例研究。

Yin（2003）将案例研究分为五步，即研究设计、为收集数据做准备、收集数据、分析数据和撰写研究报告。其中，案例研究设计的基本模式是：确定要研究的问题；提出理论假设；确定分析单位；形成连接数据与假设的逻辑；解释研究结果的标准。

项保华和张建东（2005）则把案例研究的步骤总结为：确定研究问题、理论抽象、收集资料、分析资料、研究结果比较以及撰写研究报告，而撰写研究报告是贯穿在整个研究始终的。

综合各位学者的观点，本研究在对现有文献分析评述的基础上形成了理论假设和研究构思，继而进行案例选择、数据收集和数据分析，从而得出初步结论，形成初始研究假设，然后将在后续行文中展开，并构建概念模型，提出明确的理论假设。

3. 案例选择

根据实际研究中运用案例数量的不同，案例研究可以分为单一案例研究和多案例研究。单一案例研究主要用于证实或证伪已有理论假设的某一个方面的问题，它也可以用来分析一个极端的、独特的管理情境。通常，单一案例研究不适用于系统构建新的理论框架。而多案例研究能够通过案例重复支持研究的结论，从而提高研究的效度，能增加研究结果的普适性，能更全面地反映案例的不同方面，从而形成更完整的理论。

所以本研究应用多案例研究来构建嵌入性对物流企业服务创新绩效影响的初始研究假设，以反复验证，增加探索性案例研究的有效性。

Eisenhart（1989）认为4～10个案例是归纳中使用原始案例的理想个数。考虑到理论构建的基本要求和增加案例的边际效用，并参照Eisenhart（1989）、和Yan和Gray（1994）等学者建议，本研究选择三家企业作为案例研究的对象，具体选择标准如下。

（1）为了降低案例研究的外部变异性，本研究将案例研究限定在中国本土的物流企业。

（2）为保证案例研究的代表性，本研究选择的案例企业具有一定的汗液分散度，涵盖了技术推动型产业与市场拉动型产业，以及高新产业与传统产业。

（3）为了更好地达到多重验证的效果，本研究所选择的案例企业业绩表现具有不同的代表性，兼顾了领先企业与落后企业。

（4）为了提高案例研究信息的丰满度，并在合理范围内降低案例研究的成本，本研究的案例企业并非随机，而是兼顾了信息的可获得性和企业的代表性。

4. 信息收集

本研究在资料收集时遵循了一下原则。

（1）使用多证据来源收集信息，以提高研究效度。本研究通过员工访谈及二手资料整理等方式，多资料来源、多收集形式收集信息资料。

在每个探索性案例研究中，都对企业的高层管理人员以及技术部门、采购部门和销售部门等的主管人员进行了半结构化的深度访谈（访谈提纲请参见附录1），每次访谈时间一般为2小时左右。其中，被访的高层人员在企业任职时间为3年以上，部门中层人员任职时间2年以上，从而确保了被访谈人员对企业情况有较全面、深入的了解。在访谈之后，还通过电话、电子邮件或者再次会面等形式，与被访人员进行再度沟通，以补充所需信息，并对信息的记录、整理进行核对。

此外，本研究还通过索取、查阅企业内部文档和资料，并借助企业网站、宣传手册、企业新闻等公开信息，对企业的二手资料进行收集和整理。

（2）建立案例研究资料库进行记录和整理，以提高研究信度。

本研究的案例研究资料库包括案例研究的笔记、录音资料，收集到的与案例研究相关的文件资料，以及经过对案例企业的调研所生产的表格、文字叙述和分析材料等。

在访谈前后，从网上收集案例企业的公开资料；访谈时，经被访谈人员许可后，对访谈过程进行现场录音和现场笔录，并在访谈结束后12小时以内，对访谈记录进行整理和分析；此外，还向被访谈人收集了企业宣传材料和内部相关文档；同时，把这些资料统一归档到案例研究资料库，进行分类编码，以备下一步信息分析之用。

5. 信息分析方法

本研究的案例分析包括两个阶段：案例内分析和案例间分析。前者把每个案例看成是独立的整体进行全面分析，后者则是在前者的基础上对所有的案例进行统一的抽象和归纳，进而得出更精辟的描述和更有力的解释。

本研究首先对每个案例进行案例内分析。在对每个案例企业详细研究的基础上，对企业的嵌入性、动态能力、服务创新绩效等主要变量进行编码，并把这些编码制成表格，从而识别各个案例的变量特征，为下一步开展案例间的分析做好准备工作。

然后，本研究将通过案例间分析来进行归纳总结，以揭示变量间的相互关系。在案例内分析编码、制表的基础上，将所有案例包含的特征变量排在一起不断比较，明确各个类目的意义，探索嵌入性、动态能力、服务创新绩效等各变量之间的相关性与因果关系，从而提出初始研究假设。

在案例分析过程中，案例内分析与案例间分析不是截然分开的，这是一个分析性归纳的过程。通过一个案例资料的分析，归纳出新的概念或利用已有的概念建立概念之间的关系，然后将第一个案例总结出来的试探性理论演绎到第二个案例中，考察试探性的理论哪里需要添加、缩减和修正。几个案例进行分析以后，使假设逐渐变得稳定。在这个高度重复的过程中需要分类和不断地比较。

3.2 案例企业介绍

案例1 DHL

调研背景

中外运敦豪是一家创立于美国，目前为德国邮政集团100%持股的快递货运公司，是目前世界上最大的航空快递货运公司之一。它是全球快递、洲际运输和航空货运的领导者，也是全球第一的海运和合同物流提供商。为客户提供从文件到供应链管理的全系列的物流解决方案。根据研究需要，作者于2012年10月29日在北京物资学院物流学院对DHL全国销售部电话销售经理薛术，就物流企业服务创新这一主题进行了深度访谈。

1. 贵公司的物流服务在业内处于什么水平

在美洲的市场占有率仅次于美国，在世界其他地区名列第一。有着极强的品牌效应和一大批忠诚的顾客。标准化程度极高，品质可靠，世界一流。1969年，DHL开创国际快递行业，1980年进入中国。迄今为止，DHL在中国共有6个分拨中心，分别在北京、上海、广州、武汉、沈阳和成都，DHL在中国占有31%的市场份额。

2. 和贵公司往来的单位有哪些

客户——货主企业；竞争者——国际快递公司，主要竞争者TNT、UPS；海关；政府。

3. 贵公司所处市场环境如何

国际快递市场已趋于稳定，市场被几家大的快递公司占据，如DHL，UPS，TNT等。相互之间既有竞争，又有各自的忠实客户和稳定的市场。

4. 与贵公司合作的客户情况

DHL将不同的客户分为不同的渠道来管理，主要有四种：①全球物流客户渠道，有500~600家，占销售额的10%左右；②全国客户渠道，仅在中国就有1000~2000家，占销售额15%左右；③关系客户渠道，3万~4万家，占销售额的60%左右；④直接业务渠道，10万家左右，占销售额的15%左右。同一管理渠道的客户之间差异较小，不同渠道的企业之间差异较大。

DHL全球覆盖220个国家和地区，DHL在中国的客户主要分布在东南沿海市场。

5. 贵公司的服务创新成功率如何

绝大多数的情况是成功的，但也有失败的时候。例如，收购APEX公司的举措就并非成功之举。当时DHL收购APEX主要是看中该公司遍布中国的网络，当时APEX有覆盖中国400多个城市的物流网络，甚至比DHL的网络规模还要大，这样一来DHL就可以不用建立自己的网络而借用APEX的网络即可。同时DHL比较看中APEX的平信业务，一旦收购DHL就可以进军平信业务。但后来发现APEX在主要的城市是直营的模式，而在好多二三级的网点都是加盟的模式，且标准化程度极低，这也是中国快递业的普遍现象。即便是这样DHL也力图要先收购，且在运行加盟模式存在的情况下让APEX运行起来，再逐步建立标准规范，之后将已有客户注入，想通过这样的方式使APEX融入DHL的体系中来。但问题在于二三级的网点和他们所在的市场过于混乱，标准难以建立，且运营管理成本过高，这也是DHL所没有料到的。因此，DHL收购APEX的行动以失败告终，最后将APEX转手卖出。

6. 贵公司物流服务创新情况

DHL中的每一个Supply Chain解决方案都是针对用户的个性化需求进行设计的，因此可以说每一个Supply Chain方案都是一次创新。Supply Chain方案主要针对合同物流，包括仓储、陆路运输等。此外，DHL的标准化服务也并非一成不变，同样也是随着市场需求的变化而不断演进的。另外，基于欧洲市场需求的“子母单”模式也是一种创新。根据欧洲客户的需求，货物在运到欧洲三十多个位于不同国家的城市进行销售，但在此之前要在欧洲的同一地点进行检验，因此DHL推出了“子母单”方案，先将要运往欧洲不同城市的同一客户的货物统一打包运到欧洲指定的检验地点，然后再分配到不同城市。

DHL对市场变化信息的感知主要来自于公司的信息平台，在这个信息平台上详细记录了公司业务往来的方方面面的信息，以及市场数据的统计情况，通过对这些数据的搜集、整理、分析，DHL 可以准确地把握变革业务的机会。

DHL 高效的创新速度是建立在对机会的认知上的。只要 DHL 发现了需要进行变革的时机，并确认有广阔的市场需求要求变革，且变革会带来可观的经济效益，DHL 就会毫不犹豫地实行创新。可以说 DHL 的创新速度是与它对创新所带来的收益预期成正比的，对创新收益的预期越大，DHL 的创新速度也就越快。同时，严格的执行力也是 DHL 进行创新的有力保障，一旦 DHL 决定创新，那么创新的命令将会在全球范围内发布，并且无论是在欧洲还是在亚洲都将会被严格贯彻落实。

7. 贵公司与顾客的联系情况

DHL 有专门的信息平台，根据现有消费额和潜在消费额对不同的客户进行分类。输入客户的潜在消费额和现有消费额，系统将自动计算出拜访每位客户的频率和事件安排。这一平台的特点是不光关注现有的大客户，更加注重对潜在客户的挖掘。

针对苹果这样的大客户，DHL 甚至为它修建专用的分拨中心，雇用专门的工作人员和车队为其服务。针对传统的制造厂商，DHL 则以价格为优势建立客户忠诚。这也是由不同种类企业的利润率不同所决定的，高新技术产业对服务质量要求高，至于价格则所占比重较小，至于传统制造业，由于其生产模式极为固定，利润率空间有限因此特别注重价格，DHL 正是根据不同企业的特点提供不同的物流服务。

DHL 有专门的信息平台对服务质量进行监控，另外，有专门的用户平台为客户提供快件的查询，客户俱乐部，小游戏，客户问卷，客户满意度调查等内容。

中国一家生产提款机的企业在其产品出口美国，由于该提款机厂商的产品几乎占据了美国所有的提款机市场，加之美国超市不断增加的影响，提款机生产厂商的销售量不断攀升，因此尽早将产品运到美国成为该提款机厂商占据市场的关键，DHL 正是根据这一家提款机厂商的的需求将其交货时间由 7 天缩短到 5 天，有力地保证了该厂商的经济利益。于此同时 DHL 也获得了高于普通服务的价格收入，实现了与客户之间的双赢。

案例2　江西物流公司

调研背景

江西省通信产业服务有限公司物流分公司（以下简称江西物流公司）成立于2007年7月（其前身为江西省邮电供应工业公司，成立于1964年，是原江西省邮电管理局的直属单位），现为江西省通信产业服务有限公司所属专业公司。

随着三网融合的全面铺开，电信、移动、联通、广电等大型通信企业竞争日益激化，对一体化、专业化供应链管理和服务的需求也日益加大，而江西省的物流行业尤其是通信行业第三方物流正处在发展的关键时刻，江西物流公司牢牢抓住商机，抢占通信市场，立足“为信息与媒体运营商和通信产品供应商提供全方位服务的现代物流服务商”的新定位，打造了完整的供应链管理和服务体系，构建了包括代理招标、代理采购、质量检测、代理仓储、库存管理、代理配送、逆向物流等完整的供应链管理服务、覆盖通信物资供应全过程的全新赢利模式。

实施过程

江西物流公司持续关注客户总拥有成本，满足客户差异化需求，提供综合信息服务行业一体化、专业化的第三方供应链管理解决方案，携手客户共创第三利润源。为此江西物流公司深入研究综合信息服务商产业供应链的每一个环节，创新了含代理采购、代理招标、质量检测、代理仓储、库存管理、代理配送、逆向物流（含维修、废旧物资回收拍卖）等专业供应链服务模式，为客户提供一体化、专业化的供应链管理服务体系，致力打造出江西一流供应链管理品牌。

1. 代理招标

通过整合资源，建立了一支专业招标代理队伍，目前是江西通信行业唯一的甲级招标代理资质江西省招标协会理事单位。

2. 代理采购

成立了采购管理小组，由具有丰富通信物资采购经验的团队构建了专业的采购渠道，承接有关工程的配套材料采购代理、提供订单起草审核、发送跟踪、管理、货物催收等服务。规范并完善了采购流程，提高了采购效率。

成立了订单中心，对接框架协议客户加订单客户和集中采购等业务模式。主要提供订单收集、发送，货物催收，结算、付款等商务工作外包服务。通过专业、集中的服务，提高效率，降低采购成本。

3. 质量检测

成立通信物资检测中心，建立质量理保证体系和质量检测体系。开展到货检测、专项检测、厂验、现场检测和评估，使质量检测工作更加规范，杜绝不合格产品入库，不合格产品得到及时整改，将产品质量信息输入供应商评估体系，择优选择供应商。2007 年检测中心通过江西省技术监督局 CMA 计量认证，成为目前江西省通信物资检测产品项目最全、检测规模最大、检测能力最强专业检测中心。

4. 代理仓储

培养专业化物流人才队伍，实施精确化内部管理，中心仓库拥有超过 60000 平方米的室内外仓储配送基地，全部实施标准化仓库管理模式，配套现代化的高位货架、叉车等仓储设备设施，配备了全方位的全球眼电子安全监控系统，成为全省电信功能最全的通信设备及产品物流集散基地。通过整合外部优良资源建立了覆盖全省的运输网络，适应各类产品的仓储、配送、流通加工等物流活动。实施 6S 仓储标准化作业管理，具有专业仓储管理水平和仓储作业效率，被中国仓储协会授予“中国星级仓库”（四星）称号，成为江西省唯一一家四星级仓库。

5. 库存管理

通过 VMI 管理、借料管理、物资账龄管理、余料管理、库存物资调拨管理，有效降低了库存总额、缺货成本和呆滞物资比例，提高了库存周转率，减少了客户库存资金占用，降低了库存物资因技术淘汰和自然损耗所产生的风险。

6. 代理配送

通过科学的配货方式，合理的运输调度和路径设计，提供专业一体化配送服务，实现快速响应，降低配送总成本。

7. 逆向物流业务

在全省范围内建成了 1 个省级维修中心、10 个市级服务中心和 83 个县级服务站，形成了覆盖全省所有市、县的统一逆向物流体系；搭建了基于 4008

服务热线的投诉、回访服务平台，确保客户满意度的逐步提升。开发了基于B/S架构的逆向物流流程管理系统，实现了从客户发货、收货确认、维修管理、检测管理到维修返回等全过程信息化。

项目创新点

（1）根据市场和客户需求为导向，提供完善的供应链管理体系和多元化的增值服务，以专业化、人性化和高效化的服务为立足点，努力为客户降低运营成本，增加利润源。

（2）拥有专业高效的采购团队，具备完善的专业供应商渠道，提供一流的通信工程配套和非通信类物资采购解决方案。

（3）拥有有一流的资质和强大的评标专家团队，为客户提供规范的招标流程，择优选择供应商，支撑客户阳光采购、绿色采购，集约化管理，降低客户采购资源的投入。

（4）保障采购物资产品质量，提升网络运行质量和可靠性，降低客户运行、维护成本。

（5）提供科学的仓储管理方案，标准化6S现场管理，规范作业流程，提升仓储作业效率，降低存货损失风险。

（6）优化库存结构，提高库存周转率，减少呆滞物资，降低库存成本，减少存货积压资金。

（7）利用覆盖全省的快速物流配送体系，提供本地化专业维修服务，延长产品使用寿命，体现企业绿色物流形象。

项目应用效果

（1）通过打造完整的供应链管理服务体系，江西物流公司进一步提升了服务能力和资质水平，2009年评为AAA级综合服务型物流企业，在全国同行业内属领先地位。同时，通过为客户提供专业、优质的供应链管理服务，进一步为客户规范了管理，节约了资源，降低了成本，提高了工作效率和经济效益，密切了与客户的伙伴关系，实现了与客户共同成长，携手共赢。

（2）2011年为客户招标164项（其中招标31项、询价28项、框架选型8项、定向谈判70项、会务支撑11项）。通过网上竞价平台开展废旧电缆的网上竞价业务，从2011年4月的开始运行，拍卖处置铜缆过亿元、3300余吨、涉及11个批次，88个标段、167个厂家。

经过入库质量检测，采购物资合格率由88.54%提高到99.32%。

（3）通过库存管理，库存物资大幅度下降，库存规模缩小了60%以上，达到了压缩库存、整合资源的目的；通过规范的余料管理制度，余料利用达2000多万吨；平均每月的库存周转率高于150%；如呆滞物资清理仅2011年减少了910.44万吨，降幅达67.2%。达到了压缩库存、整合资源的目的。2011年的借料数也由2010年的56.2万元降到了0.01万元。

（4）逆向物流物资维修修复率达到95%，2011年为江西电信节约资金达2000万元。

（5）通过为客户提供专业、优质的供应链管理服务，实现了与客户共同成长、携手共赢，共同创出供应链第三利润源。

案例3 武汉山绿冷链物流有限公司

调研背景

武汉山绿冷链物流有限公司18万立方米、4万吨冷库于2006年10月投入营运，经过连续六年的高增长，库容日趋饱和，冷库租赁率达90%以上。短期没有新增库容的情况下，收入增长幅度开始变小。

随着武汉地区白沙洲、汉口北、江夏等地近20万吨的市场型冷库陆续建成投产，低端冷储冷藏市场竞争激烈，过度的同质化竞争有可能使行业陷入价格战的泥潭。而武汉高端冷链市场却增长迅速。部分品牌食品生产企业、连锁餐饮企业、连锁配送企业、药品医疗企业产生了“高品质、个性化、一站式、安全便捷”的综合冷链服务需求，并愿为此支付较高的成本。

在这样的背景下，山绿冷链提出了“一般冷链物流”和“专业冷链物流”多层次并举的发展战略，利用一般冷链物流做大规模，利用专业冷链物流提升效益。之所以称为专业冷链物流，就是针对过去一般冷链物流仅能满足客户部分需求而不是全部需求的现状，提出要把冷链运输、储存、装卸搬运、包装、流通加工、配送以及信息等环节视做一个整体，运用供应链的管理思想，对客户需求进行系统性的识别、分析、拓展和延伸，并提供完整供应链解决方案，以此获得增值收入和增值利润。

实施过程

为适应高端冷链市场的发展，山绿冷链紧紧围绕“提高效率、降低成本、完善服务”这几个经营要点出发，不断延伸企业服务链，拉长企业价值链。

（1）积极完善冷库硬件设施，使冷库经营达到+15℃~-38℃的全温层覆盖，能够满足客户多温层需求。现山绿冷链拥有90000立方米冷藏库、90000立方米冷冻库、4500立方米气调库，800立方米速冻库，6300立方米预冷库和1000立方米低温包装车间，还有72000立方米的恒温生产车间和日制冰40吨的制冰车间。

（2）实行高效率的机械化作业，满足客户大进大出的物流需求。山绿冷库库高9米，根据入库商品的特性，灵活的采用横梁式货架、驶入式货架、重力式货架、巧固架等多种货架形式立体化储存，高架叉车进出货物，38个出货平台日进出量达1500吨。

（3）引入WMS仓库管理系统和SID超声波定位系统，实现商品集中管理，分区存放。WMS系统包括客户关系管理模块、合同管理模块，结算管理模块、预约管理模块、进出库管理模块、盘点管理模块、移库分拣管理模块、报表管理模块、员工绩效管理模块、配送管理模块等。SID定位系统采用回声定位原理，结合移动式的巧固架使用，能够实现移动货架的精确查找和定位。

（4）推行作业标准化。作业标准化包括流程标准化、工作标准化、操作器械标准化、储存单元标准化、信息传输标准化等。通过推行标准化，彻底打通了以仓储节点向上下游环节延伸的接口限制，降低了接口成本。例如，原来冷库园区内客户受叉车门架高度不一致、货架高度不一致、托盘大小不一致、堆码方式不一致等因素制约，有时就是同一条供应链上的上游供应商，将商品转移到另一个库的下游供应商，也需要人工对整托盘的商品进行重复装卸、堆码、搬运等作业，而不能实现整托盘流动运输，极大影响作业效率。标准统一后，大大提高了整条供应链的运作效率，降低了作业成本。

（5）以冷链仓储为支点，进行上下游业务整合渗透，向仓储托管作业、分拣配送、干线运输、信息中介、停车住宿全方位拓展。他们先后承接了青岛新快冷库到数十家终端连锁门店的一体化仓储物流配送服务，承接了吉林金翼、郑州思念、威海味岛的库内整托盘转库服务，承接了夏晖物流（麦当劳）仓储租赁和干线运输服务。他们还正在与百胜洽谈，准备承接其履盖华中五省的年配送量约20000吨的冷冻库全面托管业务。

项目创新点

以满足客户需求为焦点，把仓储环节放到整条供应链中来考虑，把单一冷藏需求向冷链服务体系进行延升，推行一站式冷链服务。

（1）拥用冷冻库、冷藏库、普通库和恒温库，实现 +15℃ ~ -38℃全温层履盖，能满足客户，特别是高端客户的综合冷链服务需求。

（2）商品实行集中管理，货架储存、叉车托盘进出，物流周转量大，充分满足高端客户对物流运作效率的要求。

（3）通过引入 WMS 仓储管理系统和 SID 超声波定位系统，对库内商品的进出管理、批次管理、空间管理、储位管理、拣配管理实现精细化操作，智能化管理，优化了储存空间，减少了人力、设备、管理等成本消耗，提高了营动效率。

同时，WMS 仓储管理系统是基于 B/S 构架的开放性互联网平台，为上下游客户提供了查询登录接口，使资源整合、综合利用有了信息化的保证。

（4）围绕冷链这条主线，深度识别和挖掘客户需求，制定个性化的解决方案，除提供冷链仓储服务外，还能提供流通加工、分拣、运输、配送、信息中介等多种服务，客户需求得到充分满足。

（5）不遗余力地在园区内推行作业标准化，使供应链上商品流转更为顺畅，降低成本，提高效率。

项目应用效果

（1）收入实现增长。收入结构由原来的单一租金收入，向现在以租金收入为主，分拣配送、干线运输、其他增值收入为辅转变。

（2）经营效率提高。单一的冷库租赁毛利润为 15% ~18%。而对仓库租赁、库内分拣、运输配送等环节进行资源整合后，实行一体化运作，整体毛利润达到 30% ~50%。

（3）大客户扎堆进驻。综合性的服务能力，高质量的冷链运作水平，诚信的经营，已经吸引肯德基、麦当劳、和路雪、英联顶锋、河南双汇、郑州思念等一批知名品牌入驻。

（4）核心竞争实力增强。在市场竞争中由原来拼硬件，拼库容，变成拼综合服务能力，拼运营效率，彻底告别了价格战，并为企业长远发展打下基础。

3.3 案例分析

考虑到案例分析的全面性，本研究选择了国内外不同类型的物流企业进行案例分析，包括国际物流公司 DHL、国内物流公司江西物流以及山绿冷链，既包含了快递业务，还包含了企业物流、仓储，以及冷链运输。

3.3.1 物流企业的嵌入性方面

通过对 DHL、江西物流、山绿冷链三家物流企业的案例描述可以看出：虽然这三家物流企业提供的物理服务不尽相同，但是它们都非常紧密地嵌入到与之相关的企业网络中。由于物流企业提供的是生产性服务，因此，DHL、江西物流与山绿冷链它们所处的企业网络是以客户为主要成员的企业网络，也就是说，这三家物流企业的外部联系者多为物流服务需求方的客户企业。由于 DHL、江西物流、山绿冷链三家物流企业的服务范围不同，因此所处外部网络的大小和范围也不相同，相对而言 DHL 的外部网络范围较大成员较多，而江西物流和山绿冷链的外部网络较小，服务的客户也较少。同时，外部网络的客户类型也存在不同程度的差异，企业规模、业务类型、服务需求都各不相同，这也成为了网络特性的一个重要区别。在 DHL、江西物流、山绿冷链嵌入到外部企业网络的过程中，最重要的方面之一还有物流企业本身与外部网络关系的紧密程度，包括信息往来的频繁程度、交流信息的重要程度等，通过案例的内容可以看出这些关系的强弱对于服务创新的实现具有明显的影响，如提供的物流服务创新均源于客户需求，这不仅体现了服务的交互性和客户导向性，而且说明物流企业与外部网络的关系是导致物流企业服务创新不可忽视的因素。

3.3.2 物流企业的动态能力方面

DHL、江西物流与山绿冷链三家物流企业的案例说明，物流企业在为客户提供物流服务时，所处的环境以及客户的需求都是出于不断变化之中的。物流企业面对不断变化的情况，必须迅速做出调整以适应瞬息万变的动态状况，这不仅要求物流企业提供的服务要具有充分的柔性，而且是对物流企业快速反应能力的挑战。物流企业需要根据实际情况，不断推出新型的服务，为客户在物流方面排忧解难。DHL、江西物流与山绿冷链正是在这样的网络环境中不断吸取外部经验，了解客户最新的动态，积极主动地改变自身，进行服务创新，并能够有预见性地针对即将发生的改变做出精准的判断，及时做好准备。从上述案例中所反映的信息中可以看出，物流企业的动态能力对于改变现状实现服务创新具有重要的作用。DHL、江西物流与山绿冷链是从外部网络吸收可用于创新的异质性资源，并结合自身的预见能力以及创新能力，把握服务创新的一般规律，实现自身物流服务的创新升级。虽然每次物流企业的服务创新都是存在一定风险的，但物流企业通过自身动态能力的发挥，不仅可以有效地预见到可能出现的危险并及时予以避免，同时物流企业还可以通过创新能力的发挥使物流服务快速地被客户接受，从而实现服务创新的效用，这也是物流企业能够不断地进行服务创新的原因所在。

3.3.3　物流企业的服务创新绩效方面

物流企业的服务创新绩效也就是物流企业采取物流服务创新措施所得到的有效回报。通过对DHL、江西物流与山绿冷链三家物流企业的案例描述可以看出，物流企业实施物流服务创新的目的即是得到更高的效益回报。至于物流企业服务创新绩效的衡量尚未出现统一的标准。虽然，物流企业的服务创新绩效属于绩效评级的范畴，但与企业内部其他的绩效评价又有着自身独特的方面。因此，对于物流企业服务创新绩效的分析与测评，要从物流企业服务创新工作本身出发，设定考量方面与测评标准。在此，可以借鉴三家物流企业的案例内容从以下几个方面考虑。具体来讲，物流企业服务创新的绩效主要体现在：实施物流服务创新的次数，并以成功的创新次数为重要标志；实施物流服务创新的速度，即面对市场变化时物流企业的反映是否迅速；实施物流服务创新后客户的反映情况，即客户对物流创新服务的认可程度。通过这些方面可以对物流服务的创新绩效进行衡量，并确定物流企业实施服务创新的总体效果。

4 基于嵌入性理论的物流企业服务创新模型构建

任何的理论构想都需要到实践中去检验和论证。本章在前期的案例研究的基础上，提出相关的假设，为后面的实证研究提供基础。

4.1 嵌入性、动态能力与服务创新的关系

4.1.1 嵌入性与动态能力的关系

嵌入性是以直接联结为纽带的二元交易关系问题，探讨网络中成员与其他成员的关系对该成员的影响，强调交易双方之间相互理解、信任与承诺的程度。本研究用结构嵌入和关系嵌入的分类方式来分析物流企业在所处网络中的嵌入情况，并从网络规模、网络极差、信息交流频繁度、信息的重要程度、关系持续时间、协同合作频率以及协同合作强度来衡量嵌入性。其中协同合作频率与协同合作强度衡量的是伙伴之间的互动性：协同合作的频率与强度越高，互动性也就越强。这两方面代表了连带强度的时间维度，应该共同考虑。关系持续时间则从另一个方面使连带强度的时间维度更为完善。实际上，在协同合作频率与强度水平一定的情况下，关系持续时间越久，合作伙伴在关系中所花费的时间就越久，连带的强度也就越高。

相关研究证实了嵌入性与动态能力的关系。首先，企业之间关系持续时间越久，协同合作的频率越高，协同合作的强度越大，越容易形成对于彼此的信任，这种基于信任的关系将会有利于创新能力的提高和对市场预期的把握。第一，合作双方会真诚地交流与磋商，促进了企业从伙伴处获得各种新知识与敏感信息；第二，信任提高了企业从外部伙伴处获得知识的准确性，

成为确保从伙伴处得到信息和知识的有效机制；第三，当合作双方在合作过程中遇到困难，高强度的关系嵌入性所带来的信任将会有助于企业间的相互支持，并有利于促成困难的解决，从而推动知识的整合应用。此外，由于服务知识多属于隐性知识，关系嵌入性会更有利于隐性知识的获得，并促进这些隐性知识整合应用。

其次，企业间关系持续时间越久，协同合作的频率越高，协同合作的强度越大，企业间信息交换也会更为频繁，信息交换的内容更为细致、更为复杂，甚至会更多地涉及对方的核心信息。与伙伴的关系嵌入性越强，企业之间越会尽可能分享所需的异质的、先前并不了解的新信息与知识，如产品成本数据、战略方向，以及组织实践等方面的相关信息。在从外部伙伴获得大量异质信息和知识的过程中，企业将对这些信息和知识进行吸收，并根据自身条件对这些知识进行整合以改进自身的不足，最终将之用于服务的交付与创新过程。

最后，相关研究认为，知识大多嵌入于组织的人员、工具和任务三大基本要素中，并存在于互相交织、互相作用的网络中。相比于嵌入在个人和工具中的简单嵌入知识而言，嵌入在组织和任务中的知识属于复杂嵌入知识。复杂嵌入知识需要组织间的持续互动方能实现，组织间协同合作的频率和强度决定了组织间复杂嵌入知识的流动与否及其流动量，对企业新知识的吸收与整合起到促进作用。随着关系嵌入性不断增加，共同解决问题的机会也不断增加，企业间就会形成为双方理解的行为规范和共同语言，这将会有利于隐性知识的转移和学习。

4.1.2 嵌入性与服务创新的关系

如前面所述，本书用结构嵌入和关系嵌入来表征组织之间关系嵌入性，由于关系嵌入有强弱之分，因此，对于企业间应形成何种强度的关系嵌入性更加有利于竞争优势及服务创新，就成为学术界关注的主要议题之一。

从嵌入性与服务创新绩效关系的实证来看，多数学者的结论倾向于嵌入性对创新绩效有正向影响，强调嵌入性在应对促进互惠与信任的形成以及促进知识的转移等方面的作用。具有强连带性质的关系嵌入，使企业间行动更紧密与默契，能够使企业之间有较多的互动时间与较高的资源承诺，同时也有较为紧密的人际关系，形成以信任为基础的组织间联结。

具体来说，较强的嵌入性可以带来两个方面的好处。一方面，较强的嵌入性有利于高质量信息和隐性知识的转移。企业之间的组织规程将变得更加相互依赖，因此基于对伙伴的运作过程的深入理解，隐性知识易于穿过组织边界；另一方面，作为关系治理机制之一，较强的嵌入性可以规范伙伴行为。强连带通过逐渐增强相互信任和互惠，从而形成长期的合作关系。国内外学者的研究证实了这一点。

与较强的嵌入性研究相对应，也有学者认为，弱嵌入性的作用要强于较强的嵌入情况。弱嵌入具有非冗余性的特征，更可能带来新颖和多样化的信息（Granovetter，1973），维持弱嵌入能够接触新颖的知识，充当了沟通信息桥梁的作用。由于所联结的成员有不同的背景、能力、技能和专长，弱嵌入成为新颖知识和最新观点的关键来源。

4.1.3 动态能力与服务创新的关系

创新能力是指开发新知识，并将其用于改进组织绩效的过程（Slater and Narver，1995）。创新能力则是指通过外在环境的学习及知识的吸收并加以内化，形成自身的优势，利用市场时机，使企业获利。创新能力由吸收能力与整合能力两部分构成，前者是指外部信息与知识的吸收能力，包括知识的获取、辨识与理解消化能力；后者则是指企业对组织内外部知识的整合与应用能力。

预测能力能力是以既有的经验为基础，辨识、获取外部信息，并将其进行消化、吸收、拓展，开发符合市场潮流的新产品的能力。预测能力可将嵌入于组织内部或外部网络中的知识加以整合并将其体现在新产品的实际开发中。

4.1.4 动态能力的中介作用

动态能力是组织维持创新的主要因素，进而使之成为获利的企业。动态能力是指通过外在环境的学习及知识的吸收并加以内化，形成自身的优势，利用市场时机，使企业获利。由此可见，动态能力依赖于包括外部环境，其中外部环境中的核心就是企业与合作伙伴之间构建的微环境，企业根据自身的战略目标来决定合作伙伴的数量及关系嵌入性，而通过关系嵌入所获取的知识、信息等资源，能否有助于服务创新绩效的提升以及这种提升幅度的大小，就取决于企业对所获取知识和信息的甄选、吸收与整合。嵌入性正是通过与合作伙伴建立密切深入的合作关系，提升了企业的动态能力，并通过动态能力影响服务创新的绩效。

4.2　研究假设

4.2.1　网络嵌入性与动态能力

通过上述分析，如图 4－1 所示，企业间网络嵌入不仅增加了企业的创新能力，而且还直接推动了企业进行服务创新预测概率的提升。

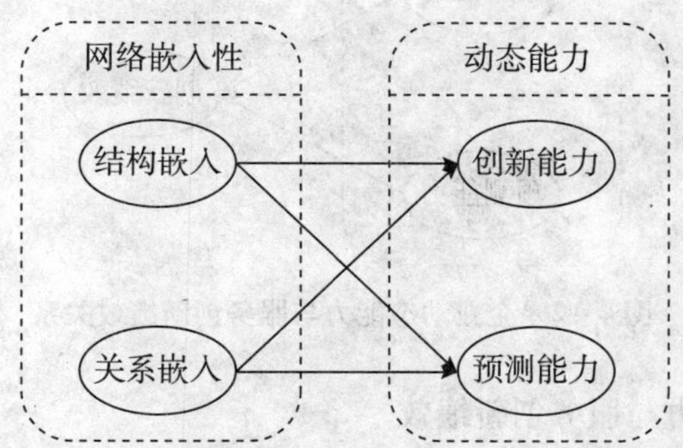

图 4－1　网络嵌入性与动态能力关系

4.2.1.1　结构嵌入性与创新能力及预测能力

通过以上分析，本研究可以得到以下初始假设：

假设（1）：物流企业在所处网络中的结构嵌入对企业的创新能力具有正向的影响；

假设（2）：物流企业在所处网络中的结构嵌入对企业的预测能力具有正向的影响。

4.2.1.2　关系嵌入性与创新能力及预测能力

通过以上分析，本研究可以得到以下初始假设：

假设（3）：物流企业在所处网络中的关系嵌入对企业的创新能力具有正向的影响；

假设（4）：物流企业在所处网络中的关系嵌入对企业的预测能力具有正向的影响。

4.2.2 动态能力与服务创新绩效

通过以上分析可知，动态能力的两个要素，即创新能力与预测能力，在企业搜寻、运用组织内外部知识与信息且将其具体融入新产品（流程）开发的活动过程中，扮演着关键性的角色。基于以上论述与探索性案例研究的结果如图 4－2 所示。

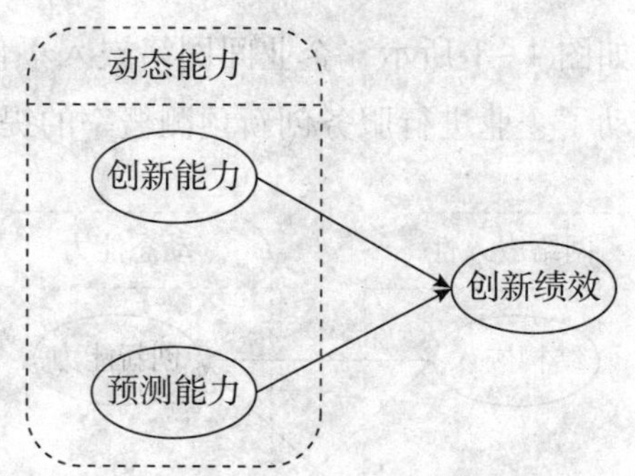

图 4－2 企业动态能力与服务创新绩效关系

4.2.2.1 创新能力与服务创新绩效

通过以上分析，本研究可以得到以下初始假设：

假设（5）：在所处网络中物流企业的创新能力对服务创新绩效具有正向的影响。

4.2.2.2 预测能力与服务创新绩效

通过以上分析，本研究可以得到以下初始假设：

假设（6）：在所处网络中物流企业的预测能力对服务创新绩效具有正向的影响。

4.2.3 网络嵌入性与服务创新绩效

本研究认为，嵌入性可以使企业之间形成基于信任的合作关系，有利于企业动态能力的提升以及外部异质资源的获取，从而促进服务创新。嵌入性对服务创新绩效的影响关系如图 4－3 所示。

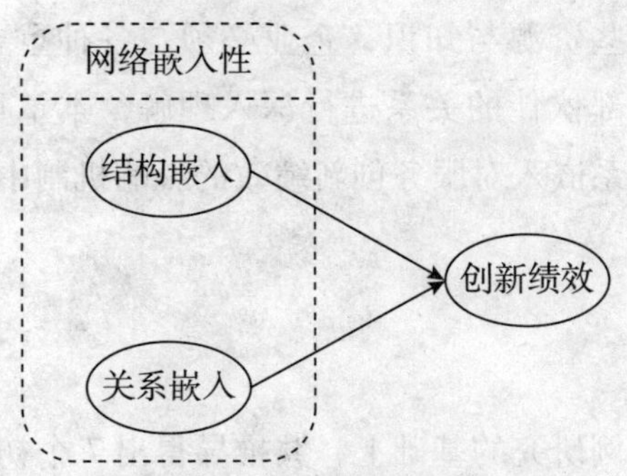

图 4-3 网络嵌入性与服务创新绩效关系

通过以上分析，本研究可以得到以下初始假设：

假设（7）：在所处网络中物流企业的网络嵌入性对服务创新绩效具有正向的影响。

4.3 模型的提出

根据相应的假设，网络嵌入性对物流企业服务创新绩效作用机制的概念模型如图 4-4 所示，物流企业所处网络中的嵌入性程度越高，则动态能力越强，从而能够获得更好的服务创新绩效。换句话说，网络嵌入性对物流企业服务创新的影响是通过动态能力的中介作用实现的。具体来讲，物流企业在所处网络中的结构嵌入和关系嵌入通过创新能力和预测能力，进而促进物流企业服务创新绩效的提高。

此外，服务创新需要大量嵌入于外部伙伴关系中的重要知识与资源，要

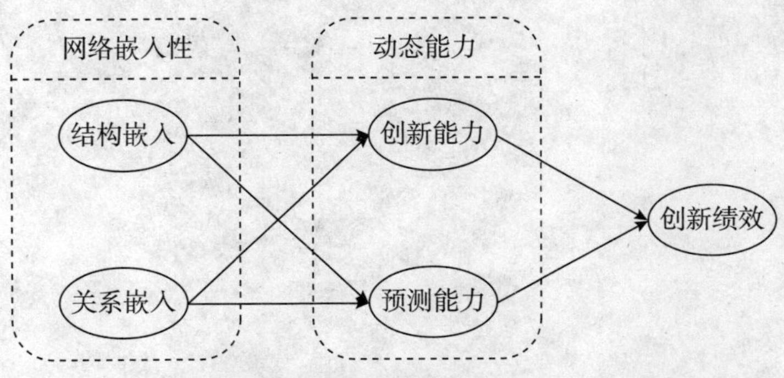

图 4-4 网络嵌入性对物流企业服务创新绩效作用机制概念模型

想获取创新所需的这些资源与知识，企业必须与各种重要伙伴建立良好的关系。为了对企业与外部伙伴的关系进行深入理解，本章重点关注学习能力在企业与外部伙伴的关系嵌入对服务创新绩效的影响机制中的作用。

4.4 本章小结

在进行探索性案例研究的基础上，共推导得出 7 个初始假设：

假设（1）：物流企业在所处网络中的结构嵌入对企业的创新能力具有正向的影响；

假设（2）：物流企业在所处网络中的结构嵌入对企业的预测能力具有正向的影响；

假设（3）：物流企业在所处网络中的关系嵌入对企业的创新能力具有正向的影响；

假设（4）：物流企业在所处网络中的关系嵌入对企业的预测能力具有正向的影响；

假设（5）：在所处网络中物流企业的创新能力对服务创新绩效具有正向的影响；

假设（6）：在所处网络中物流企业的预测能力对服务创新绩效具有正向的影响；

假设（7）：在所处网络中物流企业的网络嵌入性对服务创新绩效具有正向的影响。

并根据上述假设归纳出了基于嵌入性的物流企业服务创新模型。

5 嵌入性对物流企业服务创新影响的实证研究

本章在前面所提出的嵌入性对物流企业服务创新绩效作用机制的概念模型与研究假设的基础上，以问卷调查的方式对151个物流企业进行了研究，并综合运用探索性因子分析、验证性因子分析、结构方程建模等方法分析验证，深入探讨了嵌入性、动态能力以及物流企业服务创新之间的作用机理。

首先，综合文献研究、探索性案例研究以及专家意见，设计了嵌入性中结构嵌入、关系嵌入，动态能力中创新能力、预测能力以及服务创新绩效等变量的测度量表，并通过效度检验和信度检验予以调整，形成了拟合度较好的测量模型。其次，本章运用结构方程模型的方法对前面提出的概念模型进行检验与修正，原先的假设基本均通过了验证：物流企业在所处网络中的结构嵌入对企业的创新能力和预测能力具有正向的影响，物流企业在所处网络中的关系嵌入对企业的创新能力和预测能力具有正向的影响。简而言之，物流企业在外部网络中的嵌入性对其自身的服务创新具有正向影响作用，这种促进作用是通过物流企业动态能力的中介作用实现的。

5.1 实证研究方法

本研究属于企业层面的研究，由于其中所涉及的企业间关系、组织学习关系等数据无法从公开资料中获得，因而采用企业问卷调查的方式进行数据收集。本研究结合已有研究量表、对相关企业的实地访谈以及专家意见进行问卷调查设计，经由问卷发放、数据收集、数据录入、数据分析等步骤展开实证研究。下面，将从问卷设计、数据收集、变量度量和分析方法等方面对本研究所采用的研究方法进行阐述。

5.1.1 问卷设计

合理的问卷设计是保证数据的信度和效度的重要前提。在变量的测量题项具有一致性的情况下，多个题项比单个题项更能提高可信度，因此本研究在问卷中采用多个题项对变量进行测度。另外，本研究通过以下流程科学地进行问卷设计。

（1）通过文献回顾以及与企业界的经验调查与访谈形成问卷题项。在对企业网络、网络嵌入性、动态能力、服务创新等文献进行阅读分析的基础上，并结合前面综合性案例研究中的访谈调研结果，本研究对测度题项进行设计，形成了问卷初稿。

（2）通过与学术界专家讨论对问卷题项进行修改。在团队的学术讨论会上，就所研究变量之间的逻辑关系以及测度题项设计的问题，与诸多领域学者进行交流，对题项措辞与题项归类进行调整，并对部分题项进行增删。由此形成了第二稿问卷。

（3）通过与企业界专家讨论对问卷题项进行修改。首先，与具有良好管理知识背景的企业高层管理人员进行深入访谈，就两方面问题向其征询意见：变量之间的逻辑关系是否符合企业实际情况，以及量表中的变量测度能否反映企业的相关情况；然后，又通过与学术背景相对较弱的的企业管理人员交流，对问卷的措辞进行修改，使问卷尽量不含专业术语，易于为一般企业人士所理解。在以上征求意见的基础上，对问卷进行修正，形成了第三稿问卷。

（4）通过与测试对题项进行纯化，最终问卷定稿。将问卷发给部分企业的中高层管理人员进行预测试，根据他们的反馈做初步的检验分析，对问卷做进一步修改完善，在此基础上形成了调查问卷的最终稿（参见附录1）。

由于该调查问卷多数题项均采取 Likert 七级量表进行测度，

5.1.2 数据收集

数据的真实有效是保证研究结果准确性的重要基础。为了获取高质量的样本数据，本研究在问卷发放时对发放对象以及发放渠道进行了严格控制，以尽量排除外部因素的影响。

在对象选取方面，由于本问卷涉及企业各方面的运作信息，只有对企业整体情况较为熟悉的人士才能全面了解企业情况，本问卷主要针对在该企业有较长时间工作经验的管理者进行发放。

在渠道选取方面，为了提高数据的可靠性和代表性，本问卷通过作者直接走访发放以及委托相关行业协会通过行业会议和电子邮件形式方式进行发放与回收。本问卷总共发放229份，收回有效问卷151份，具体情况如表5－1所示。其中，作者向企业人士当面发放问卷62份，收回有效问卷52份有效率达89.66%，委托行业协会发放问卷167份，收回有效问卷99份，本次问卷回收有效率较高为70.89%，因此可以忽略本次问卷回收的未答复偏差。问卷发放与回收情况如表5－1所示。

表5－1　问卷发放与回收情况

问卷发放与回收方式	发放数量（份）	回收数量（份）	回收率（%）	有效数量（份）	有效率（%）
笔者直接走访	62	58	93.55	52	89.66
委托协会发放	167	155	92.81	99	63.87
合计	229	213	93.01	151	70.89

从回收的151份有效问卷来看，本研究所得所得样本的涵盖范围较广，包括运输企业、仓储企业、第三方物流、物流园区等事业单位，而且地区的分布范围也比较广泛，东北、华北、长三角地区的物流企业虽然数量不多但均有所涉及，从而增加了样本的代表性和说服力。

5.1.3 变量度量

本研究所涉及的变量包括结构嵌入（外生潜变量）、关系嵌入（外生潜变量）、创新能力（内生潜变量）、预测能力（内生潜变量）、服务创新绩效（内生潜变量）。因这些变量大多难以量化测度，本研究采用Likert七级量表打分法予以度量。数字评分1～7依次表示从不同意到同意，或者从低到高过渡，4代表中立态度或中间状态。

基于文献研究、实地调研和专家意见，本研究分别应用多个题项对各变量进行度量，如表5－2至表5－6所示。

表 5 -2 量度量——结构嵌入

测度题项	测度依据
本企业合作单位在规模上、类型上、主营业务上差异非常大	Powell，1999；Batjargal，2001；Tsai，2001；Johannisson 和 Ramirez - Pasillas，2001；Tsai，2006；Yli - Renko，2001；李文博，2008
其他许多企业之间进行交流时必须经过本企业	
与本企业有来往的外部单位数量很多	

表 5 -3 变量度量——关系嵌入

测度题项	测度依据
合作企业与本企业都能相互信任	McEvily，Marcus，2005；Gulati，Sytch，2007；McEvily，Marcus，2005；Gulati，Sytch，2007；辛枫冬，2011
合作企业与本企业能互相协同解决难题	
本企业与合作伙伴之间的交流非常频繁	
在与合作伙伴的合作中本企业投入了大量的资源（如人力、设备、资金等）	

表 5 -4 变量度量——创新能力

测度题项	测度依据
本企业能够很快地获得市场、行业变化的信息	Dyer 和 Noveoka，2000；Lyles 和 Schwenk，2002；Zahra 和 George，2002；Jansen，等，2005；Lane，等，2006；韦影，2006；王炯，2006；Todorova 和 Durisin，2007；陈衍泰，2007；张军，2007；崔志，等，2007；刘璐和杨惠馨，2008；Volberda，2009
本企业能迅速认识到获得的新知识对开发新服务的价值	
本企业能够将外部新知识应用于新服务开发	
本企业能够迅速地将新服务推向市场	

表 5 -5 变量度量——预测能力

测度题项	测度依据
本企业能够辨认新服务开发的机会与可行性	Cohen 和 Levinthal，1990；Lane 和 Lubathin，1998；Lane，等，2001；Grant，1996；Hargadon 和 Sutton，1997；Li 和 Calantone，1998
本企业能够准确分析创新过程中的风险和收益	
本企业能够认清自身创新优势在多久之后会被对手超过	

表5-6　变量度量——服务创新绩效

测度题项	测度依据
相比竞争对手而言，本企业服务创新数量非常多	Cooper，1994；Kleinschmidt，1987；Griffin 和 Page，1993；De Brentani，1989；Cooper 和 Kleinsch - midt，1994；Bernarardin，1995；Kane，1986；Anet，Vincent 和 Ari，2005；魏江和胡胜蓉，2007
相比竞争对手而言，本企业服务创新开发速度快	
相比竞争对手而言，本企业服务创新市场反应好	

5.1.4　分析方法

效度（Validity）是指测量工具能正确量出想要衡量的性质的程度，即测量的正确性。一般来讲，效度衡量包括内容效度（Content validity）和构思效度（Construct validity）两方面。内容效度旨在检测衡量内容的适切性，本书参考了学术经典实证研究中文献中的问卷设计，并结合实地调研与专家意见加以修订，所以具有较高的内容效度。构思效度指测量出理论概念和特征程度。因子分析（Factor analysis）是检验构思效度的常用方法，可以很好检验研究所涉及的变量是否有一套正确的、可操作性的测度（吴明隆，2003）。

信度（Reliability）是指测量效果的一致性和稳定性，只有具有较高的一致性指数，才能保证变量的度量符合信度的要求。

本书以问卷调查的方式收集数据，对于回收的问卷数据，将先后进行探索性因子分析（Exploratory Factory Analysis，EFA）验证性因子分析（Confirmatory Factory Analysis，CFA），在信度与效度检验的基础上再进行结构方程建模与分析。本书所使用的分析软件为 SPSS（Statistics Package for Social Science）19.0 版和 AMOS（Analysis of Moment Structure）17.0 版。

5.1.4.1　探索性因子分析

因子分析的基本思想是通过变量的相关系数矩阵内部结构的研究，找出能控制所有变量的少数几个随机变量，去描述多个变量的相关关系，然后根据相关性的大小把变量分组，使同组内的变量之间相关性较高，但不同组的变量相关性较低，从而达到降维的目的。

探索性因子分析能够将具有错综复杂关系的变量综合为少数几个核心因子，可用于寻找多元观测变量的本质结构。由于本书关于网络嵌入性中结构嵌入和关系嵌入两个变量，以及物流企业动态能力中创新能力和预测能力两个变量的测度量表是在结合理论研究与调研访谈的基础上，对前人研究中的变量进行提炼总结得出的，为了进一步明确观测变量的内部结构，验证测度题项的合理性，首先要对其进行探索性因子分析。本研究采用主成分分析的因子提取方法和最大方差的旋转方法，按特征根大于1的方式提取因子。探索性因子分析中各题项因子载荷的最低可接受值为0.5（马庆国，2002）。

此外，为了验证样本数据各题项之间的内部一致性，本书将计算每个变量的题项总体相关系数Cronbach's α系数，以评价变量度量的信度。样本数据的信度通过检测的最低限度为题项总体（item to total）的相关系数（CITC）大于0.35，Cronbach's α系数大于0.7（李怀祖，2004）。

本书将使用SPSS软件中数据精简（data reduction）模块的因子分析来进行探索性因子分析，同时对变量进行记性信度检验，从而根据分析结果对变量的测度题项进行修正。

5.1.4.2 验证性因子分析

验证性因子分析是用来检验已知的特定结构是否按照预期的方式生产作用。在探索性因子分析的基础上，本书将使用AMOS软件进一步对变量做验证性因子分析，通过数据与测量模型的拟合分析，来检验各观测变量的因子结构与先前的构想是否相符。

一般来说，用于评价和选择模型的拟合指数包括：χ^2（Chi - square，卡方）、近似误差均方根（Root Mean Square Error of Approximation，RMSEA）、标准化残差方根（Standardized Root Mean Square Residual，SRMR）、赋范拟合指数（Normed Fit Index，NFI）、非范拟合指数（Non - Normed Fit Index，NNFI）或Tucker - Lewis指数（Tucker - Lewis Index，TLI）、比较拟合指数（Comparative Fit Index，CFI）、拟合优度指数（Goodness - of - Fit Index，GFI）、调整拟合优度指数（Adjusted Goodness - of - Fit Index，AGFI）等。

要保证基于拟合效果良好的模型来对理论假设进行验证，至少达到多余一个参数标准是必需的（Breckler，1990）。借鉴侯杰泰、温忠麟和成子娟（2004），温忠麟、侯杰泰和马什赫伯特（2004）的研究，本研究将综合运用绝对拟合指数和相对拟合指数进行模型评价，选取χ^2/df、RMSEA、TLI 和 CFI 四类广为认可和应用的指标作为评价模型的拟合指数，具体判别标准如下。

（1）χ^2/df，即卡方（χ^2）与自由度（df）的比值，是一种基于拟合函数（fit function）的绝对拟合指数。其会调节模型的复杂程度，能比较恰当地选择一个参数不太过多模型，弥补了χ^2 检验往往反映不出错误的设定，而倾向于接纳比较复杂模型的缺点。一般认为，若 $2 < \chi^2/df < 5$，模型可以接受；若$\chi^2/df \leqslant 2$，模型拟合非常好。

（2）RMSEA，即近似误差均方根，其受样本容量的影响较小，是较好的绝对拟合指数。RMSEA 越接近于 0，表明模型拟合越好。Steiger（1990）认为，若 RMSEA 小于 0.10，则表示好的拟合；若低于 0.05，表示非常好的拟合；若低于 0.01 则表示非常出色的拟合（但这种情形应用上几乎碰不到）。

（3）TLI，即 Tucker－Lewis 指数，是一种在新近的拟合指数研究中较为推崇的相对拟合指数。TLI 不保证其值的变化范围在 0～1，一般认为，若 TLI≥0.90 表示模型可以接受；TLI 越接近于 1，表示模型拟合程度越好。

（4）CFI，即比较拟合指数，它不受样本容量的系统影响，能比较敏感地反映假设模型的变化，是比较理想的相对拟合指数。其值位于 0～1，若 CFI≥0.90，表示模型可以接受；CFI 越接近于 1，表示模型拟合程度越好。

5.1.4.3 结构方程建模

在效度与信度检验之后，本研究在提出的网络嵌入性对物流企业服务创新绩效的作用机制的概念模型基础上，运用结构方程模型法（Structural Equation Modeling，SEM）来检验结构模型与样本数据的拟合情况，分析找出模型中拟合欠佳的部分，并做出修正，最终产生一个最佳模型，所采用的分析软件为 AMOS17.0。

结构方程建模师一种综合运用多元统计分析、路径分析和确认型因子分析方法而形成的统计数据分析工具，可用来一个或多个自变量与一个或多个因变量之间的关系。它具有以下优点：同时处理多个因变量；容许自变量和因变量含测量误差，同时估计因子结构和因子关系；容许更大弹性的测量模型；估计整个模型的拟合程度（Bollen，Long 1993）。由于网络嵌入性对物流企业服务创新绩效作用机制概念模型中网络嵌入性、物流企业动态能力，以及服务创新绩效所涉及的变量具有主观性强、难以直接度量、度量误差大、因果关系比较复杂等特点，非常适用结构方程模型。

结构方程模型的应用可分为 4 个步骤：模型设定（model specification）、模型拟合（modeling fitting）、模型评价（model assessment）以及模型修正（model modification）（侯杰泰，温忠麟，成子娟，2004）。其分析的核心是模型的拟合性，即研究者所提出的变量间的关联模式是否与实际数据拟合，以及拟合程度如何，从而对研究者的理论研究模型进行验证。与验证性因子分析中的拟合指标选取相同，本研究将应用 χ^2/df、RMSEA、TLI 和 CFI 四类指标作为评价结构模型的拟合指数。

5.2 资料分析

为了后续行文过程中的简洁，现将各题项进行编号，后续均以题项编号代表各题项内容，如表 5－7 所示。

表 5－7　题项内容及编号

题项编号	题项内容
a1	本企业合作单位在规模上、类型上、主营业务上差异非常大
a2	其他许多企业之间进行交流时必须经过本企业
a3	与本企业有来往的外部单位数量很多
a4	合作企业与本企业都能相互信任
a5	合作企业与本企业能互相协同解决难题
a6	本企业与合作伙伴之间的交流非常频繁
a7	在与合作伙伴的合作中本企业投入了大量的资源（如人力、设备、资金等）
a8	本企业能够很快地获得市场、行业变化的信息
a9	本企业能迅速认识到获得的新知识对开发新服务的价值
a10	本企业能够将外部新知识应用于新服务开发
a11	本企业能够迅速地将新服务推向市场
a12	本企业能够辨认新服务开发的机会与可行性
a13	本企业能够准确分析创新过程中的风险和收益
a14	本企业能够认清自身创新优势在多久之后会被对手超过
a15	相比竞争对手而言，本企业服务创新数量非常多
a16	相比竞争对手而言，本企业服务创新开发速度快
a17	相比竞争对手而言，本企业服务创新市场反应好

5.2.1 探索性因子分析

本书将先用探索性因子分析产生关于变量内部结构的理论，在此基础上做验证性因子分析，这样便需要几个不同的样本集进行分析。对于同一批次回收的问卷数据，合理的做法是先用部分数据做探索性因子分析，然后再把所析取的因子用剩下的数据做验证性因子分析。

对于进行探索性因子分析所需的最低样本容量，学术界尚未达成一致。一般认为，样本量为变量数的5~10倍，或者样本量达到变量中题项数的5~10倍即可。鉴于本次因子分析中需要处理的最多变量数为2，变量的最多题项数为4，因此30分样本即可满足要求。本书从151份有效问卷中随机提取了30份来进行探索性因子分析。

5.2.1.1 嵌入性

因子分析的前提是KMO值大于0.7，且Bartlett统计值显著异于0。嵌入性的KMO样本测度和Bartlett球体检验结果均符合要求，如表5-8所示。

表5-8　嵌入性样本数据的KMO值及Bartlett统计值结果

检验指标 研究构面	KMO 抽样适切度	巴特莱球体检验结果			检验结果	因子的累积 解释变差
		卡方近似值	自由度	显著性水平		
嵌入性	0.537	56.196	21.000	0.000	通过	57.14%

首先，本研究针对30份样本，对所构建的7个嵌入性相关题项进行了探索性因子分析。如表5-9所示，根据特征根大于1，最大因子载荷大于0.5的要求，提取出两个因子。根据载荷因子的分布来判断结构性嵌入和关系性嵌入两个变量的题项均根据预期归入了相应的因子，通过了探索性因子分析的效度检验。这两个因子的积累解释变差为57.14%。

其次，本研究对关系嵌入性各因子进行信度分析，结果如表5-10所示。所有的题项—总体相关系数均大于0.35，同时各变量的Cronbach's α系数均大于0.7。可见，嵌入性各变量之间具有较好的内部一致性。

表 5-9　　网络嵌入性的探索性因子分析结果（$N=30$）

题项（编号）	描述性统计分析		因子载荷	
	均值	标准差	关系性嵌入	结构性嵌入
a1	4.433	1.223	0.011	0.567
a2	4.000	1.462	0.078	0.867
a3	5.100	1.155	0.459	0.631
a4	4.867	1.074	0.580	0.436
a5	4.633	0.964	0.768	0.112
a6	4.833	1.053	0.910	0.126
a7	4.833	1.053	0.664	0.065

表 5-10　　嵌入性变量的信度检验（$N=30$）

变量名称	题项（序号）	题项—总体相关系数	删除该题项后 Cronbach's α 系数	Cronbach's α 系数
结构嵌入性	a1	0.293	0.748	0.750
	a2	0.387	0.714	
	a3	0.420	0.671	
关系嵌入性	a4	0.382	0.714	0.708
	a5	0.516	0.634	
	a6	0.755	0.469	
	a7	0.365	0.723	

综上所述，本研究确立的关系嵌入性量表具有较好的效度和信度。

5.2.1.2　动态能力

如表 5-11 所示，动态能力的 KMO 样本测度和 Bartlett 球体检验结果均符合要求。因此，适合做进一步因子分析。

表 5-11　　动态能力样本数据的 KMO 值及 Bartlett 统计值结果

检验指标 研究构面	KMO 抽样适切度	巴特莱球体检验结果			检验结果	因子的累积解释变差
		卡方近似值	自由度	显著性水平		
动态能力	0.782	103.180	21.000	0.000	通过	69.85%
动态能力（改）	0.714	54.098	10.000	0.000	通过	72.55%

首先，本研究针对30份样本，对所构建的7个动态能力相关题项进行探索性因子分析。如表5-12所示，根据特征根大于1，最大因子载荷大于0.5的要求，提取出两个因子。这两个因子的积累解释变差为69.85%。但是原表中创新能力的测度题项a11被归入了预测能力中，说明该题项测度信息不够准确，因此将其从量表中删除。

表5-12　动态能力的探索性因子分析结果（$N=30$）

题项（编号）	描述性统计分析		因子载荷	
	均值	标准差	预测能力	创新能力
a8	5.030	1.217	0.130	0.855
a9	4.900	1.296	0.354	0.655
a10	4.770	1.331	0.606	0.611
a11	4.700	1.088	0.819	0.243
a12	4.930	1.048	0.761	0.375
a13	4.770	0.898	0.887	0.302
a14	4.900	0.960	0.680	0.239

重新对动态能力进行KMO值和Bartlett统计值进行检验，如表5-13所示。动态能力的KMO样本测度和Bartlett球体检验结果均符合要求。因此，适合做进一步因子分析。

表5-13　动态能力样本数据的KMO值及Bartlett统计值结果（二）

检验指标 研究构面	KMO 抽样适切度	巴特莱球体检验结果			检验 结果	因子的累积 解释变差
		卡方近似值	自由度	显著性水平		
动态能力（改）	0.714	54.098	10.000	0.000	通过	72.55%

对剔除题项后的动态能力再次进行探索性因子分析，结果如表5-14所示。针对30份样本，对所构建的6个动态能力相关题项进行探索性因子分析。根据特征根大于1，最大因子载荷大于0.5的要求，提取出两个因子。这两个因子的积累解释变差为72.55%。此时各题项均按照预期分布于两个因子中，且因子载荷均具有较好的区分度。可见，修正后的动态能力新量表效度良好。

表 5-14　动态能力的探索性因子分析结果（二）（$N=30$）

题项（编号）	描述性统计分析		因子载荷	
	均值	标准差	预测能力	创新能力
a8	5.03	1.217	0.197	0.765
a9	4.9	1.296	0.128	0.810
a10	4.77	1.331	0.485	0.715
a12	4.93	1.048	0.663	0.518
a13	4.77	0.898	0.794	0.401
a14	4.9	0.96	0.892	0.124

其次，本研究对动态能力进行信度分析，以检验已通过探索性因子分析的各题项之间的内部一致性。结果如表 5-15 所示，所有的题项—总体相关系数均大于 0.35，同时各变量的 Cronbach's α 系数均大于 0.7。因此，动态能力各变量题项之间具有较好的内部一致性。

表 5-15　动态能力变量的信度检验（$N=50$）

变量名称	题项（序号）	题项—总体相关系数	删除该题项后 Cronbach's α 系数	Cronbach's α 系数
创新能力	a8	0.540	0.723	0.756
	a9	0.597	0.660	
	a10	0.621	0.630	
预测能力	a12	0.598	0.759	0.790
	a13	0.679	0.671	
	a14	0.627	0.720	

综上所述，修正后确立的动态能力量表具有较好的效度和信度。

5.2.1.3　服务创新绩效

如表 5-16 所示，服务创新绩效的 KMO 样本测度和 Bartlett 球体检验结果均符合要求。因此，适合做进一步因子分析。

首先，本研究针对 30 份样本，对所构建的 3 个服务创新绩效相关题项进行了探索性因子分析。如表 5-17 所示，根据特征根大于 1，最大因子载荷大

表 5-16 服务创新绩效样本数据的KMO值及Bartlett统计值结果

检验指标 研究构面	KMO 抽样适切度	巴特莱球体检验结果			检验 结果	因子的累积 解释变差
		卡方近似值	自由度	显著性水平		
服务创新绩效	0.733	41.732	3.000	0.000	通过	91.48%

表 5-17 创新绩效的探索性因子分析结果（$N=30$）

题项（编号）	描述性统计分析		因子载荷	
	均值	标准差	创新绩效	—
a15	4.63	1.189	0.912	-0.073
a16	4.47	1.074	0.877	0.455
a17	4.57	1.04	0.889	-0.374

于0.5的要求，提取出两个因子。没有任何测度题项被单独列为一个因子，根据载荷因子的分布来判断，所有题项均被归入了同一个因子，即服务创新绩效因子中。因此，服务创新绩效通过了探索性因子分析的效度检验，其因子的积累解释变差为91.48%。

其次，本研究对服务创新绩效进行信度分析，结果如表5-18所示。题项—总体相关系数均大于0.35，同时变量的Cronbach's α系数均大于0.7。可见，嵌入性各变量之间具有较好的内部一致性。

表 5-18 创新绩效变量的信度检验（$N=30$）

变量名称	题项（序号）	题项—总体 相关系数	删除该题项后 Cronbach's α 系数	Cronbach's α 系数
创新绩效	a15	0.791	0.788	0.872
	a16	0.73	0.841	
	a17	0.75	0.825	

综上所述，本研究确立的服务创新绩效量表具有较好的效度和信度。

5.2.2 验证性因子分析

本研究所构建的量表通过了探索性因子分析之后，将对所有变量进一步做验证性因子分析，以确保所测变量的因子结构与先前的构思相符。进行验证性因子分析所采用的样本为151份有效问卷中出去探索性因子分析使用的30份后，余下的121个样本，是与探索性因子分析想独立的样本集。

5.2.2.1 嵌入性

首先，对嵌入性中结构嵌入和关系嵌入两个变量的信度进行分析。结果如表5－19所示，各变量指标均满足前文所述的信度指标要求，通过了信度检验，说明变量信度的一致性良好。

表5－19　嵌入性变量的信度检验（$N=121$）

变量名称	题项（序号）	均值	标准差	题项—总体相关系数	Cronbach's α系数
结构嵌入性	a1	4.360	1.310	0.621	0.718
	a2	3.910	1.443	0.746	
	a3	5.070	1.289	0.543	
关系嵌入性	a4	4.860	1.113	0.503	0.705
	a5	4.600	1.076	0.426	
	a6	4.910	1.025	0.728	
	a7	4.880	1.104	0.344	

其次，对嵌入性中结构嵌入和关系嵌入两个变量进行验证性因子分析。测量模型及拟合结果如图5－1、表5－20、表5－21所示。

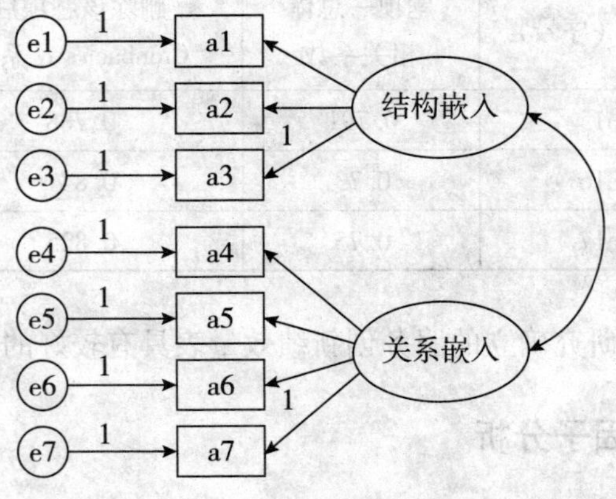

图5－1　嵌入性的测量模型

表 5-20　　网络嵌入性测量模型参数估计值（$N=121$）

路径			路径系数	标准化路径系数	C. R.	P
a3	←	结构嵌入	1.000			
a2	←	结构嵌入	0.493	0.152	3.244	0.001
a1	←	结构嵌入	0.126	0.102	1.235	***
a7	←	关系嵌入	1.000			
a6	←	关系嵌入	1.577	0.253	6.234	***
a5	←	关系嵌入	0.891	0.181	4.932	***
a4	←	关系嵌入	0.847	0.184	4.611	***

注：***表示显著性水平 $P<0.001$。

表 5-21　　网络嵌入性测量模型拟合结果（$N=121$）

参数	数值	参数	数值
χ^2	76.474	*RSMEA*	0.092
df	43	*IFI*	0.748
χ^2/df	1.78	*TLI*	0.979
NFI	0.711	*CFI*	0.939

嵌入性测量模型的拟合结果表明，χ^2 值为76.474，自由度 *df* 为43，χ^2/df 值为1.78，小于2；*CFI* 与 *TLI* 都大于0.9，接近于1；*RMSEA* 值为0.092，小于0.1；各路径系数均在 $P<0.001$ 的水平上，具有统计显著性。可见，该模型拟合效果很好。如图 5-1 所示的因子结构通过了验证，即本研究对结构嵌入和关系嵌入两个变量的划分与测度是有效的。

5.2.2.2　动态能力

首先，对动态能力中创新能力和预测能力两个变量的信度进行分析。结果如表 5-22 所示，各变量指标均通过了信度检验，说明变量测度的一致性良好。

其次，对创新能力和预测能力两个变量进行验证性因子分析。测量模型及拟合结果分别如图 5-2、表 5-23、表 5-24 所示。

表 5-22　动态能力变量的信度检验（$N=121$）

变量名称	题项（序号）	均值	标准差	题项—总体相关系数	Cronbach's α 系数
创新能力	a8	5.040	1.200	0.596	0.796
	a9	4.800	1.289	0.668	
	a10	4.810	1.274	0.656	
预测能力	a12	4.930	1.174	0.682	0.830
	a13	4.720	0.994	0.700	
	a14	4.800	1.145	0.696	

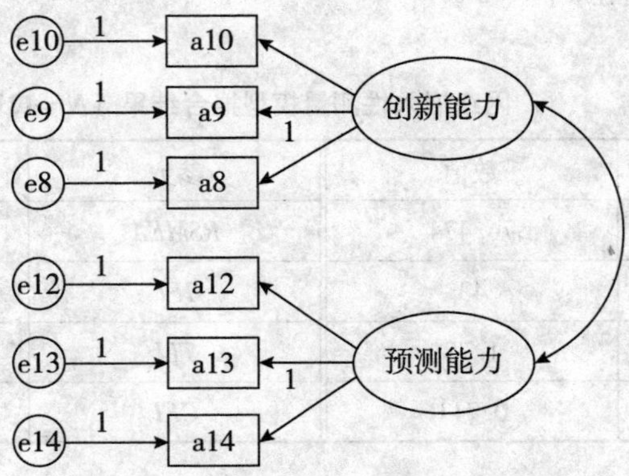

图 5-2　动态能力的测量模型

表 5-23　动态能力测量模型参数估计值（$N=121$）

路径			路径系数	标准化路径系数	C. R.	P
a8	←	创新能力	1.000			
a9	←	创新能力	1.113	0.171	6.515	* * *
a10	←	创新能力	1.404	0.182	7.716	* * *
a14	←	预测能力	1.000			
a13	←	预测能力	0.960	0.119	8.066	* * *
a12	←	预测能力	1.195	0.142	8.424	* * *

注：* * * 表示显著性水平 $P<0.001$。

表 5-24 动态能力测量模型拟合结果（$N=121$）

参数	数值	参数	数值
χ^2	28.011	*RSMEA*	0.044
df	18	*IFI*	0.945
χ^2/df	3.501	*TLI*	0.995
NFI	0.925	*CFI*	0.944

动态能力测量模型的拟合结果表明，χ^2 值为 28.011，自由度 *df* 为 18，χ^2/df 值为 1.56，小于 2；*CFI* 与 *TLI* 都大于 0.9，接近于 1；*RMSEA* 值为 0.044，小于 0.1；各路径系数均在 $P<0.001$ 的水平上，具有统计显著性。可见，该模型拟合效果很好。如图 5-2 所示的因子结构通过了验证，即本研究对创新能力预测能力两个变量的划分与测度是有效的。

5.2.2.3 **服务创新绩效**

首先，对服务创新绩效的信度进行分析。结果如表 5-25 所示，各变量指标均通过了信度检验，说明变量测度的一致性良好。

表 5-25 创新绩效变量的信度检验（$N=121$）

变量名称	题项（序号）	均值	标准差	题项—总体相关系数	Cronbach's α 系数
创新绩效	a15	4.470	1.252	0.773	0.859
	a16	4.500	1.089	0.707	
	a17	4.560	1.087	0.729	

其次，对服务创新绩效进行验证性因子分析。测量模型及拟合结果分别如图 5-3、表 5-26、表 5-27 所示。

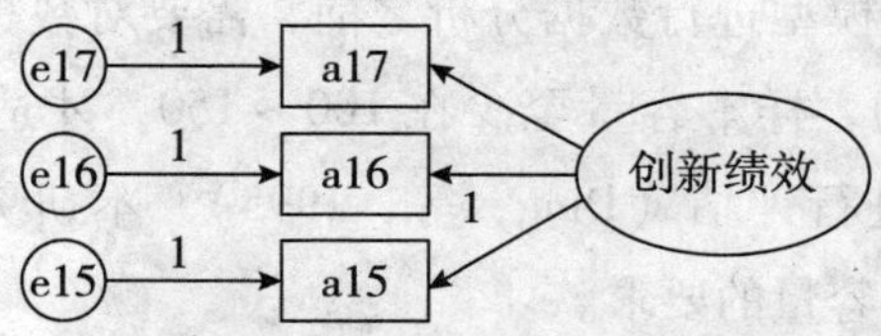

图 5-3 服务创新绩效的测量模型

表 5-26　创新绩效测量模型参数估计值（$N=121$）

路径			路径系数	标准化路径系数	C. R.	P
a15	←	创新绩效	1.000			
a16	←	创新绩效	0.761	0.084	9.015	* * *
a17	←	创新绩效	0.790	0.085	9.302	* * *

注：* * * 表示显著性水平 $P<0.001$。

表 5-27　创新绩效测量模型拟合结果（$N=121$）

参数	数值	参数	数值
χ^2	0	*RSMEA*	0.078
df	0	*IFI*	1
χ^2/df		*TLI*	
NFI	1	*CFI*	1

服务创新绩效测量模型的拟合结果表明，χ^2 值为 0，自由度 *df* 为 0；*CFI* 等于于 1；*RMSEA* 值为 0.078，小于 0.1；各路径系数均在 $P<0.001$ 的水平上，具有统计显著性。可见，该模型拟合效果很好。如图 5-3 所示的因子结构通过了验证，即本研究对服务创新绩效的与测度是有效的。

5.2.3　嵌入性对物流企业服务创新绩效作用机制的模型检验

通过探索性因子分析和验证性因子分析，说明本研究所构建的测量模型具有较好的表征效果，可以用来进行更进一步的结构分析。下面，本研究将运用结构方程建模的方法打开嵌入性对物流企业服创新绩效作用机制的黑箱，对前面所提出的概念模型与研究假设进行验证。

5.2.3.1　初步数据分析

首先，在对结构模型进行数据分析之前，需要对数据的合理性和有效性进行检验。一般认为，样本容量至少在 100～150，才适合使用极大自然法（ML）对结构模型进行评估（Ding，等，1995）。本研究的样本数量为 178 份，达到了最低样本容量的要求。

其次，使用极大自然法进行结构方程模型估计，要使所使用的数据服从正态分布。一般地，样本数据满足中值与中位数相近，偏度小于 2，同时峰度小于5的条件时，即可以认为其服从正态分布。通过使用SPSS19.0对样本数据的偏度和峰度的分析表明，本研究各题项的样本数据均符合正态分布的要求，前面已经对本研究样本数据的信度和效度进行了检验，因此，本研究样本数据的容量、分布状态以及效度与信度均达到了结构方程建模的要求。

第三，在构建结构方程模型前，还需要对结构方程设计的所有变量进行简单相关分析。如表5-28所示，结构嵌入、关系嵌入、创新能力、预测能力、服务创新绩效之间均有显著的正相关关系。

5.2.3.2　初始模型构建

结构方程一般可分为三类分析：纯粹验证、选择模型和产生模型（侯杰泰，2004）。纯粹验证分析是指用一个已建立的模型拟合一组样本数据，其分析的目的在于通过验证模型是否拟合样本数据，从而决定是接受还是拒绝该模型；选择模型分析是指事先建立多个不同的可能模型，依据各模型拟合样本数据的优劣情况进行模型的选择；产生模型分析是指事先构建一个或多个基本模型，检测这些模型是否拟合数据，基于理论或样本数据分析，针对模型中拟合欠佳的部分进行调整并修正，并通过同一数据或其他样本数据检查修正后模型的拟合程度，其分析的目的在于通过不断地调整与修正来产生一个最佳模型。

本研究属于产生模型分析，即通过前文的理论概念模型和研究假设构建初始结构模型，然后通过理论数据分析对其进行修正，从而产生一个既符合理论推导，又符合时间情况的最佳模型。

基于前面所构建的嵌入性对物流企业服务创新作用机制的概念模型，本研究设置了初始结构方程模型，如图5-4所示。该模型通过7个外生变量（a1、a2、a3、a4、a5、a6、a7、）来对两个外生潜变量（结构嵌入、关系嵌入）进行测量，设置9个内生显变量（a8、a9、a10、a12、a13、a14）来测量3个内生潜变量（创新能力、预测能力、服务创新绩效）。

接下来，本研究将对模型中设定的关于嵌入性通过动态能力对物流企业服务创新绩效产生影响的7条初始假设进行验证。

5.2.3.3　模型初步拟合

利用AMOS17.0软件对初始结构方程模型进行分析运算，拟合结果如表5-29、表5-30和图5-5所示。初始结构模型 χ^2 值为479.382，自由度

表 5－28　描述性统计分析及各变量间相关关系（$N=121$）

	均值	标准差	a1	a2	a3	a4	a5	a6	a7	a8	a9	a10	a12	a13	a14	a15	a16	a17
a1	4. 364	1. 310	1. 000															
a2	3. 909	1. 443	0. 251	1. 000														
a3	5. 066	1. 289	0. 114	0. 415	1. 000													
a4	4. 860	1. 113	0. 075	0. 360	0. 401	1. 000												
a5	4. 603	1. 076	0. 227	0. 034	0. 259	0. 454	1. 000											
a6	4. 909	1. 025	0. 012	0. 248	0. 591	0. 456	0. 519	1. 000										
a7	4. 884	1. 104	0. 126	0. 182	0. 427	0. 244	0. 038	0. 565	1. 000									
a8	5. 041	1. 200	0. 112	0. 310	0. 413	0. 510	0. 445	0. 545	0. 337	1. 000								
a9	4. 802	1. 289	0. 231	0. 084	0. 339	0. 364	0. 327	0. 270	0. 341	0. 544	1. 000							
a10	4. 810	1. 274	0. 242	0. 244	0. 378	0. 375	0. 273	0. 453	0. 594	0. 529	0. 622	1. 000						
a12	4. 934	1. 174	0. 189	0. 380	0. 581	0. 554	0. 414	0. 507	0. 399	0. 587	0. 509	0. 688	1. 000					
a13	4. 719	0. 994	0. 284	0. 377	0. 516	0. 484	0. 339	0. 449	0. 441	0. 485	0. 412	0. 675	0. 620	1. 000				
a14	4. 802	1. 145	0. 210	0. 473	0. 511	0. 593	0. 166	0. 375	0. 371	0. 382	0. 346	0. 523	0. 616	0. 639	1. 000			
a15	4. 471	1. 252	0. 276	0. 416	0. 393	0. 550	0. 418	0. 410	0. 184	0. 530	0. 487	0. 417	0. 480	0. 543	0. 630	1. 000		
a16	4. 496	1. 089	0. 071	0. 395	0. 422	0. 361	0. 127	0. 384	0. 415	0. 412	0. 386	0. 609	0. 567	0. 500	0. 655	0. 683	1. 000	
a17	4. 562	1. 087	0. 236	0. 272	0. 497	0. 493	0. 427	0. 450	0. 235	0. 544	0. 645	0. 457	0. 637	0. 418	0. 472	0. 710	0. 622	1. 000

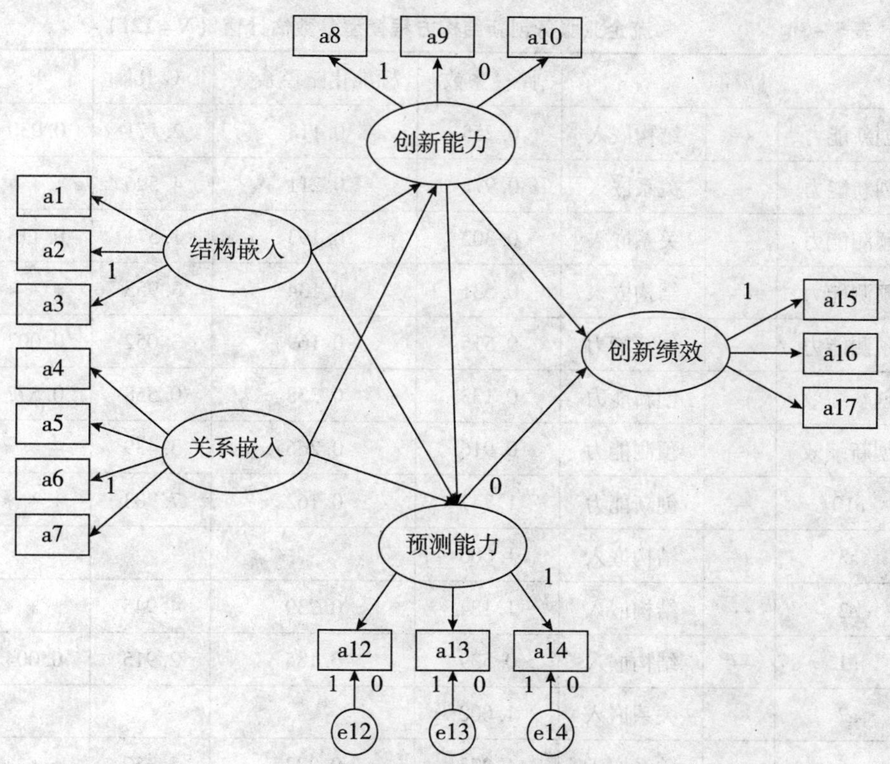

图 5－4 基于概念模型的初始结构方程模型

df 为 136，χ^2/df 值为 3.53；*CFI* 与 *TLI* 分别为 0.784 和 0.809，都略小于 0.9；RMSEA 值为 0.181。除绝对拟合指标中的 χ^2/df 在可接受范围内，其他拟合指标（*RMSEA*、*CFI*、*TLI*）均不在拟合接受范围内，这说明初始的结构模型每个有通过检验。

表 5－29　　物流企业服务创新结构方程模型拟合结果（*N*＝121）

参数	数值	参数	数值
χ^2	479.382	*RSMEA*	0.181
df	136	*IFI*	0.668
χ^2/df	3.53	*TLI*	0.809
NFI	0.836	*CFI*	0.784

表 5-30　物流企业服务创新结构方程模型参数估计值（N=121）

路径			路径系数	标准化路径系数	C. R.	P
创新能力	←	结构嵌入	0.255	0.118	2.171	0.030
创新能力	←	关系嵌入	0.972	0.211	4.596	* * *
预测能力	←	关系嵌入	0.302	0.193	1.571	0.116
预测能力	←	结构嵌入	0.531	0.134	3.955	* * *
预测能力	←	创新能力	0.515	0.169	3.052	0.002
创新绩效	←	创新能力	0.133	0.238	0.558	0.577
创新绩效	←	预测能力	0.916	0.266	3.439	* * *
a10	←	创新能力	1.247	0.162	7.703	* * *
a3	←	结构嵌入	1.000			
a2	←	结构嵌入	1.184	0.239	4.945	* * *
a1	←	结构嵌入	0.539	0.185	2.915	0.004
a7	←	关系嵌入	1.000			
a6	←	关系嵌入	1.273	0.233	5.452	* * *
a5	←	关系嵌入	1.019	0.217	4.700	* * *
a14	←	预测能力	1.000			
a13	←	预测能力	0.898	0.120	7.488	* * *
a12	←	预测能力	1.140	0.141	8.100	* * *
a15	←	创新绩效	1.000			
a16	←	创新绩效	0.820	0.092	8.916	* * *
a17	←	创新绩效	0.840	0.091	9.204	* * *
a4	←	关系嵌入	1.180	0.234	5.042	* * *
a8	←	创新能力	1.000			
a9	←	创新能力	1.062	0.160	6.618	* * *

注：* * * 表示显著水平 $P<0.001$。

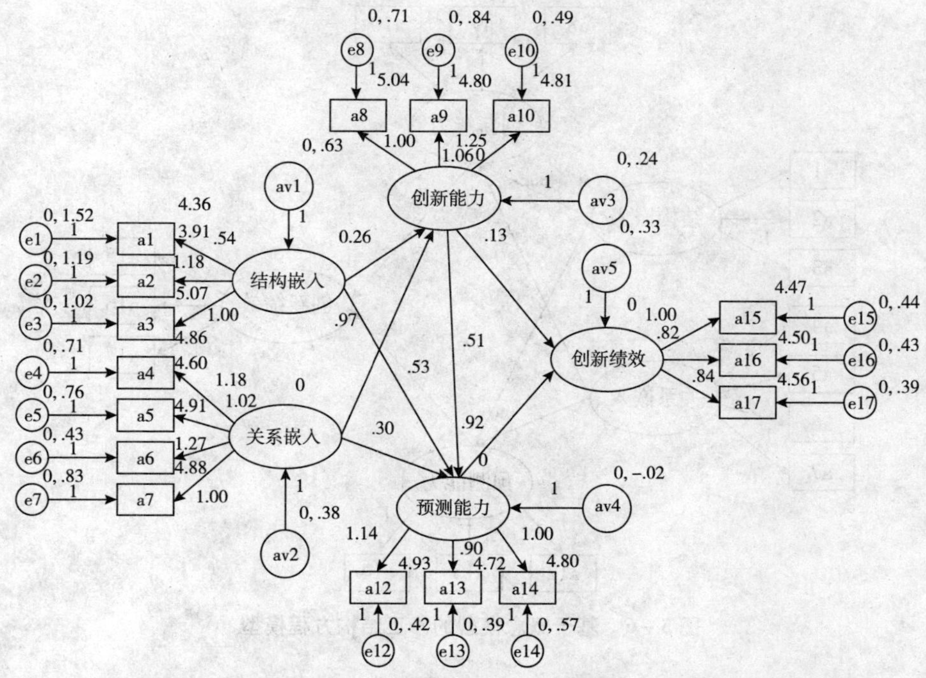

图 5－5　嵌入性对物流企业服务创新作用机制的初始结构模型

5.2.3.4　模型修正与确定

初始模型未拟合成功是生产模型分析中常见的现象，它可以通过对模型的修正来获得更满意的拟合结果。

AMOS 软件可以计算修正指数（Modification Indices，MI），它能提供使 χ^2 拟合指数减少的有用信息。常用的模型修正方法是去掉最大修正指数的路径，然后通过观察拟合指数来评价新模型的拟合情况。需要注意的是，模型的修正过程是不能仅仅由数据导向来驱动的，删除路径必须是有理论或现实依据。

接下来，本研究将根据路径的修正指数及其所涉及变量间关系的理论基础与实践意义，对模型进行调整和修正，以达到最佳拟合结果。

在初始结构模型中，修正指数最大的路径为创新能力对预测能力的影响，这可能是由于关系嵌入对预测能力的影响受到创新能力的中介作用，使关系嵌入对预测能力的直接影响表现不显著。因此在进行模型修正时，考虑到要删除创新能力对预测能力这条路径。修正后的模型拟合情况如图 5－6、表 5－31 所示。

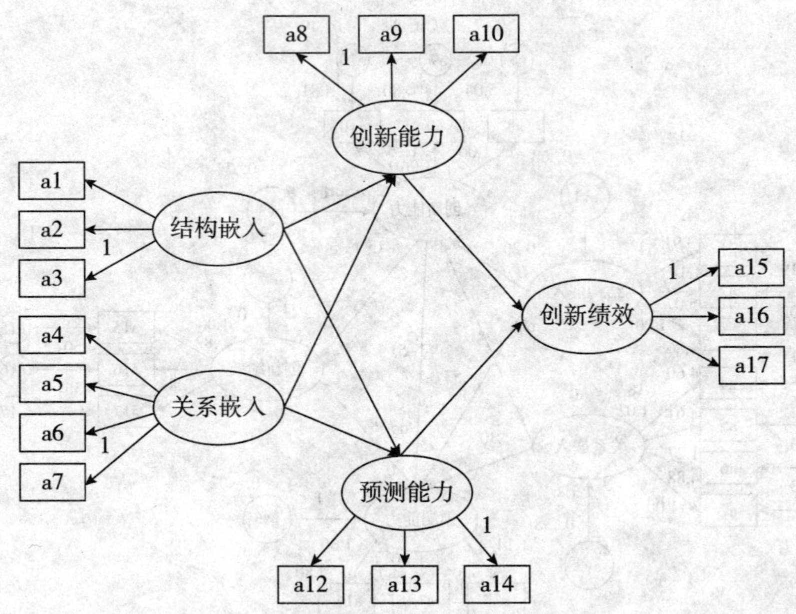

图 5-6 基于概念模型的修正结构方程模型

表 5-31 物流企业服务创新结构方程模型拟合结果（*N*=121）

参数	数值	参数	数值
χ^2	484.108	*RSMEA*	0.181
df	206	*IFI*	0.868
χ^2/df	2.35	*TLI*	0.909
NFI	0.836	*CFI*	0.980

从表 5-31 可以看出，经修正后，结构模型的 χ^2、*df*、χ^2/df、*CFI*、*TLI*、*RMSEA* 等各项指标均有所改进，说明模型拟合情况良好。通过调整与修正后所产生的最优结构模型如图 5-7 所示。变量之间共有 6 条路径是显著的，分别是“创新能力←结构嵌入”“预测能力←关系嵌入”“预测能力←结构嵌入”“创新能力←关系嵌入”“创新绩效←创新能力”“创新绩效←预测能力”，这些路径均为变量间的正向影响关系，各路径具体参数如表 5-32、图 5-7所示。

表 5-32　　物流企业服务创新结构方程模型参数估计值（$N=121$）

路径			路径系数	标准化路径系数	C. R.	P
创新能力	←	结构嵌入	0.438	0.128	3.415	* * *
预测能力	←	关系嵌入	0.869	0.179	4.848	* * *
预测能力	←	结构嵌入	0.834	0.186	4.494	* * *
创新能力	←	关系嵌入	1.042	0.220	4.749	* * *
创新绩效	←	创新能力	0.267	0.240	1.111	0.037
创新绩效	←	预测能力	0.784	0.262	2.998	0.003
a10	←	创新能力	1.195	0.159	7.535	* * *
a3	←	结构嵌入	1.000			
a2	←	结构嵌入	1.166	0.253	4.604	* * *
a1	←	结构嵌入	0.641	0.204	3.149	0.002
a7	←	关系嵌入	1.000			
a6	←	关系嵌入	1.207	0.230	5.257	* * *
a5	←	关系嵌入	1.014	0.220	4.611	* * *
a14	←	预测能力	1.000			
a13	←	预测能力	0.889	0.119	7.492	* * *
a12	←	预测能力	1.123	0.139	8.072	* * *
a15	←	创新绩效	1.000			
a16	←	创新绩效	0.813	0.092	8.854	* * *
a17	←	创新绩效	0.840	0.091	9.234	* * *
a4	←	关系嵌入	1.218	0.241	5.055	* * *
a8	←	创新能力	1.000			
a9	←	创新能力	1.038	0.158	6.553	* * *

注：* * * 表示显著水平 $P<0.001$。

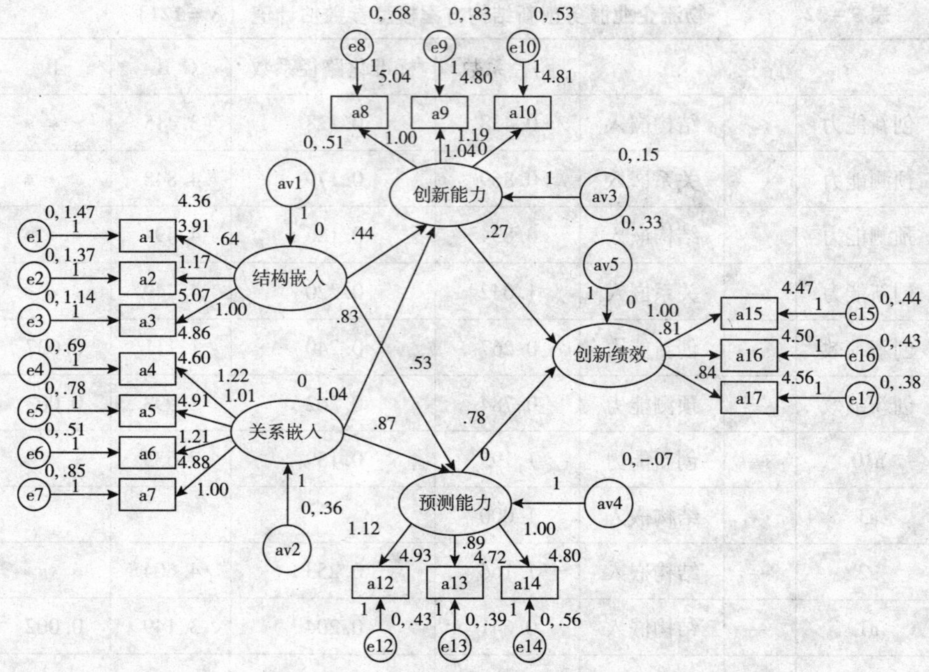

图 5－7　嵌入性对物流企业服务创新作用机制的修正结构模型

5.3　嵌入性对物流企业服务创新影响的分析与讨论

5.3.1　实证研究的整体结果

本研究通过对物流企业的大样本调研和结构方程建模分析，对前面提出的嵌入性对物力企业服务创新绩效作用机制的概念模型做了验证和修正，结果表明，原先的研究假设大部分得到了证实，企业在全球制造网络中的嵌入性通过正向作用于企业的动态能力，会正向影响其服务创新绩效。各研究假设验证的情况汇总如表 5－33 所示。

表 5－33　嵌入性对物流企业服务创新绩效作用机制的假设验证情况汇总

假设序号	假设内容	验证情况
假设（1）	物流企业在所处网络中的结构嵌入对企业的创新能力具有正向的影响	通过

续 表

假设序号	假设内容	验证情况
假设（2）	物流企业在所处网络中的结构嵌入对企业的预测能力具有正向的影响	通过
假设（3）	物流企业在所处网络中的关系嵌入对企业的创新能力具有正向的影响	通过
假设（4）	物流企业在所处网络中的关系嵌入对企业的预测能力具有正向的影响	通过
假设（5）	在所处网络中物流企业的创新能力对服务创新绩效具有正向的影响	通过
假设（6）	在所处网络中物流企业的预测能力对服务创新绩效具有正向的影响	通过
假设（7）	在所处网络中物流企业的网络嵌入性对服务创新绩效具有正向的影响	通过

根据以上研究假设的验证结果及最终确立的结构方程模型，嵌入性对物流企业服务创新绩效作用机制的概念模型修正如图 5－8 所示。关系嵌入通过促进创新能力和预测能力的提高，正向影响物流企业的服务创新绩效；关系嵌入通过促进创新能力和预测能力的提高，正向影响物流企业的服务创新绩效。

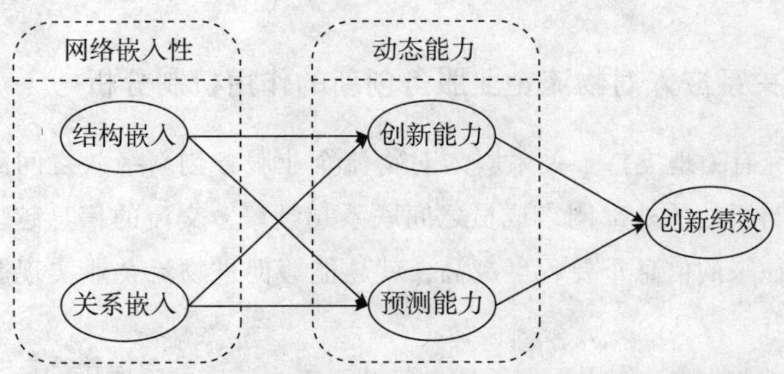

图 5－8　嵌入性对物流企业服务创新绩效作用机制概念模型修正

5.3.2　结构嵌入对物流企业服务创新的作用机制分析

本研究有力地支持了结构嵌入对物流企业服务创新绩效之间的正效应。

企业所处的外部网络规模越大，网络成员的差异性越强以及该企业在网络中位置关键程度越高，就越能够促进物流企业实现服务创新绩效的提升。

结构嵌入性通过作用于创新能力与动态能力，进而正向影响物流企业的服务创新绩效。首先，物流企业在外部网络中的结构嵌入促进其自身创新能力和预测能力的提升。在本研究最终确立的结构方程中，“创新能力←结构嵌入”的路径系数为0.128（$p<0.01$）；“预测能力←结构嵌入”的路径系数为0.186，这说明结构嵌入对创新能力与预测能力的促进作用较为明显，外部网络的规模、网络极差以及物流企业的网络中心性，都对物流企业自身的动态能力有着重要的影响。其次，动态能力的提升也有利于物流企业实现自身的服务创新。在本研究确立的结构方程模型中，“创新绩效←创新能力”的标准化路径系数为0.240（$p<0.05$）；“创新绩效←预测能力”的标准化路径系数为0.262（$p<0.05$）这说明物流企业的动态能力对服务创新绩效的影响非常显著，预测能力与创新能力对物流企业服务创新具有一定的促进作用。

综上所述，物流企业在外部网络中的结构嵌入对物流企业的服务创新具有重要影响。企业应当不断完善自身与外部网络成员的联系机制，在选择适合自身发展的网络环境的同时积极推进网络的扩大化、多元化，并逐渐树立企业自身在网络中的关键地位，促进自身动态能力的提升，进而提升自身的服务创新水平。

5.3.3 关系嵌入对物流企业服务创新的作用机制分析

本研究有力地支持了关系嵌入对物流企业服务创新绩效之间的正向作用。企业与所处的外部网络成员之间联系越频繁，交流的信息越多，沟通越充分，往来的信息重要程度越高，就越能够促进物流企业实现服务创新绩效的提升。

关系嵌入性通过作用于创新能力与动态能力，进而正向影响物流企业的服务创新绩效。首先，物流企业在外部网络中的关系嵌入促进其自身创新能力和预测能力的提升。在本研究最终确立的结构方程中，“创新能力←关系嵌入”的路径系数为0.179（$p<0.01$）；“预测能力←关系嵌入”的路径系数为0.220（$p<0.01$），这说明关系嵌入对创新能力与预测能力的促进作用较为

明显，与外部网络关系的紧密程度对物流企业自身的动态能力有着重要的影响。

总而言之，物流企业在外部网络中的关系嵌入对物流企业的服务创新具有重要影响。企业应当不断改善自身与外部网络成员的关系，不断提升彼此之间关系的紧密程度，提高沟通的频率与沟通的质量，并通过促进自身动态能力的提升，进而提升自身的服务创新水平。

第三篇　综合视角下的物流企业服务创新研究

6　基于产业联动角度的物流业服务创新研究

制造业是国民经济的支柱产业，也是物流社会化的需求基础。物流业作为重要的生产性服务业，对于促进制造业结构调整和产业升级具有重要作用。推进制造业与物流业联动发展，不仅是提升制造业核心竞争力的重要手段，也是促进物流业发展的基本途径。把企业非核心业务全部或大部分外包，特别是把第二产业的物流服务业外包，以提高核心竞争力；必须发展高端物流服务，从制造业寻找突破口，促进现代制造业与服务业的有机融合，从而降低我国制造业过高的物流成本，实现制造业与物流业的联动发展。

十大产业调整和振兴规划之一的国务院《物流业调整和振兴规划》明确了我国物流业发展的目标、主要任务和发展重点，提出积极扩大物流市场需求，大力推进物流服务的社会化和专业化，推动物流企业与生产企业互动发展，促进供应链各环节有机结合。

6.1　物流服务业与制造业的关系演变

物流产业与制造业的联动过程，实际是在产业分工深化基础上，原产业价值链分解并重新与物流业融合，形成效率更高的新型产业价值链网，获取产业竞争优势的过程。实际表现为两种产业的互动需求。在制造业与物流业的联动过程中，物流产业与制造业之间的相互需求结构发挥了创新扩散效应，带动两个产业共同成长，促进产业结构整体升级，并且这两者之间的需求结构受到了相关的经济发展和服务业整体发展水平的影响。

6.1.1　制造与物流是人类物质生活的两大支柱

人类生存必须有一定的物质条件支持，衣食住行都会发生一定的物资需求，为了提高生活质量，人类对物资需求的水平随着社会的发展在不断提高。由于需求的拉动，促进了各式各样的制造业产生和发展，也促进了制造技术水平的提高。

另外，制造者所生产的物品一般都不是自己本身使用，必须按照一定条件以某种方式把产品移送到需求者所在地，产品只有到达需求者手中才能体现它的价值。产品从生产者向需求者所在地的转移过程我们称之为物流活动。

物流活动包括制造者从异地运来原材料、产品运送给异地的需求者的过程。即使在制造业的生产流程中，其原材料、半成品在不同的加工点之间也存在着流转活动。制作活动与物流活动相互融合、相互配合，共同为人类提供了所需要的各类物质，可以说是人类物质生活的两大支柱，犹如车的两轮，缺一不可。也就是说，制造活动和物流活动组成了满足社会需求的供应链。

6.1.2 物流业和制造业联动关系的演化路径

（1）物流环节分离。早期，制造企业仍然普遍存在“大而全，小而全”的现象，企业的原材料供应物流和产成品的销售物流主要由企业自理或由供应商提供，极少由第三方物流公司来承担。数据显示，仅有19%的物流需求由第三方物流承担。制造业与物流业的发展关系主要有三种情况：一是制造企业自营物流，即企业所有的物流服务都由企业内部自理提供，物流服务没有突破制造企业的企业边界；二是仅外包部分物流服务，即只有一小部分的物流服务流于企业外界；三是企业间形成物流战略联盟，即中小制造企业间采取与同行业企业组成联盟的形式，进行物流资源的整合以提高物流管理水平。尽管企业间采用物流联盟合作模式，但物流服务仍然置身于制造企业的企业边界范围之内。

（2）物流产业分离。随着经济的发展，从制造业中不断分离出来的物流环节的技术水平和服务水平将得到进一步的提高，社会对物流的内涵和作用的认识也会跟上经济的发展需要。此外，随着制造业的发展，制造业面临的产业竞争力、国际竞争力也日益加剧，制造业必须将其非主要业务分离出来，专注于主要业务的发展，逐渐增强核心竞争力。物流产业与制造产业的融合渗透将成为发展的必然趋势，最终导致物流的社会化程度不断提高，达到完全外包的状态。当制造业的物流被完全分离出来形成独立的物流产业时，制造业与物流业的联动发展将开始一个新纪元。此时，物流服务完全突破了制造企业的边界范围，而成为社会的独立经营实体，物流服务不再是个别的、单一物流服务环节，而是集多种物流服务于一体的物流服务企业。

（3）两业集聚联动。当地区内某行业的发展具备着相当的发展优势，一些新诞生的企业以及其他地区同行企业为了共享基础设施、共享资源，便会在聚集该地区发展，形成产业集群。当制造企业以集群的形式出现时，这些相同行业的制造企业有着类似的，甚至相同的物流需求，单个物流企业就难以满足所有集群里所有制造企业的所有物流需求了。因此，制造业形成集聚后，集聚区也会成为物流服务需求最集中的区域，物流企业为了接近市场，降低物流成本，也倾向于在集聚区形成物流企业的集群，这个物流集群里集中了多家物流企业，从事某些相同或不同的物流环节服务，以满足制造业集聚后对物流服务规模化、集成化的要求。因而，制造业集群的形成带动物流企业的集聚。此时的联动发展特点在于物流企业在制造业集群内也形成了一个庞大的集聚体，而集聚体内的物流企业分别对应着制造业价值链相同或不同的节点，而物流企业由于有着共同的服务对象，它们之间相互作用和影响，形成物流服务集聚效应。

（4）“两业”扩散联动。当产业集聚达到一定规模后，集聚区内便会因为资源的限制等出现一系列的问题，如土地、水资源紧缺，生态环境承受能力不足，基础设施、公共服务设施的边际投资猛增等，造成产业集聚的不经济。此外，产业的集聚规模超过了区域的资源承受能力后，也会导致企业间的过度竞争。因而，当产业集群发展出现不平衡性时，产业扩散的力量便超过产业集聚的力量。即为降低土地、用水等资源成本，一部分企业开始向集聚区外转移。同样，当制造业集群发展到一定规模时，基于各方面资源的限制，制造业集群也会产生扩散的现象。当制造企业向外围分散时，一部分为集群企业服务的物流企业为了更靠近市场、缩短运输距离、降低成本，同时提高反应速度，为企业提供快捷的服务，从集聚区向外围转移。而物流业的发展，如交通更加便利、服务范围更广等，也为制造业的顺利扩散提供了条件，促进制造业的扩散。

6.1.3 制造与物流的相互关系在社会发展的不同阶段逐步变化

第一阶段：生产力水平比较低下，产品数量和质量不能充分满足社会需求，生产制造是经济活动的中心，物流只是生产过程和销售过程中的附属环节，运输、仓储、搬运等活动各自根据需要独立分散进行。

第二阶段：流水线生产形式出现，进入大批量生产阶段，销售范围随着产品数量剧增而扩大，降低销售领域物流成本问题急需解决。物流系统界定，从企业角度考虑到产品销售的需要，提出了货物配送（Physical Distribution）的物流组织方式，实现了生产和消费间对物资履行保管、运输、装卸、包装、加工等物流组织功能，形成了从生产到消费的环节的物质移动的管理体系。

第三阶段：由于社会需求的多样化，多品种小批量生产形态发展，物流系统的运作更为复杂，制造业发展对物流的要求就不单纯是考虑从生产者到消费者的货物配送问题，而且还要考虑从供应商到生产者对原材料的采购，以及生产者本身在产品制造过程中的运输、保管和信息等各个方面，全面地、综合性地提高经济效益和效率的问题。现代物流业发展进入了一体化物流管理（Logistics）阶段，物流成为企业发展战略的重要内容。

第四阶段：经济全球化时代，企业的运作范围的区域边界以至于国家边界被打破，企业间需要形成动态联盟以应对市场竞争。现代物流发展到供应链管理（Supply Chain Management）阶段。物流作为供应链的一部分也要与制造业发展相适应，进入供应链的协同运作体系。制造业依托庞大而复杂的物流网络才能够在全球供应链系统中得到发展。在这一阶段，物流相对于制造业而言其重要地位又得到进一步提升。

6.1.4 在全球供应链中的制造业

全球化的采购和销售，企业物流系统要和国际接轨，物流的运作复杂化，制造业必须把自己不擅长物流业务委托给专业化物流企业运作，才能够专注于核心技术同时保持本企业在供应链中的物流渠道畅通。

现代制造业的生产特点是按订单生产，需要具备快速反应能力。由于供货期短，适宜采用组装加工方式，原材料、零部件可能来自世界各地，产品也可能要发往国外。这种短供应链的快速生产方式大大地提高了市场竞争能力。著名的戴尔公司在电脑业界成为后起之秀，就是以组装生产方式在灵活多变的市场上取胜的结果；又例如，有一家法国的企业向东莞某服装厂订购1000件羽绒服，该厂设计中心分别按大、中、小号的男、女装提供款式、图案及装饰的设计方案，经过网上的协商和交流，得到法国客户的确认后，签订了15天交货的生产订单。厂方根据设计文件立即启动全球采购：在马来西亚采购的面料在韩国进行漂染，同时采购日本的拉链、中国台湾的纽扣，下订单后，要求在5天内送到中国东莞的服装厂。服装制成后贴上品牌商标，按期空运给法国客户，完成了订单。这个案例也非常贴切地说明了制造业的订单化生产、组装加工、全球采购的趋势。

上例表明，制造企业必须具有供应链整体快速反应能力，需要以一个可靠、高效率的物流系统为依托，任何一个物流环节出问题都会带来难以弥补的损失，物流成为企业的生命线，重要性可想而知。

6.2 物流业与制造业联动发展的理论分析

研究物流业与制造业联动发展的理论较多。如投入产出分析法、结构洞理论、协整分析方法、交易费用、灰色关联分析、C－D生产函数法、聚类分析法、DEA差额变数法、关联分析法等方法。在这里本书重点介绍投入产出理论，并在下一章运用投入产出分析法进行实证研究。

6.2.1 产业联动理论

1. 产业联动的概念

本书在这里引用苏东水在《产业经济学》一书中对产业、联动以及产业联动的定义。产业是一些具有相同特征，彼此之间有相互联系、相互作用的经济组织和活动所组成的集合或系统，是具有某种同类属性的企业总称。联动指若干个相关联的事物，一个运动或变化时，其他的也跟着运动或变化，具有“联系”和“互动”之意。所以，他将产业联动定义为：以产业关联为基础，位于产业链同一环节或不同环节的企业之间进行的产业协作活动。

2. 产业联动的表现形式

从广义上讲，任何基于产业关联而进行的企业协作活动，都属于产业联动活动，所以产业联动具有多种表现形式，具体分类如下。

（1）按照产业联动的方向，可以分为前向产业联动、后向产业联动、双向产业联动和横向产业联动。前向产业联动指企业与产业链环的下游延伸或与下游企业合作的活动，如煤炭企业为了寻找稳定的市场，与电力企业形成的战略联盟。后向产业联动是企业向产业链的上游环节延伸或与上游企业合作的活动，如电力企业与煤炭企业的长期合同关系，电力、冶金、化工、铁道、建材等产业的投资办煤矿行为，都是为了获得后向产业联动效应。横向产业联动，是企业与其他同类企业开展的产业协作活动，如东部的煤炭企业为了可持续发展，对西部煤炭企业的兼并和重组活动。

（2）按照产业联动的组织形式，可以分为长期合同关系、战略联盟、一体化等。据威廉姆森（Williamson）的交易费用理论，依据生产过程的供应链或者价值链上交易对象的资产专用性、交易的频率以及交易的不确定性，企业之间的关系可以划分为市场关系、合同关系、联盟关系和一体化关系。如果交易的资产的通用强、交易的不确定小，则一般采用市场交易，企业之间的关系纯属于市场关系；如果企业采购的是大宗材料、零部件或者生产周期比较长，尽管采购的对象资产专用性不强，但是存在较大的交易不确定性和交易风险，为了确保采购对象的质量、价格和供货时间，减少交易的不确定性，此时需要建立合同关系；如果采购的对象是战略性的物资。例如，关键材料、关键零部件、涉及技术的转移等资产专用强的资产，为确保长期采购的质量、价格和供货渠道的稳定，就需要建立长期的互惠互利的战略联盟关系；为了进一步降低交易的不确定性、交易风险和交易费用，就要利用一体化的制度安排，如相互参股、相互持股、建立共同的管理机构、公司合并等。产业联动行为往往产生在具有大宗、长期交易的、生产技术联系紧密的产业（企业）之间，不是一般的市场交易关系，而是一种更加稳定的经济联系，是长期合同关系、战略联盟关系或一体化关系。

（3）按照产业联动的投资形式，可以分为股权式产业联动和非股权式的产业联动股权式产业联动指通过关联企业之间相互持股来获得协同效应，是较为紧密的联动形式，企业之间除了存在产品联系、技术联系、价值联系、投资联系外，还存在经营管理上的联系，能够最大限度地实现生产上、技术上、效益上的联动效应，实现较大程度的风险共担、优势互补。非股权式产业联动主要通过长期合同来获得产业协同效应，联动企业之间没有资本上的联系，仍保持经营管理上的独立性，是较为松散的产业联动形式。

（4）按照产业联动中企业的地理关系，可分为区域内产业联动和区际（跨区域）产业联动在我国，还存在一定程度的产业的区域分割，区域内的产业联动往往能够得到地方政府的大力支持，而区域间的产业联动会受地方保护主义、运输成本增加等因素的影响，其产生更需要产业政策和区域政策的支持。例如，许多电力和煤炭企业是直接由省管辖的，这样，区域内的煤炭——电力产业联动往往能够得到支持，而煤炭和电力产业的跨区域协作活动要突破更多的行政障碍。由此可见，产业联动是企业、产业、区域协作的普遍现象，实际上整个宏观经济就是众多企业、产业和区域形成的产业联动系统。每个企业在发展中都有多个联动对象，只要是同一产业链环上的企业，都可能产生产业联动行为，联动方式也多种多样。例如，煤炭企业可以与同类企业联动，也可以与电力产业、高耗能产业、煤化工产业、运输产业联动，可以是区域内的联动，也可以是区域间的联动；可以是通过兼并进行多元化经营的一体化联动，也可以是相互持股的战略联盟式的联动，也可以是非股权式长期合同关系的联动。具体操作时，应根据产业发展的寿命周期、区域产业发展现状、产业的市场化程度、产业之间的交易特征等进行灵活选择。

6.2.2 投入产出分析法

投入产出分析法是瓦希里·列昂惕夫在20世纪30年代研究并创立的一类经济数量分析方法。它以棋盘式平衡表的方式反映、研究一个经济系统各个部分之间投入与产出的相互依存关系。投入产出法从诞生到现在的半个多世纪以来，由于经济学家的悉心研究，在理论和应用方面都取得了丰硕成果，并得到了很大的发展。在理论研究方面，投入产出技术从一开始的静态、线性模型发展到了动态、非线性模型，并与最优化等其他分析方法相结合。目前，理论上发展的比较成熟的是动态模型、投入占用产出模型、投入占用产出技术与动态化以及最优化模型结合的方面。投入产出的基本模型和基本方法已经定型，现有研究在编表方法、模型精度等方面推进了投入产出技术的进步。

投入产出法是通过投入产出表、投入产出模型来对产业间“投入”与“产出”的数量比例关系进行分析的方法。投入产出表是指能够把国民经济各部门之间所有产品的投入与产出关系都表现出来的统计表格。它是建立投入模型的基础。投入产出模型是由投入产出系数、变量的函数关系组成的数学方程组构成。其模型建立一般分两步，一是先依据投入产出表计算计算各类系数；二是在此基础上，再依据投入产出表的平衡关系，建立起投入产出的数学函数表达式，即投入产出模型。

1. 直接消耗系数

直接消耗系数是指第J部门每生产单位产品所消耗第I部门产品的单位消耗量，称第J部门对第I部门的直接消耗系数。它表示生产因素和产品之间的生产技术比例，故又称技术系数。

直接消耗系数可从“投入产出表”中直接求出，即：

$$a_{ij}=\frac{x_{ij}}{x_j}\quad n=1,\ 2,\ 3,\ \cdots,\ n\ ;\ j=1,\ 2,\ 3,\ \cdots,\ n \qquad (6-1)$$

式中，x_{ij}表示j部门实际投入i部门产品的数量，即位于投入产出表中第i行第j列的数字。x_j表示第j部门的总投入量，即投入产出表中第j列最后一个数字。由此可求算出表中各个部门的直接消耗系数。

2. 完全消耗系数

完全消耗系数是指第j部门每生产单位产品所直接消耗和间接消耗第i部门产品的单位消耗量和，称第j部门对第i部门的完全消耗系数，即直接消耗系数和间接消耗系数之和，就称为完全消耗系数。可用b_{ij}来表示。

完全消耗系数的计算公式是：

$$b_{ij}=a_{ij}+\sum_{k=1}^{n}b_{ik}\cdot a_{kj}\quad i\ ,\ j=1,\ 2,\ 3,\ \cdots,\ n \qquad (6-2)$$

式中，b_{ij}代表完全消耗系数，a_{ij}代表直接消耗系数，$b_{ik}a_{kj}$代表一种产品通过中间产品K（$K=1$，2，3，$\cdots n$）对于另一种产品的间接消耗量。如果以b表示完全消耗系数，经过推导可得知，由它们所组成的矩阵B和直接消耗系数矩阵A之间存在如下关系：$B=(I-A)^{-1}-I$。

3. 影响力系数与感应力系数

影响力系数是反映当国民经济中某一产业增加一个单位的最终使用

时，对国民经济各部门所产生的生产需求波及程度。影响力系数的计算公式如下：

$$e_j = \frac{\frac{1}{n}\sum_{i=1}^{n} c_{ij}}{\frac{1}{n}\sum_{j=1}^{n}\frac{1}{n}\sum_{i=1}^{n} c_{ij}} = \frac{\sum_{i=1}^{n} c_{ij}}{\frac{1}{n}\sum_{i=1}^{n}\sum_{j=1}^{n} c_{ij}} \tag{6-3}$$

式中，e 表示第 j 产业的影响力系数；c 为列昂惕夫逆矩阵（$I-A$）中的元素，n 为产业数目。

感应度系数是反映国民经济各产业变动后使某一产业受到的感应能力，这种感应能力表现为该产业受到国民经济发展的拉动能力。感应度系数计算公式如下：

$$e_i = \frac{\frac{1}{n}\sum_{j=1}^{n} c_{ij}}{\frac{1}{n}\sum_{i=1}^{n}\frac{1}{n}\sum_{j=1}^{n} c_{ij}} = \frac{\sum_{j=1}^{n} c_{ij}}{\frac{1}{n}\sum_{i=1}^{n}\sum_{j=1}^{n} c_{ij}} \tag{6-4}$$

式中，e 表示第 i 产业的感应度系数；c 为列昂惕夫逆矩阵$(I-A)^{-1}$中的元素，n 为产业数目。

4. 投入产出模型

由于投入产出表中各产业中的投入与产出都是平衡的，所以既可以按行又可以按列建立投入产出模型。基本的投入产出模型是按产业所在的行建立关系式后再构成线性方程组。基本投入产出模型一般为：

$$\begin{cases} x_1 = a_{11}x_1 + a_{12}x_2 + a_{13}x_3 + \cdots + a_{1n}x_n + y_1 \\ x_2 = a_{21}x_1 + a_{22}x_2 + a_{23}x_3 + \cdots + a_{2n}x_n + y_2 \\ x_3 = a_{31}x_1 + a_{32}x_2 + a_{33}x_3 + \cdots + a_{3n}x_n + y_3 \\ \vdots \quad \vdots \quad \vdots \quad \vdots \quad \cdots \quad \vdots \quad \vdots \\ x_n = a_{n1}x_1 + a_{n2}x_2 + a_{n3}x_3 + \cdots + a_{nn}x_n + y_n \end{cases} \tag{6-5}$$

可简写为：

$$x_i = \sum_{j=1}^{n} a_{ij}x_j + y_i \quad i = 1,\ 2,\ 3,\ \cdots,\ n$$

设 $\boldsymbol{A}$ 为直接消耗系数矩阵，$\boldsymbol{X}$ 为总投入列矩阵，$\boldsymbol{Y}$ 为最终需求矩阵，它们分别为：

$$
\boldsymbol{A}=\begin{pmatrix} a_{11} & a_{12} & a_{13} & \cdots & a_{1n} \\ a_{21} & a_{22} & a_{23} & \cdots & a_{2n} \\ a_{31} & a_{32} & a_{33} & \cdots & a_{3n} \\ \vdots & \vdots & \vdots & \cdots & \vdots \\ a_{n1} & a_{n2} & a_{n3} & \cdots & a_{nn} \end{pmatrix} \tag{6-6}
$$

$$
\boldsymbol{X}=\begin{pmatrix} x_1 \\ x_2 \\ x_3 \\ \vdots \\ x_n \end{pmatrix} \quad \boldsymbol{Y}=\begin{pmatrix} y_1 \\ y_2 \\ y_3 \\ \vdots \\ y_n \end{pmatrix} \tag{6-7}
$$

则可得矩阵形式：

$$
\boldsymbol{X}=\boldsymbol{A}\cdot\boldsymbol{X}+\boldsymbol{Y} \text{ 或 } (\boldsymbol{E}-\boldsymbol{A})\cdot\boldsymbol{X}=\boldsymbol{Y} \tag{6-8}
$$

这就是最常用的矩阵形式投入产出数学模型，即矩阵形式的直接消耗系数投入产出数学模型。而矩阵（$\boldsymbol{E}-\boldsymbol{A}$）被称为列昂惕夫矩阵。两上式两边同除（$\boldsymbol{E}-\boldsymbol{A}$），即可得：

$$
\boldsymbol{X}=(\boldsymbol{E}-\boldsymbol{A})^{-1}\cdot\boldsymbol{Y} \tag{6-9}
$$

式中（$\boldsymbol{E}-\boldsymbol{A}$）$^{-1}$称为列昂惕夫逆矩阵。由上式可知，若求出列昂惕夫逆矩阵，即可进行经济预测和计划制订。

6.3　物流业与制造业联动发展的的实证研究

物流业是生产性服务业的重要组成部分，同时也与现代制造业的发展密切相关，存在着互相影响、互相制约的辩证关系。相关生产性服务行业以及制造业的发展离不开物流业的辅助，同时物流业的发展也离不开生产性服务业内部其他产业以及制造产业的发展。所以，研究物流业与生产服务业、制造业的互动发展便有了重大意义。本节以北京市为例，通过运用投入产出理论计算出了北京市物流业与制造业、生产性服务业的直接消耗系数、完全消耗系数、影响力系数、感应度系数，以便可以了解北京市物流业与制造业、生产性服务业互动发展的现状，进一步为北京市物流业、制造业的发展提出相应建议。

6.3.1 实证研究的背景及意义

物流产业对于制造业发展的重要作用已经得到了学者们的广泛认可。尤其是在经济发展阶段转化的过程中，以物流为代表的生产性服务行业成为了社会经济创新转型的主导力量。北京作为政治、文化中心、超大型城市和环渤海经济区的核心，北京是国家级物流节点城市、全国流通领域现代物流示范城市之一。北京市“十二五”规划纲要提出：“着力发展高端现代制造业，改造提升传统制造业”，“促进经济结构由服务业主导向生产性服务业主导升级，打造服务区域、服务全国、辐射世界的生产性服务业中心城市”。北京在进入服务经济、形成以生产性服务业为主导产业的产业结构之后，物流业与制造业的联动发展就成为了制造业转型升级的主要动力。在北京建设世界城市、创新城市的大背景下，如何更好地促进两者联动发展，亟须加强对策研究。

物流产业与制造业的联动过程，实际是在产业分工深化基础上，原产业价值链分解并重新与物流业融合，形成效率更高的新型产业价值链网，获取产业竞争优势的过程。实际表现为两种产业的互动需求。在制造业与物流业的联动过程中，物流产业与制造业之间的相互需求结构发挥了创新扩散效应，带动两个产业共同成长，促进产业结构整体升级，并且这两者之间的需求结构受到了相关的经济发展和服务业整体发展水平的影响。所以本书从北京市制造业与物流业的相互需求以及物流产业对其他服务业的需求两个方面，探讨北京市物流产业与制造业联动互动需求结构和发展趋势。

6.3.2 数据说明及产业划分

根据 OECD 2000 年、2006 年版投入产出表划分整理，本节选取物流业、信息服务业、商务服务业、金融服务业、技术服务业代表生产性服务业进行分析。同时，引用 2003 年 OECD 制造业分类方法，将制造业分为高技术制造业、中高技术制造业、中低技术制造业、低技术制造业。

从纵向角度对北京市物流业与生产性服务业、制造业的互动需求进行投入产出分析，选取了北京市 2002 年、2005 年、2007 年，2010 年四个时点的投入产出表，所有数据均来自北京市2012年投入产出调查网，为正确分析北京市物流业与制造业、生产性服务业的产业关联提供了一个良好的基础。四个时点的投入产出表均采用的是42个部门分类的投入产出表。各制造业的数据采用情况如表6－1所示，各生产性服务业的数据采用情况如表6－2所示。

表6－1　各制造业的数据采用情况

高技术产业	通信设备、计算机及其他电子设备制造业
中高技术产业	交通运输设备制造业 仪器、仪表及文化办公用机械制造业、化学工业 电气机械及器材制造业 通用、专用设备制造业 化学工业
中低技术产业	石油加工、炼焦及核燃料加工业 非金属矿物制品业 金属冶炼及压延加工业 金属制品业
低技术产业	食品制造及烟草加工业 纺织业 纺织、服装、鞋帽、皮革、羽绒及其制品业 木材加工及家具制造业 造纸、印刷及文教、体育用品制造业 工艺品及其他制造业

表6－2　各生产性服务业的数据采用情况

物流业	交通运输及仓储业 邮政业
信息服务业	信息传输、计算机服务和软件业
金融服务业	金融业
商务服务业	批发和零售业 住宿和餐饮业 租赁和商务服务业
技术服务业	研究与试验发展业 综合技术服务业

6.3.3　北京市物流业与制造业联动发展投入产出分析

利用北京市2002年、2005年、2007年、2010年的投入产出表来对北京市物流业与制造业联动情况进行分析。首先对各年的投入产出表按照制造业进行了筛选，然后将筛选出的各个部门按照高技术制造业、中高技术制造业、中低技术制造业、低技术制造业、物流业进行了合并。计算了各年物流业与制造业的直接消耗系数、完全消耗系数、影响力系数以及感应度系数，然后对所有系数进行了分析，以期望通过对近年来北京市物流业与制造业关联情况分析，探索北京市现有物流业、制造业发展的重点领域，并为北京市产业结构升级与调整提供战略性借鉴。

6.3.3.1　物流业与制造业间的直接消耗系数

直接消耗系数可以反映物流业与其他产业之间存在的相互直接提供产品的依赖关系。直接消耗系数越大，反映第 j 产业对第 i 产业的依赖程度越高，反之越低。本节运用各产业对物流业的直接消耗系数以及物流业对各产业的直接消耗系数，把握物流业与制造业在发展中的相互直接依赖程度。

（1）2002—2010年北京市各制造业对物流业的直接消耗系数

不同层次的制造业对物流业的直接消耗量差别较大，如表6－3的数据所示，北京市2002年中低技术产业对物流业的直接消耗量最大为0.18828，其次是中高技术产业为0.17775，最后是低技术产业和高技术产业，这意味着北京市中低技术产业、中高技术产业、低技术产业以及高技术产业每生产1万元的产品对应物流产业的直接消耗分别为1882元、1777元、418元和125元。2005年中高技术产业对物流业的直接消耗量跃居到第一位为0.25925，中低技术产业退居其次为0.16407。2007年、2010年与2002年的情况相同，中低技术产业依旧是对物流业直接消耗最大的产业，中高技术产业紧随其后，最后是低技术产业和高技术产业，具体表现为2007年北京市中低技术产业、中高技术产业、低技术产业以及高技术产业每生产1万元的产品对应物流产业的直接消耗分别为2593元、1057元、154元和21元，2010年中低、中高、低、高技术产业每生产1万元的产品对应物流产业的直接消耗分别为1429元、872元、95元和12元。

表 6 - 3　　2002—2010 年北京市各制造业对物流业的直接消耗系数

行业	2002 年	2005 年	2007 年	2010 年
低技术产业	0. 04176	0. 04475	0. 01541	0. 00945
中低技术产业	0. 18828	0. 16407	0. 25926	0. 14293
中高技术产业	0. 17775	0. 25925	0. 10573	0. 08716
高技术产业	0. 01251	0. 00923	0. 00207	0. 00121

由图 6 - 1 可以看出，随着时间的推移，北京市 2002—2010 年制造业对物流业的直接消耗量整体呈下降趋势。低技术产业与高技术产业对物流业的直接消耗量绝对量一直处于较低水平。中低技术产业与中高技术产业对物流业的直接消耗变动较大，尤其中高技术产业对物流业的直接消耗在 2005 年之后下降较快。总而言之，整体上北京市各个层级的制造业对物流业的直接消耗量都比较低，直接反映了北京市制造业普遍与物流业的关联程度较为松散，不能很好地满足制造业的发展需求。在国民经济整体增长的同时，作为物流产业重要中间投入的生产性服务业发展跟不上制造业的发展，对制造业的中间投入不足，很大程度上限制了制造业的良性可持续发展。

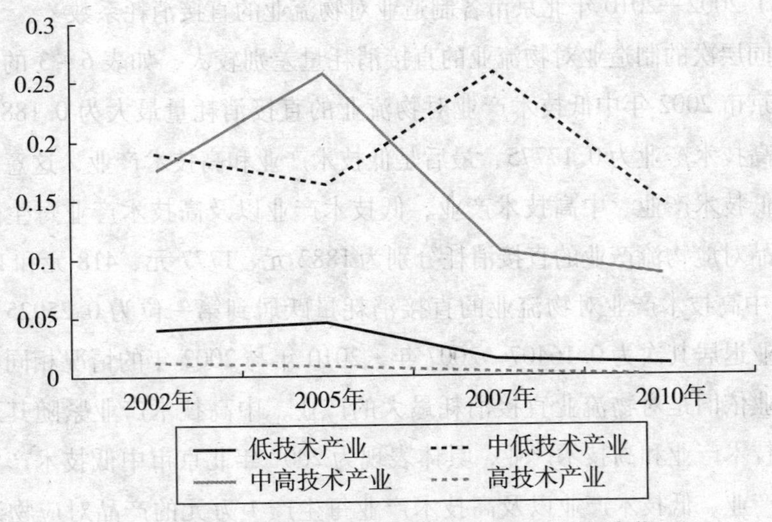

图 6 - 1　北京市各制造业对物流业的直接消耗变化

单独来看，北京市物流业的发展对本地区中低技术性产业的发展起到了支撑和促进作用；由于北京市着力发展高端现代制造业的政策导向，从 2001

年开始，北京市对本市内的低技术制造业进行外迁，进而导致北京市低技术制造业总量较低，所以北京市低技术产业对物流业的直接消耗量呈现出较低水平的态势。整体上来讲，2002—2010 年北京市物流设备的数量增长缓慢，物流设备的技术含量不高，进而导致了各种类型的制造业对物流业的需求总体呈下降趋势，因此提高北京市物流业规模以及技术的发展是重中之重。

（2）2002—2010 年北京市物流业对各制造业的直接消耗系数

北京市物流业对于制造业中不同产业的直接消耗明显不平衡，如表 6 – 4 的数据所示，北京市 2002 年物流业对低技术产业的直接消耗量最大，其次是对中低技术产业的直接消耗量，对中高技术产业以及高技术产业的直接消耗量排在最后，具体来看就是物流业每生产产品 1 万元需要直接消耗低技术产业、中低技术产业、中高技术产业、高技术产业 367 元、355 元、312 元、179 元。2005 年物流业对不同层级制造业直接消耗量的顺序与 2002 年相同，但整体直接消耗量有所上升，达到了物流业每生产 1 万元产品对四种制造产业的消耗依次为 482 元、444 元、330 元、249 元。2007 年与 2010 年物流业对制造业的需求情况与 2002 年、2005 年的情况相反，中低技术产业成为了物流业直接消耗的首要对象，并出现了对物流业直接消耗的明显上涨，其次是低技术产业，中高技术产业与高技术产业依旧排在最后。具体表现为，2007 年北京市物流业每生产产品 1 万元需要直接消耗中低技术产业、低技术产业、中高技术产业、高技术产业 876 元、360 元、312 元、170 元。2010 年物流业每生产产品 1 万元需要直接消耗中低技术产业、低技术产业、中高技术产业以及高技术产业 1350 元、691 元、543 元、307 元。

表 6 – 4　　2002—2010 年北京市物流业对各制造业的直接消耗系数

行业	2002 年	2005 年	2007 年	2010 年
低技术产业	0. 03671	0. 04823	0. 03597	0. 06905
中低技术产业	0. 03551	0. 04438	0. 08763	0. 13500
中高技术产业	0. 03115	0. 03301	0. 03117	0. 05425
高技术产业	0. 01789	0. 02486	0. 01704	0. 03066

从时序上来看，不同年份的需求也有所不同，由图 6 – 2 可以看出，北京市 2002—2010 年物流业对制造业的绝对直接消耗呈上升趋势，尤其是对中低

技术产业的直接消耗呈快速增长状态，但物流业对中高以及高技术产业的直接消耗量一直在低端徘徊，增长较为缓慢。总体而言，制造业作为拉动物流业发展的根本所在，对物流业的拉动不足，原因在于我国制造业更多的是加工制造业，也就是本书所说的低技术制造业和中低技术制造业是“中国制造”，知识成分少，科技含量低，从而限制了物流业的发展。同时，也说明北京市面临着物流业服务质量如何升级的问题。通过物流服务质量的升级，将会提高对“知识成分高，科技含量高”的高技术产业的直接消耗。

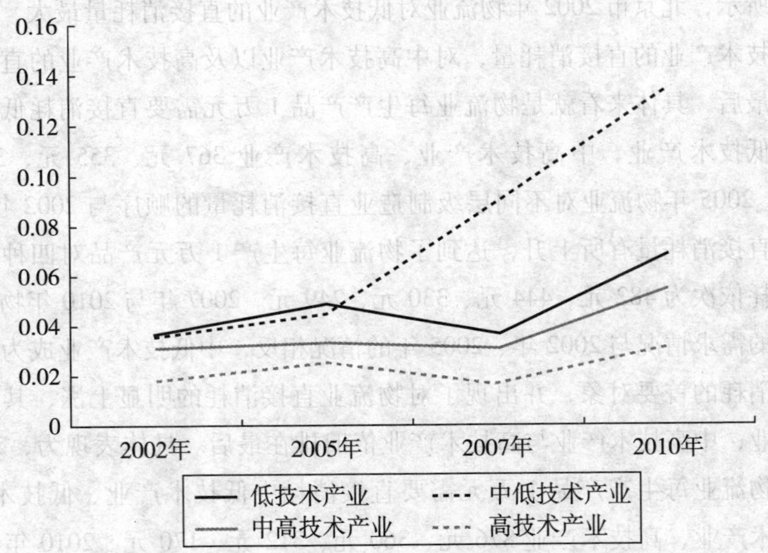

图6－2　2002—2010年北京市物流业对各制造业的直接消耗变化

6.3.3.2　物流业与制造业的间的完全消耗系数

直接消耗系数反映的是两个产业间的产品直接消耗关系，但一种产品对另一种产品的消耗不仅有直接消耗，而且还有间接消耗。例如生产汽车除了直接消耗电力外，还同时消耗钢铁、轮胎、木材等产品，而生产这些产品也需要消耗电力，这是汽车对电力的第一次间接消耗。进一步分析，在炼钢、制造轮胎、采伐木材的过程中需要消耗生铁、焦炭、橡胶、工具和设备等产品，而生产这些产品也需要消耗电力，这就是汽车对电力的第二次间接消耗。这个过程还可以继续推导下去，一般来说，一个产品发生多少次间接消耗，根据各产品工艺技术特点的不同而不同。一种产品对某种产品的直接消耗和全部间接消耗的总和被称为完全消耗，相应地，直接消耗系数和全部间接消耗系数的总和就是完全消耗系数。

（1）2002—2010 年北京市各制造业对物流业的完全消耗系数

由表 6 –5 可以看出，北京市 2002 年制造业中的中低技术产业对物流业完全需求最大为 0. 52442，需求最小的为高技术产业，处于中间的是低技术产业 0. 12568 和中高技术产业 0. 50965，这意味着北京市中低技术产业、中高技术产业、低技术产业以及高技术产业每生产 1 万元的产品对应物流产业的完全消耗分别为 5244 元、5097 元、1257 元和 1091 元。2005 年对物流业需求最大的是中高技术产业，达到了 0. 79279。排在第二位的是中低技术产业为 0. 51044。2007 年北京市不同层级的制造业对物流业的完全消耗依次是中低技术产业、中高技术产业、高技术产业以及低技术产业，具体为每产出 1 万元产品完全消耗物流行业的数量分别是 7685 元、6221 元、936 元和 798 元。2010 年北京市不同层级的制造业对物流业的完全消耗依次是中低技术产业、中高技术产业、低技术产业以及高技术产业，具体为每产出 1 万元产品完全消耗物流行业的数量分别是 5747 元、4935 元、508 元和 493 元。但同时更值得注意的是，通过最近这两年的数据可以看出，对物流业的完全消耗量最低的都是高技术产业。

表 6 –5　　2002—2010 年北京市各制造业对物流业的完全消耗系数

行业	2002 年	2005 年	2007 年	2010 年
低技术产业	0. 12569	0. 13003	0. 07975	0. 05079
中低技术产业	0. 52442	0. 51045	0. 76751	0. 57466
中高技术产业	0. 50965	0. 79280	0. 62207	0. 49352
高技术产业	0. 10975	0. 09394	0. 09363	0. 04930

通过图 6 –3 以及对比图 6 –1 北京市各制造业对物流业的直接消耗变化可知，整体上从 2002—2010 年中低技术产业和中高技术产业对物流业的完全消耗量与直接消耗量要远远大于低技术产业和高技术产业对物流业的完全消耗量与直接消耗量。随着时间的推移，横向上看低技术制造业与高技术制造业呈下降趋势，中低技术产业与中高技术产业变动较大，尤其是中高技术产业在 2005 年以后呈现出较大下降的趋势。这表明北京市中低、中高技术产业对物流业的直接依赖程度和间接依赖程度都比较高，对低技术产业以及高技术产业的直接依赖程度和间接依赖程度较低。北京市各产业对物流业的完全消耗程度虽与直接消耗程度的排列顺序相似，但完全消耗系数却远远大于直

接消耗系数。通过与表 6－3 的数据的对比可知，2002 年北京市低技术产业、中低技术产业、中高技术产业、高技术产业对物流产业的完全消耗系数分别是直接消耗系数 3 倍、2. 79 倍、2. 87 倍、8. 77 倍，2005 年北京市低技术产业、中低技术产业、中高技术产业、高技术产业对物流产业的完全消耗系数分别是直接消耗系数 3 倍、3. 11 倍、3. 06 倍、10. 18 倍，2007 年北京市低技术产业、中低技术产业、中高技术产业、高技术产业对物流产业的完全消耗系数分别是直接消耗系数 5. 17 倍、2. 96 倍、5. 88 倍、45. 03 倍，2010 年北京市低技术产业、中低技术产业、中高技术产业、高技术产业对物流产业的完全消耗系数分别是直接消耗系数 5. 37 倍、4. 02 倍、5. 66 倍、40. 66 倍。由此可见，各产业的发展可以通过直接和间接的消耗关系对北京市物流业产生较大的完全消耗关系。更值得注意的是高端制造业，2007 年和 2010 年其对物流产业的完全消耗系数是直接消耗系数的 45. 03 倍和 40. 66 倍，从而可以看出高端制造业的发展可以间接地带动物流业的飞速发展。

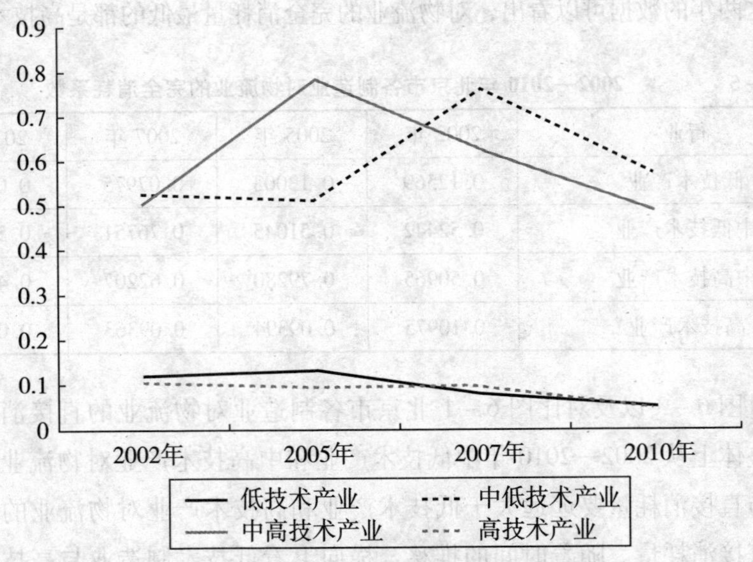

图 6－3　2002—2010 年北京市各制造业对物流业的完全消耗变化

总而言之，北京市目前中低技术产业与中高技术产业对物流业的完全消耗消耗量较大，联系相对紧密。低技术产业与高技术产业与物流业之间的关联比较薄弱，进而导致它们之间的经济技术联系减弱，这抑制了产业分工、服务市场化，以及整体生产性服务业的发展。

（2）2002—2010 年北京市物流业对各制造业的完全消耗系数

通过表 6－6 的数据以及图 6－4 可以看出，2002 年北京市物流业对制造业完全消耗量排在第一位的是中高技术产业，第二位的是低技术产业，分别为 0.1115 和 0.1102，表明北京市物流业每生产 1 万元的产品需要完全消耗中高技术制造业、中低技术制造业的数量是 1115 元和 1102 元。2005 年物流业对中高技术产业和低技术产业的完全消耗量仍然是前两名，分别为 0.13168 以及 0.13719。2007 年北京市物流业每生产 1 万元的产品，对应完全消耗低技术产业产品、中低技术产业产品、中高技术产业产品和高技术产业产品分别是 2126 元、3233 元、2821 元和 2311 元。2010 年北京市物流业每生产 1 万元的产品，对应完全消耗低技术产业产品、中低技术产业产品、中高技术产业产品和高技术产业产品分别是 3587 元、4919 元、4054 元和 2814 元。

表 6－6　2002—2010 年北京市物流业对各制造业的完全消耗系数

行业	2002 年	2005 年	2007 年	2010 年
低技术产业	0.11024	0.13719	0.21260	0.35871
中低技术产业	0.08198	0.09851	0.32329	0.49191
中高技术产业	0.11152	0.13168	0.28211	0.40538
高技术产业	0.09738	0.10814	0.23109	0.28138

图 6－4　2002—2010 年北京市物流业对各制造业的完全消耗变化

以上表明了北京市2002—2010年物流业对不同层级制造业的完全消耗量均表现为上升趋势。具体来说，对中低技术产业的完全依赖程度最高，其次是中高技术产业的完全依赖，最后是对低技术产业以及高技术产业的完全依赖程度。对比图6－2，2002—2010北京市物流业对各制造业的直接消耗变化可知，北京市物流业对中低、中高技术产业的直接依赖程度和间接依赖程度都比较高，对低技术产业以及高技术产业的直接依赖程度和间接依赖程度较低。北京市物流业对各产业的完全消耗程度虽与直接消耗程度的排列顺序相似，但完全消耗系数却远远大于直接消耗系数。通过与表6－4相关数据的对比可知2002年北京市物流业对低技术产业、中低技术产业、中高技术产业、高技术产业的完全消耗系数分别是直接消耗系数3倍、2.31倍、3.58倍、5.44倍，2005年北京市物流业对低技术产业、中低技术产业、中高技术产业、高技术产业的完全消耗系数分别是直接消耗系数2.84倍、2.22倍、3.99倍、4.35倍，2007年北京市物流业对低技术产业、中低技术产业、中高技术产业、高技术产业的完全消耗系数分别是直接消耗系数5.91倍、3.69倍、9.04倍、13.56倍，2010年北京市物流业对低技术产业、中低技术产业、中高技术产业、高技术产业的完全消耗系数分别是直接消耗系数5.19倍、3.64倍、7.47倍、9.18倍，这表明北京市物流业对制造业的消耗大多都属于间接消耗，直接消耗只占一小部分。由此可见，物流业的发展通过直接和间接的消耗关系，尤其是并不明显的间接消耗关系会对低技术产业、中低技术产业、中高技术产业、高技术产业产生较大的完全消耗作用，从而带动各产业的发展。

（3）制造业整体与物流业相互消耗关系分析

由表6－7以及表6－8我们可以得出，2002年制造业对物流业的完全消耗系数是直接消耗系数的3.61倍，制造业对制造业的完全消耗系数是直接消耗系数的倍数（3.09倍）；同样可以得出2005年、2007年、2010年制造业对物流业的完全消耗系数是直接消耗系数的倍数，即3.38倍、6.59倍以及5.90倍。也同样高于对应年份制造业对制造业的完全消耗系数是直接消耗系数的倍数（2.87倍、4.02倍、2.92倍），并且之间的差距在逐年拉大。如表6－9所示。

表 6－7　2002—2010 年制造业整体与物流业的相互直接消耗关系

	2002 年	2005 年	2007 年	2010 年
制造业—制造业	0.65550	0.62013	0.71854	0.60600
制造业—物流业	0.42033	0.47731	0.38250	0.24076
物流业—制造业	0.02850	0.03514	0.03757	0.06344
物流业—物流业	0.16046	0.17808	0.40981	0.53073

表 6－8　2002—2010 年制造业整体与物流业的相互完全消耗关系

	2002 年	2005 年	2007 年	2010 年
制造业—制造业	2.02816	1.78188	2.88935	1.76664
制造业—物流业	1.51610	1.61550	2.52071	1.41943
物流业—制造业	0.10279	0.11893	0.24760	0.37403
物流业—物流业	0.24258	0.28573	0.85485	1.32285

表 6－9　各年份制造业—物流、制造业—制造业的完全消耗系数与直接消耗系数的比值

	2002 年	2005 年	2007 年	2010 年
制造业—制造业	3.09	2.87	4.02	2.92
制造业—物流业	3.61	3.38	6.59	5.902

以上表格说明在制造产业发展中，物流服务产品的投入带来的间接消耗明显高于物流投入带来的间接消耗，也就是说物流效益不仅仅表现在直接效益上，很多时候表现在间接的经济效益上。

我们还可以看出，2002 年、2005 年、2007 年、2010 年物流业对制造业的完全消耗系数分别是直接消耗系数的 3.61 倍、3.38 倍、6.59 倍、5.90 倍，并且分别都高于物流业对物流业的完全消耗系数是直接消耗系数的倍数（1.51 倍、1.60 倍、2.09 倍、2.49 倍），如表 6－10 所示。

以上分析表明，在促进物流业的发展中，制造业的投入带来的间接效益大于物流业本身投入带来的间接效益，北京市物流业的发展依赖制造业发展带来的间接效益而发展。

表 6－10　各年份物流业—制造业、物流业—物流业的完全消耗系数与直接消耗系数的比值

	2002 年	2005 年	2007 年	2010 年
物流业—制造业	3. 61	3. 38	6. 59	5. 90
物流业—物流业	1. 51	1. 60	2. 09	2. 49

6. 3. 3. 3　物流业与制造业的影响力系数以及感应度系数

1. 影响力系数

影响力系数是反映当国民经济中某一产业增加一个单位的最终使用时，对国民经济各部门所产生的生产需求波及程度。当影响力系数大于 1 时，则表明该部门的生产对其他部门所产生的波及影响程度超过社会平均影响水平；当影响力系数等于 1 时，则表明该部门的生产对其他部门所产生的波及影响程度等于社会平均影响水平；当影响力系数小于 1 时，则表明该部门的生产对其他部门所产生的波及影响程度低于社会平均影响水平，显然，影响力系数越大，该部门对其他部门的拉动作用越大。利用投入产出序列表计算得出各部门的影响力系数如表 6－11、图 6－5 所示。

表 6－11　物流业与不同层级制造业的影响力系数

	2002 年	2005 年	2007 年	2010 年
低技术产业	0. 95749	0. 95663	0. 81608	0. 85482
中低技术产业	0. 71596	0. 70870	0. 75112	0. 78028
中高技术产业	1. 07808	1. 14619	1. 10358	1. 09006
高技术产业	1. 37854	1. 18702	1. 32057	1. 11476
物流业	0. 86991	1. 00144	1. 00863	1. 16007

通过表 6－11 和图 6－5 可以得到以下结论：

（1）整体上，北京市物流业以及制造业中不同技术层级的制造产业的影响力系数从 2002—2010 年都在不断的变化，说明不同技术层级的制造业包括物流业之间的相互影响程度都在变化，各个部门在国民经济整体发展中的地位也在不断调整。

（2）2002—2010 年，北京市低技术产业的影响力系数呈下降趋势，说明

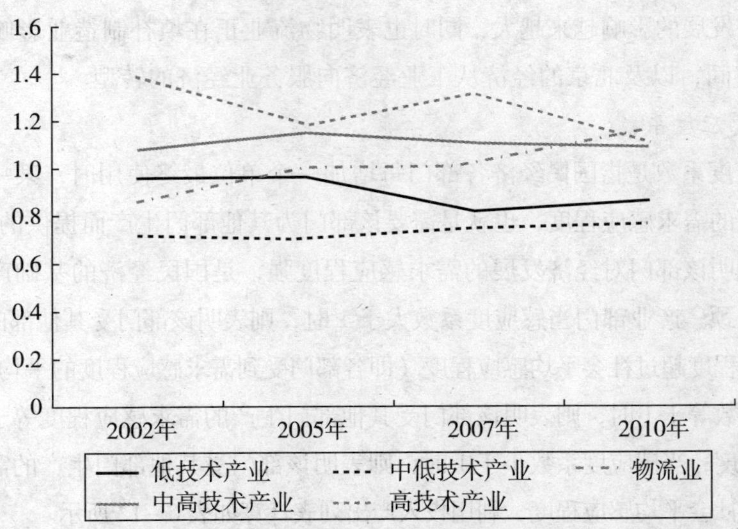

图 6－5　2002—2010 年物流业与不同层级制造业的影响力系数变化

低技术产业对北京市经济总体的影响在降低，绝对数值上来看其影响力系数在 0.82～0.96，说明了低技术产业的生产对其他部门所产生的波及影响程度低于社会平均影响水平，即对包括物流业在内的其他产业拉动力不大。中低技术产业的影响力系数总体趋势平稳，变化不大，但绝对数值上看中低技术产业的影响力系数在 0.71～0.78，说明中低技术产业对北京市其他产业的带动作用较小即对北京市经济发展的拉动能力不强。中高技术产业近十年来的变化趋势同中低技术产业相同，总体平稳，变动较小，不同的是中高技术产业的影响力系数均在 1 以上，浮动在 1.08～1.15，在绝对影响力数值上大于 1 的还有高技术产业，2002—2010 年在 1.15～1.38 变动，这表明相比较低技术含量的传统制造业，先进制造业对其他产业的影响程度更高，北京目前正处于工业化中后期，制造业的产业结构在逐步调整，从低技术含量的传统制造业向先进制造业转型。但同时我们可以看到随着时间推移，高技术制造业的影响力系数也有下降的趋势。

（3）2002—2010 年北京市物流业的影响力系数总体呈逐年上升态势，绝对数值浮动在 0.87～1.16，对其他部门所产生的波及影响程度基本与社会平均影响水平持平。2002 年物流业的影响力系数为 0.87，说明对北京市经济发展的带动比较小，与制造业联系不够紧密。但 2010 年北京市物流业的影响力系数已经上升到了 1.16，说明物流业对北京市其他产业的带动能力在不断上升，对北京国民经济发展的影响越来越大，同时也表明物流业正在填补制造业影响力系数下降的空间，以及北京的经济从工业经济向服务业经济的转型。

2. 感应度系数

感应度系数是指国民经济各部门每增加一个单位最终使用时，某一部门由此而受到的需求感应程度，也就是需要该部门为其他部门生产而提供的产出量。系数大说明该部门对经济发展的需求感应程度强，是国民经济的基础产业部门或者是瓶颈。产业部门当感应度系数大于1时，则表明该部门受其他部门生产的需求感应程度超过社会平均感应程度（即各部门受到需求感应程度的平均值）；当感应度系数等于1时，则表明该部门受其他部门生产的需求感应程度等于社会平均感应程度；当感应度系数小于1时，则表明该部门受其他部门生产的需求感应程度低于社会平均感应程度，利用投入产出列表计算如表6-12所示。

表6-12　2002—2010年物流业与不同层级制造业的感应力系数

	2002年	2005年	2007年	2010年
低技术产业	0.72905	0.71118	0.52422	0.56356
中低技术产业	1.19826	1.13316	1.38514	1.03724
中高技术产业	1.2705	1.48248	1.29702	1.22798
高技术产业	1.23327	1.04602	1.00351	0.88990
物流业	0.56890	0.62714	0.79009	1.28129

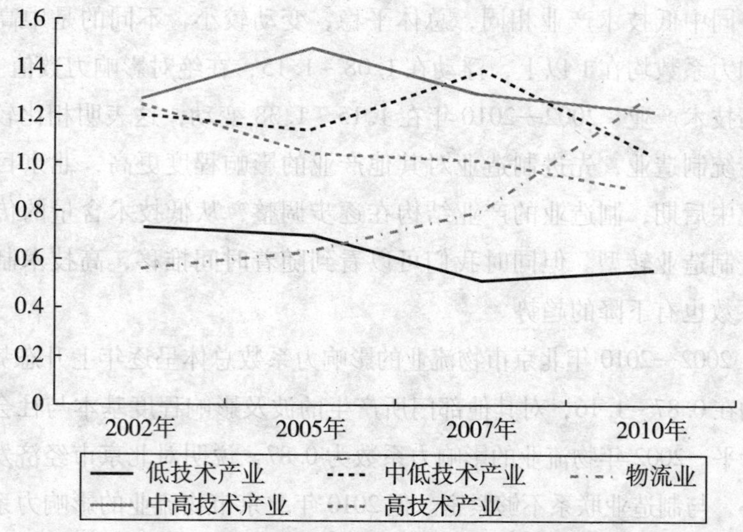

图6-6　2002—2010年物流业与不同层级制造业的感应力系数变化

由表6－12以及图6－6可以得到以下结论：

（1）北京市中低技术产业与中高级技术产业的感应度最大，分别在1.04～1.39，1.23～1.48，表明该部门受其他部门生产的需求感应程度超过社会平均感应程度，说明了中低技术产业和中高技术产业仍然是北京市国民经济的支柱。代表传统制造业的低技术产业的感应度系数是最低的仅为0.52～0.73，远远低于北京市社会平均感应程度，并且随着时间推移，其感应度系数有明显的下降趋势，说明低技术产业在北京市国民经济中的地位在不断下降。在高技术产业感应度系数的绝对数量上，2002年为1.23，2005年为1.05，2007年为1，2010年为0.89，可以看出虽然在2010年之前高技术产业的感应度系数在1附近达到了社会平均感应程度，但高技术产业在北京市国民经济中的地位并不凸显，其他产业发展的同时并没有带动高技术产业的发展，同时高技术产业的感应度系数总体呈下降趋势，并在2010年跌破到了1以下，因此需要加强以物流业为代表的生产性服务的发展力度，进而带动北京市高端制造业的发展。

（2）北京市物流业2002年、2005年、2007年的感应度系数低于社会平均值1，分别只有0.57、0.63、0.79，说明北京市国民经济各个部门增加一个单位的最终使用，物流业需要增加的供应量远不到社会的平均水平，物流业对包括制造业在内的其他生产部门的约束力比较弱。但同时我们可以看到2010年物流业的感应度系数达到了1.28，增长较快，超过了社会平均感应系数，因此表明随着时间的推移，物流业的感应度系数在不断地上升中，近些年来对北京经济的发展作用越来越大了，地位在不断提升。

综合各层级的制造业与物流业的影响能力和感应能力来看，在物流业方面，其影响力系数大于感应力系数，即北京市物流业对北京市国民经济的推动作用要大于受到国民经济发展后的拉动作用，因此北京市物流业应主动大力发展，从而带动其他产业的发展，而不是等着国民经济其他产业部门的发展来拉动物流业的发展。中低技术产业与中高技术产业的感应能力大于其影响能力，表明其基础性产业的作用明显或者对于其他产业发展的制约能力明显。高技术产业同物流业一样，其影响能力大于自身的感应能力，说明高技术产业的主动发展能够有效地推动其他产业的发展。

6.3.4 对北京市物流业与制造业、其他生产性服务业互动发展的建议

（1）进一步提高北京市政府的鼓励作用，提高社会各界对物流业与制造业以及其他生产性服务业互动发展作用的重视。市政府应积极推动物流业与制造业以及其生产性服务业之间的合作，为其产业间的互动发展创造有利的政策环境。例如，为其之间的合作构建平台、创造机会，出台产业引导政策，促进其融合。尤其应该加强信息沟通平台的建设，实现信息共享，因为信息沟通是产业间融合以及互动发展的前提。

（2）结合北京市着力发展高端现代制造业，加快向生产性服务业主导型经济转变的政策定位，应努力打破传统观念，鼓励制造业与物流业分离，并通过制造业和物流业的联动发展来整合资源，进而增强物流业和制造业各自的核心竞争力。采取措施解决物流服务供需结构性矛盾问题，促进物流业与制造业共同互动发展，提高物流技术的发展水平，创新物流服务模式，多角度地参与到制造业和其他生产性服务业企业的供应链管理中。

（3）着力促进物流产业和高端制造业之间的互动。北京市物流业的发展对于制造业中的低技术制造业、中低技术制造业的需求量较大，表明北京市物流业的发展目前仍是对非知识密集型类制造业的需求较为突出，对高端制造业的需求处于较低水平。同时，近来年北京市物流设备的数量增长缓慢，物流设备的技术含量不高，进而导致了高端制造业对物流业的需求也呈下降趋势。应积极地加强物流业与高端制造业之间的信息、物质以及能量的交流，在自身良好发展的前提下相互促进、共同发展，进而使双方效益最大化。

（4）着力提升物流产业和商务服务业以及金融业的融合。北京市物流业的发展对于生产性服务业中的商务服务业、金融服务业的需求量较大，同时金融服务业、商务服务业的发展对于物流的需求也较为显著。物流业的发展内生金融需求，良好的金融发展水平又为物流业的发展提供更多机遇。物流的发展促进金融工具、金融制度、金融监管的创新，同时物流业在不断发展的过程中也需要金融部门的大力支持，可表现在金融发展对物流的资金保障作用，对物流的监督作用等。作为高附加值的商务服务业能够强烈支撑北京市物流业的发展壮大，为物流业的发展起到重要的支撑作用，同时物流业的

大力发展也能够促进商务服务业发展模式的创新，更能拓展其服务的范围。

6.4 制造业的典型行业与物流业的联动发展策略研究

6.4.1 物流业与制造业常见联动模式

1. 在未整合基础上将部分物流业务外包模式

该模式是最简单的联动模式，制造企业实施自营为主，物流业务未能整合，但由于制造企业自身能力的局限，需要将部分物流业务（如仓储、运输等）外包给物流企业。这种联动模式是我国绝大部分国有制造企业与物流企业的合作方式。

制造企业通过将部分物流业务外包给专业的第三方物流企业，可以充分发挥第三方物流企业的自身优势，从而节省制造企业资金、技术及人员等方面的投入，达到提高效率和质量的目的。

2. 在整合的基础上将部分物流业务外包模式

该模式有两种，一种是制造企业成立专门的物流管理中心，负责对制造企业物流管理职能和设施进行整合，在此基础上将部分物流业务外包。

制造企业通过整合物流资源而将部分物流业务外包的模式使制造业在节约物流相关设施的投资和管理成本的同时，又可以保证其对物流的控制，避免了可能出现制造业受制于物流企业的情况。当然，这也会促进物流企业提升自身的服务质量和水平。

3. 制造业剥离物流系统，成立独立运营的物流子公司模式

该模式是制造企业将物流部门从母公司分离出去，成立一个独立的子公司，子公司主要为母公司服务，但同时又可以承担外部企业委托的业务。这种模式一般适合于大型的制造企业。目前，我国已有不少企业使用该模式。

制造企业将物流部门剥离出去，成立独立的物流子公司，可以为企业提供更好的物流服务，同时子公司还可以对外承接业务，提升了物流相关设施的利用率，使其效能最大化。这种模式既有利于制造企业的发展，也可以提高物流企业的运作能力，提升其物流服务水平。

4. 制造企业与物流企业合作组建物流公司，实施战略联盟模式

该模式即制造企业通过与物流企业结成战略联盟，通过联合投资成立物

流公司或制造企业持股或控股的方式，集中联盟各方的物流资源，利用先进的管理方法和信息技术，达到流程的优化，进而节省客户的总体物流成本，提高物流服务的水平。

制造企业与物流企业共同投资建立物流公司，由专用设施为供需双方提供生产或物流等相关方面的服务，进而开展深入合作，利益共享，风险分担，使供需双方真正成为一个利益的共同体。

5. 与第三方物流合作的物流业务全部外包模式

该模式是一种完全意义上的社会化物流模式，在该模式下，制造企业将本企业的物流业务全部外包给第三方物流，第三方物流企业接管制造企业的物流系统并雇用原企业的员工，物流企业可以从供应链角度对制造企业的物流流程进行整合。

制造业通过将物流业务全部外包给第三方物流企业，可以精简制造企业的组织机构，有利于实现扁平化管理；同时也可以使制造企业减少固定投入，把精力集中于主营业务。在物流业务全部外包过程中，制造业一般不会只选择一家第三方物流公司，而是选择多家物流企业作为合作伙伴，这样可以防止制造企业因对物流失控而受到牵制。

6.4.2 高技术产业与物流业的联动发展策略研究

北京市“十二五”规划纲要提出：“着力发展高端现代制造业，改造提升传统制造业”，“促进经济结构由服务业主导向生产性服务业主导升级，打造服务区域、服务全国、辐射世界的生产性服务业中心城市”。强调“‘十二五’期间，本市将大力发展高端现代制造业，培育壮大一批现代产业群。高端现代制造业产品高集成度、高附加值的特点，要求物流系统具有运作的精益性和响应的时效性。高端现代制造业区域化、全球化发展，以及企业间战略联盟体的壮大，为以供应链物流为代表的专业化物流发展注入了强劲动力”。结合北京市“十二五”规划的政策导向，以及上一节运用投入产出法得出的结论，本节选取了代表高技术产业的通信设备行业进行两业联动的案例分析。

6.4.2.1 企业基本情况及项目背景

1. D 企业基本情况

D 企业是国内领先的企业级网络、通信、终端设备、视频应用产品及系统解决方案供应商，多年来始终坚持自主创新和行业应用，致力于中国的信息化事业发展。基于强大的自主创新能力和对行业需求的深刻理解，D 企业在相关的产品领域实现了跨越式的发展，在教育、电信、金融、邮政、政府、企业、医疗、军队、交通等信息化建设领域为用户提供最全面、周到的应用解决方案。

2. E 企业基本情况

E 企业是集物流方案策划、货运代理、普通货物运输、集装箱运输、三级危险品运输、仓储配送和货物包装分拣、汽车维修检测功能为一体的第三方物流企业。其经营场所 60 多万平方米，自有运输车辆 1000 多部，员工 6000 多人，拥有 6 个片区物流中心。布设 200 多家分公司，开设 40 多条省际特快直达专线，经营网络覆盖全国。

3. D 企业与 E 企业联动背景

D 企业成立之初，生产品种不多，生产成品的仓储作业较为简单，可以直接从现有工人中转岗完成；随着公司产品线的增加，各产品线的用户群体对 D 企业的销售物流服务要求也在提高和细分。为此，公司物流部从实际出发，审定销售物流运作模式：销售物流外包 + 物流信息自有管理 + 仓储自营管理。

D 企业属于制造商组装型企业，其物流网络属于制造商组装型物流网络，产品在制造商处完成组装、测试，分销商只负责产品的销售。该网络结构如图 6 - 7 所示。

电子信息产品物流是为电子信息产品提供的物流服务，它包括了电子信息产品的运输、储存、装卸、搬运、包装、流通加工、配送、信息处理等活动。D 企业的销售物流也符合一般电子信息类产品物流的基本特征，电子信息产品物流活动通常表现出以下特点。

（1）产品规格种类多。无论电子原材料还是电子信息终端产品，其产成品均具有产品规格型号多等特点。电子信息产品的这一特点使电子信息产品物流涉及多种产品规格，必须进行合理的包装和运输配载计划，才能提高物流效率。同时，电子信息产品生产过程中涉及的原材料种类、型号众多，单件体积小，极少整托盘或整箱出货，这就为电子信息产品原材料分拣作业增加了难度，使其精确性和出入库效率受到影响。

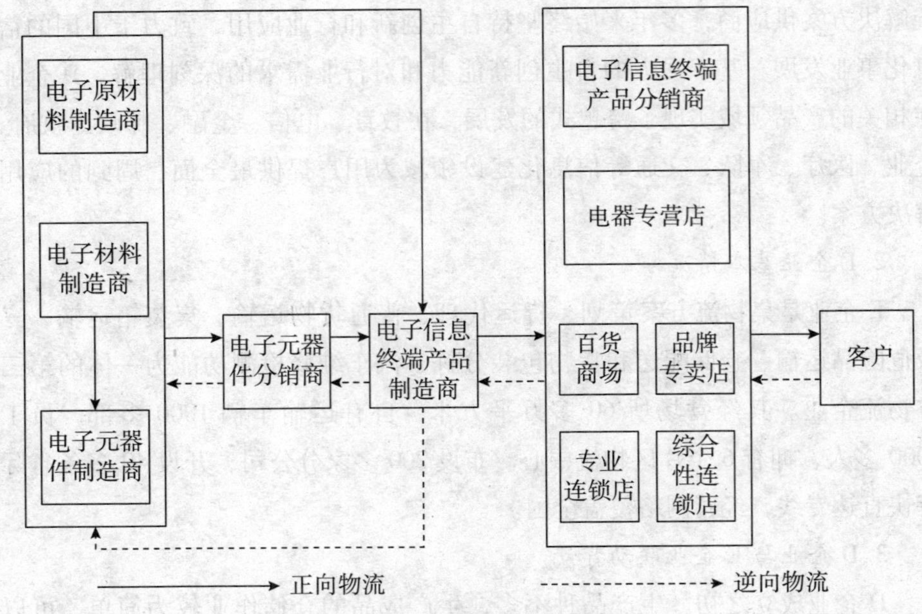

图6－7　D制造商组装型物流网络

（2）产品附加值高，物流安全性要求高。电子信息产品中包含大量的电子元器件，价值含量高而且容易破损，这一特征对电子信息产品的库存、运输等物流环节提出了很高的要求。

（3）物流管理需要实现质量可追溯。在电子信息产品的生产和使用过程中，每个电子原材料的质量通常都会影响整个电子设备的质量。因此，电子信息产品制造商，尤其是电子原材料制造商的客户通常对产品的质量和可靠性要求很高，要求生产企业能够对原材料、半成品和产成品进行质量跟踪追溯。为满足这一要求，就需要电子信息产品制造商通过对物流和生产过程进行批号管理，对产品质量的每个节点都进行严格的控制，实现质量可追溯，确保产品质量。

（4）针对电子信息终端产品的准时制物流系统得到充分运用。由于电子信息终端产品是创新型产品，技术更新快、产品生命周期短，为保证产品生产与配送的效率，降低成本，提高生产柔性，实现“以销定产”的快速反应机制，电子信息终端产品生产企业通常采用准时制管理理念进行采购、生产和配送。

6.4.2.2　项目实施前D企业物流状况分析

项目实施前，D企业的运作模式基本保持制造业的常规方式，生产部门按照生产进度进行产品生产，入库分类；销售部门根据销售情况制订出库计划，提交库管，库管核实库存，修正出库计划，确认出库货品。目前存在的问题如下。

1. D企业产品种类复杂，对物流服务要求高

D企业主要生产企业级网络、通信、终端设备、视频应用等产品，此类产品品类繁杂，外包装区分度低，产品附加值高，运输、仓储、装卸和搬运的安全要求高。

2. 生产和销售矛盾

市场变化迅速、信息反馈不及时、生产周期的必然性等众多因素导致多重约束条件综合作用于整个出库计划，是生产和销售矛盾的集中表现。

3. 制造业与车辆调度的矛盾

双方直接经办人员受限于自身资源，无法全盘掌控整体配送活动，有效沟通程度低。经常出现运输公司配送车辆已经抵达，D企业的产品尚未出库，延迟等待；或者D企业的产品已经出库，运输公司尚未将车辆调配到位；更有甚者，车辆装满后，发现少量货品无法装车，不得不滞留或者为仅占承载量10%的货物单独派车。这些矛盾涉及物流供给双方的很多部门，一度导致矛盾升级。

4. 货物送达要求高

D企业所有客户采用直发运输模式，到货城市近2000个，无论热线还是偏线，物流公司必须按要求将货物送达。

6.4.2.3　项目的实施

为确保有效合作，双方高层开始建立物流对口人员进行了反复与严谨的分析论证，并探讨解决办法，合作向纵深领域拓展，先从实施销售正向物流开始操作，逐步深入，方案及步骤如下。

第一步：建立专员机制。

E企业为D企业配备专职业务专员，全面了解D企业生产进度和销售计划，优先调用E配送车辆，保证派车的准确性和时效性。

第二步：拆解分库。

D企业产品品类众多、品种复杂，库存成本高（在未联动前D企业为满

足客户需要在一些省会中心城市设立了分仓库），这部分是D企业始终无法降低的费用支出。经过深入分析，双方采用了拆解分库的作法。

(1) E企业在全国大部分一二级城市都设有网点与仓库，这些网点基本覆盖了D企业的销售网络，E企业在干线运输时效上的优势为D拆解分库提供了有效保障。

(2) E企业在各网点都有自有的仓库，为D企业的应急出货和临时囤货提供了条件，D企业可使用E企业现有的资源（仓库与仓管），而不用专门租用分库和聘请仓管，而为满足客户的要求，E企业除了提供必要的仓储与人力资源以外，还根据D企业的物流需求、产品特性等，制定了相应的产品仓储配送作业相关标准与规定，确保根据D企业的销售进度，进行分拣和二次包装等物流活动，完成配送等任务。这样一来不仅降低了运作成本，还提高了运作时效。

这一做法是"零库存"概念的基础，经过较长的磨合过程，为后期更为深入的合作打下坚实的基础。

第三步：介入制订生产计划，提供采购物流服务。

(1) 介入制订生产计划

市场是瞬息万变的，而物流活动需要一定的周期，必然出现产品上市后某种程度的相对滞后，这也正是D企业的自身生产与销售矛盾的瓶颈所在。

经过对各种行业的深入调研，依靠强大的自营网络和先进的物流信息平台，E企业创造性地提出了"利用E企业网络实现货物动态调度"理念。该理念一经提出，立刻得到D企业生产和销售部门的一致认同。

E企业为D企业和其终端客户提供动态调度的解决方案，既拓展了D企业的业务领域，又可以帮助其终端客户按需收货，降低库存压力，提高资金利用率，最重要的是能够降低制造业内部链条上的产需矛盾。

依据方案，D企业的终端客户直接向E企业提出供货要求，E企业即时响应终端客户申请，统计D企业货物在各调拨中心的存货情况，锁定最近分拣中心的存货。如存货不足，则向D企业生产调度部门发送供货需求，预计生产及物流周期，反馈至终端客户，并预存该申请。

物流过程中，终端客户可以随时提出退单申请，经D企业确认后，该供货需求即刻停止，货源解锁可以再次响应需求，实体货物就近入仓，待调拨。

待其他终端客户需求时，存货重新进入物流过程。

通过参与出货计划的制订工作，E 企业能够为 D 企业提供一整套物流运作支持，降低业务调度工作量，最大限度降低人力成本、物流运作的管理成本和车辆购置成本，并明显提高货物出厂和运输时效性。并且，E 企业利用自身信息系统，可以实时监控货物在途状态，并预计送抵时间，最大限度缩短运输周期，缩短产品进入市场的时间，加速企业资本流通，提高经济效益。

(2) 采购物流

D 企业对零部件及外购件的采购随着企业经营水平的提高而不断提出更高的需求，E 企业在参与目前 D 企业生产销售出库的物流运作基础上，积极响应其在采购物流方面提出的需求，按照 D 企业供货商所在地的分布区域，根据 D 企业在采购运作方面的操作要求制订了针对性的采购物流运作流程。

①项目专员制

从接收供应商的出货指令到调派车辆接货，从装运发货到卸货配送到达收货方，E 企业实施项目专员制，对采购物品进行全过程跟踪，保证采购计划的及时性和准时性。

②及时响应配送指令

D 企业的供应商在接到 D 企业发出的采购计划后，定时定量发出货物并下达配送指令至 E 企业，E 企业第一时间响应指令，派出配送车辆。

③集货物流

由于 D 企业供货商位于多个不同区域，E 企业引进集货物流模式，即用同一运输车辆从多个供应处提取零配件的操作模式。具体运作方式是每天接到供应商出货指令后，通过 GPS 定位系统查找距离第一个供应商最近的车辆，到第一个供应商处装上准备发运的原材料，然后按事先设计好的路线到第二家、第三家，以此类推，直到装完所有安排好的材料后返回，这样做省去了所有供应商自己配送所造成的空车返回的浪费，同时使物料能够及时供应，发运货物少的供应商不必等到货物积满再发运，可保持较低的库存，按时出货。

第四步：零库存。

E 企业为客户提供的不仅仅是物流服务，更是立足于客户利益的需求满足。当全面深入介入 D 企业生产销售业务之后，E 企业将视线提升到更为完善的服务层次，突破性地向D企业提出“零库存”概念。

虽然，在合作的第二个阶段，E企业逐渐接管D企业的仓储业务，但是所涵盖的范围还是有限的，D企业出于对自身产品供货安全的考虑，仍然保留了70%以上的自营仓储。

于是，E企业考虑将库管的服务进行横向延展，为D企业提供“固定班车”服务，定时、定班次在流水线末端等待产品下线，保证下生产线产品绝无滞留。承接下生产线的产品，必然要保证产品包装符合出厂要求，E企业计划为D企业的货品提供额外包装服务。这些包装的作用仅仅是保证运输途中的货品安全，普遍采用泡沫充填、木箱加固的方式，可以做到全程零货损。由于这些包装的单一作用，损耗相对较小，包装材料具备可循环使用的可能性，因此，E企业也准备在这一服务项目上尝试逆向物流，降低成本，低碳化发展。一旦建立起有效模式，可以迅速推广至其他服务方面，必将节省大量资源，实现经济效益和社会效益的双赢局面。

第五步：争取介入逆向物流业务，构建电子制造行业闭环供应链。

（1）针对D企业的逆向物流

第一，从消费者开始的产品逆向流动。

①由于产品运输造成的损坏而引发的退货；

②由于产品设计或生产过程中造成的产品缺陷而引发的退货；

③由于消费者因产品的外观、型号、功能不满意，或使用操作过程中不便等原因而引发的退货。

第二，从D企业自身开始的产品逆向流动。

①由于市场需求的不确定和生产销售预测的不准确或是销售后的剩余产品而引发的退货；

②由于采购零部件的质量或型号的错误而引发的退货。

（2）构建电子制造行业闭环供应链

E企业与D企业逆向物流合作是建立在正向物流的基础之上的，当正向物流与逆向物流都运作成熟，将两者的物流活动进行合并，便之成为同一系统时，构建闭环供应链系统。闭环供应链系统的集中交会点有两个，即配送和维修更新，而配送功能的集中则与物流运作息息相关。正向物流配送与逆向物流配送的交会，构建闭环供应链系统，促进制造业、物流业的共同发展。

（3）闭环供应链操作方案

建立区域仓库，将正向物流及逆向物流（可包含采购物流）的运输产品集中于同一仓库并划分正、逆向运输产品存放区域。下一步对 D 企业供应商及收货方进行区域划分，并根据就近原则选择配送最短路径，在正向运输产品配送的同时可对就近范围内的供应商退货需求做出及时响应；另外，在完成送货任务后可根据不同供应商退货指令的下达时间，进行统一整合，制定出合理线路后逐个进行集货物流操作。

6.4.2.4 项目实施效果分析

D 企业与 E 企业的联动是制造企业与物流企业的全面合作，双方总结、制定出一整套符合市场需求及企业发展的物流运作办法，达到了互利共赢的效。

1. 对 D 企业而言

截至 2013 年 9 月，D 企业的物流外包率达到 70%，物流时效与服务质量得到广大经销商及终端客户的一致认可，扩大了电子产品的市场份额和销售网络，为 D 企业在电子市场保持每年高增长夯实了物流基础。

（1）建立了立体、高效的承运体系。从整体来看，运力充足，承运商进入良性竞争；及时供给，有力地支持了产品的市场销售，基本形成了时效快、中、慢以及成本高、中、低的架构，满足了不同市场的物流需求，建立了以综合承运商为主，专线、快运为辅的承运框架，形成与承运商良好的互动机制，为双方建立长期的战略合作奠定基础。陆、铁、空均有不同的承运商队伍，陆、铁、空不同的运输方式中也彼此存在线路竞争，形成了“安全、服务、经济、快捷”为基础的竞争氛围。

（2）克服外部市场环境变化（承运成本运价提升），有力支撑销售供货。通过与 E 企业的合作，物流成本得到明显控制，从 2011 年开始仅运费每年平均节约了 11%，货物通畅率达到 100%，货损率降到 0.06%，货运投诉率降到 0.2%，发货差错率降到 0.02%，物流服务质量明显改善。

2. 对 E 企业而言

三年来，E 企业的业务也在与 D 企业的合作中得到了覆盖面上的延展，而此前 E 企业业务较为薄弱的西南、西北等区域三线城市的运作能力也得到了大大提升，该区域增设运营网点 18 个。合作使 E 企业的货量更加充盈，提高了车辆实载率、周转率，运输线路和网点，从原有省内外各地级市拓展到各县市及部分乡镇，扩大了E企业在各地的客户群体，提升了其市场知名度和品牌影响力。

参考文献

［1］魏江，周丹．生产性服务业与制造业融合互动发展——以浙江省为例［M］．北京：科学技术出版社，2004.

［2］毕康．北京市物流业的投入产出分析［D］．北京：北京交通大学，2006.

［3］范久富．长三角地区物流产业联动发展对策研究［J］．物流科技，2006，29（131）：39－42.

［4］叶茂盛．现代物流业与制造业升级互动关系探析［J］．市场周刊，2007（10）：62－63.

［5］吕涛，聂锐．产业联动的内涵理论依据及表现形式［J］．工业技术经济，2007（5）：23－24.

［6］施同兵，简晓彬．论产业联动对可持续发展的作用——以江苏为例［J］．生态经济（学术版），2007（2）：37－39.

［7］李虹．制造业与物流业联动发展对策分析——以辽宁省为例［J］．生产力研究，2009（10）：10－11.

［8］张传玉，孙文军，李辉．加快日照市制造业与物流业联动的发展策略［J］．商场现代化，2009（3）：53－55.

［9］王茂林，刘秉镰．制造业与物流业联动发展中存在的问题与趋势［J］．现代管理科学，2009（3）：6－7.

7　基于系统动力学视角的物流企业服务创新研究

近年来，随着物流业的迅速发展，市场竞争的不断加剧，物流服务由单一性向多样化、系统化进行转变，对物流服务创新的需求也越来越迫切。物流服务创新活动的一个显著特征就是系统性，通过将系统动力学应用于物流服务创新领域，可以较为深入地从定性和定量的角度分析物流服务创新的动态发展运行机制，进而对制定物流决策提供辅助和参考。

7.1　系统动力学相关理论研究

7.1.1　系统动力学概述

系统动力学（System Dynamics，SD）是一门对信息反馈科学进行研究的学科，它是系统科学的一个分支，也是一门沟通自然科学和社会科学领域的横向学科，实质上就是分析研究复杂反馈系统的计算仿真方法模型。系统动力学的理论基础是系统结构、信息传递、自动控制等。系统动力学包含系统论、信息论、计算机模拟、控制论、管理决策等学科属性的知识体系，能够解决多种复杂系统问题，能为各类、各种决策提供有效的参考。系统动力学在宏观经济、项目管理、学习型组织、物流与供应链管理以及公司战略管理等领域取得广泛的应用，且获得良好的效果。该方法的原理是系统结构对系统功能起决定作用的理论，运用该理论将系统结构的呈现构建出因果关系模型，采用反馈—调节—控制的原理准确反映系统的行为，并且最终采用建立计算机仿真模型的方法，借助计算机仿真对非线性、高阶次、多重反馈系统的系统分析技术进行定量研究，实现结构、历史、功能相结合。

7.1.2 系统动力学的基本原理

系统动力学模型建立的基本原理主要有：因果关系图、模型流图及模型的组成等。

7.1.2.1 因果关系图

由于系统内部各要素间存在相互联系、相互影响，因此可以通过描述要素间的因果关系来描述系统各要素之间的关系。在系统动力学方法中，就是应用因果关系来描述系统各要素间的关系。因果关系由以下几部分组成。

1. 因果关系

因果关系是指由原因产生某结果的相互关系，是系统动力学方法建模的基础，是对复杂系统的要素与关系的真实写照。从哲学角度讲，原因和结果是揭示客观事物的因果联系的重要哲学概念，它们是客观事物普遍联系和相互作用的表现形式之一。原因是某种事物或现象，是造成某种结果的条件；结果是原因所造成的事物或现象，是在一定阶段上事物发展所达到的目标状态。

2. 因果键

通常因果关系是用一个箭头表示的。例如，系统中的两个要素 A 和 B，图 7－1 表示了这两个要素间的因果关系，A 是原因，B 是结果。这种有箭头的线条称为因果关系键，简称因果键。如果 A 增 B 也增，则称 A、B 间具有正因果关系，并用“＋”标在因果键旁边，如图 7－1（a）所示。同理，图 7－1（b）表示的是负因果关系，该键称为负因果键，说明 A、B 变化方向相反，A 增 B 减，负因果键用“－”标出。

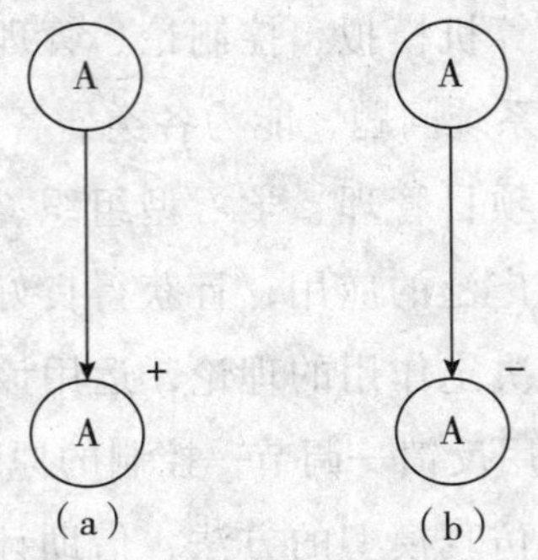

图 7－1 两个要素间的因果关系

3. 反馈环

因果关系环图是指由两个或两个以上的因果关系连接而成的闭合回路图。它定性描述了系统中变量之间的因果关系。两个以上的因果键首尾相连呈环状，被称为因果反馈环，如图 7－2（a）所示。因为因果键有正负之分，因此，由这种带极性的因果键串联而成的反馈环也必然有正负反馈环两种。系统动力学认为，系统的性质和行为完全取决于系统中存在的反馈。如 7－2（b）所示的为正反馈环，如图 7－2（c）所示的为负反馈环。

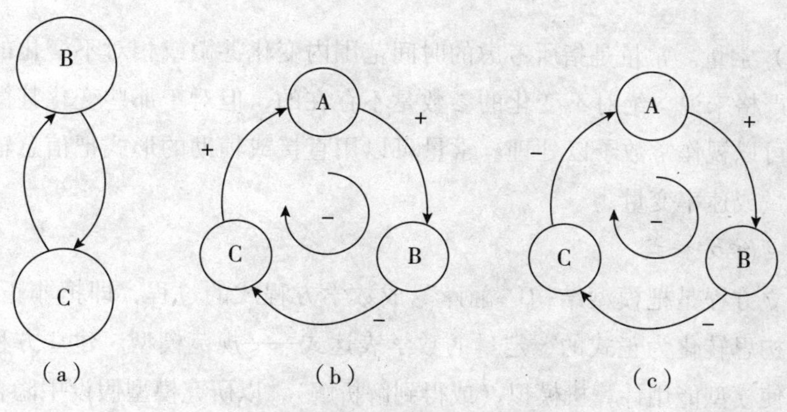

图 7－2　反馈环

7.1.2.2　模型流图

系统动力学在充分考虑到动态系统实物或信息“流动”的基础上，提出了系统动力学“流图”结构。系统动力学流图并不拘泥于动态系统的数学描述，而是把重点放在给系统内部实物或信息之间的相互关系上。如果和定量描述相结合，就给出动态系统状态的全部时间行为。

7.1.2.3　系统变量与方程式

1. 系统变量

系统动力学常用的变量有以下几种。

（1）水平变量。水平变量符号是表示水平变量的积累状态的符号，它是 SD 模型中最主要的变量，又称为状态变量。它由五部分组成，即：输入速率、输出速率、流线、变量名称及方程代码。

（2）速率变量。速率变量符号是表示水平变量变化速率的变量。它能控制水平变量的变化速度，是可控变量，又可称为决策变量。在数学意义上，速率变量反映了导数的概念，因而它是不能瞬时观察的。它由三部分组成，即：输入信息变量、变量名称及方程代码。

（3）辅助变量。辅助变量符号是辅助水平变量的变量。在理论上，系统动力学只需要水平变量和速率变量，加上系统的初始状态就可以确定动态系统的全部过程。但在使用上常常还需要某些中间结果，例如，对系统信息量的理解或计算机仿真输出等，因而又引出了辅助变量这一概念。

（4）外生变量。制约着内生变量，但又不受内生变量制约的变量称为外生变量。

（5）常量。常量是指所考虑的时间范围内变化甚微或相对不变化的系统参数。严格来说，绝对不变化的参数是不存在的，但对于那些变化甚微的参数，都可以视作常数予以处理。常量可以用直接或辅助的形式把信息输入到水平变量或速率变量。

2. 系统方程式

建立方程是把模型结构“翻译”成数学方程式的过程，即把非正规的、概念的构思转化为正式的、定量的数学表达式——规范模型。建立方程的目的在于使模型能用计算机模拟（或得到解析解），以研究模型假设中隐含的动力学特征，并确定解决问题的方法与对策。

7.1.3 系统动力学的相关理论研究

1. 国内关于物流与系统动力学结合方面的研究

管卫华、杨伟、向军、王书翰对德阳市旌阳区进行区域物流系统分析，然后运用系统动力学方法，得出区域物流系统动力学模型的基本因果关系图，并进行了定性的分析，为政府的宏观决策提供了理论依据。陈畴镛、蔡小哩建立了区域经济与第三方物流互动发展的系统动力学模型，分析区域经济与第三方物流之间的相互制约、相互促进的关系。通过模型对实际区域进行仿真、检验，并根据模型仿真的结果，探讨了促进第三方物流与区域经济互动发展的途径与措施。陈治亚、刘立存主要介绍物流安全库存确定的新方法——系统动力学方法，建立安全库存系统动力学模型，对该模型进行运行及结果分析。曹明秀、关忠良、穆东、卞文良从资源型企业拥有的物流资源优势出发，构建了资源型企业物流与资源型城市物流耦合系统，对资源型城企物流耦合进行系统动力学模型设计，建立了耦合系统的系统动力学模型，通过对济宁市和兖州矿业集团的实际情况进行模拟和运行结果分析，从物流角度为资源型企业下一步的转型和发展提供了参考。罗建锋分析了物流系统的内涵及其复杂性，并对物流系统进行了界定，论证了系统动力学在物流系统中应用的可行性。孟范祥、张文杰、杨春河在系统因果分析的基础上建立了基于系统动力学的物流企业变革理论模型，并利用模型模拟了惯性、学习投入、学习效率、匹配等参数对变革系统动态行为影响路径和企业变革的行为模式，验证惯性影响机制的实现路径及其适用范围，为“实验”各种促进物流企业变革成功的政策的可行性，探索推动企业变革成功的关键“杠杆因素”奠定了条件。戴世青将系统动力学方法应用于物流运输这个复杂的系统当中，建立模型，对现实情况进行模拟，以为物流企业提供定量的可持续发展预测分析，达到辅助企业科学决策的目的，引导物流企业沿着正确的方向发展壮大，提高物流企业生存竞争的能力，并进一步促进物流企业管理的科学化与现代化。赵美、王海宽、王立欣将物流各子系统看成一个有机联系的整体，通过调节系统运行机制和各子系统参数值，达到降低物流系统运营成本的目的。该模型为物流成本的核算提供了一种新的思路与方法。孙新波、齐会杰、罗能对 FT 公司物流组织系统进行了研究，FT 公司物流组织创新系统是以内外部环境变化为原因，以物流资源和物流能力为基础，以组织学习和物流知识的存量为支撑的内在创新发展行为，同时这种行为又受到组织内部的认知惯性和行为惯性的阻碍。华光、范敏、孙东泉、李嫄从联盟组织内涵出发，综合考虑物流战略联盟自身的特性，研究其组织演化的机制，并采用系统动力学方法建构物流战略联盟的自组织演化方程，为物流企业选择战略合作途径与模式提供决策依据。

2. 国内关于服务创新与系统动力学结合方面的研究

贺丹丹针对公共图书馆服务创新动力系统建设问题，从协同观视角系统探讨了公共图书馆创新动力系统的协同内涵。应用系统动力学相关理论，初步构建了公共图书馆服务创新动力系统，并详细阐述了公共图书馆内部创新动力系统和外部创新动力系统两个子系统及其各构成因子相互关系，以期为公共图书馆服务创新动力系统建设提供参考，进而为公众提供更加优质的文化服务。马钦海、相辉认为知识密集型服务业（KIBS）提供知识服务的过程是一个知识创造和扩散的复杂过程，而作为外部知识源的知识密集型服务业在客户企业创新系统中发挥着重要作用。其作用机制主要体现在两个方面：一是作为创新来源，在提升知识密集型服务业自身知识存储和吸收能力的同时，在与客户企业进行交互过程中实现知识的溢出和转移；二是作为创新桥梁，能促进知识在客户企业和其他组织机构之间的流转和扩散。

3. 国外关于物流与系统动力学结合方面的研究

Tako、Antuela A. Robinson、Stewart 探讨了应用 SD 作为决策支持系统（DSS）查看 LSCM 性质和水平的建模问题。Mula、Josefa、Campuzano - Bolarin、Francisco、Díaz - Madroñero、Manuel、Carpio、Katerine M. 提出了一种基于系统动力学的仿真方法，对运营采购和运输计划在两级、多产品、多阶段供应链所构建模型的有效性进行了验证，通过比较结果，对提供的模拟、模糊多目标规划和系统动力学建立仿真模型。Liu、Zhixue、Xu、Juan、Yan Li、Wang、Xiaojing、Wu、Jianbo 使用系统的思维来解释和预测物流外包的成本，制定政策来减少风险的成本，采用捕获动态交互的物流外包系统动力学的方法和分析一些因素的影响在系统决策方面。

4. 国外关于服务创新与系统动力学结合方面的研究

Georgantzas、Nicholas C. Katsamakas、Evangelos 应用系统动力学（SD）仿真模型对严格的 DIS 理论贡献的破坏性创新进行扩散，该模型显示了破坏性创新扩散作为一个可复制的过程可以使业务增长为破坏性创新者，它建立在扩散过程中营销和流行病学的基础上，显示客户开关在细分市场被破坏性创新者利用的过程。Lin、Chin - Huang、Lin、Tse 探讨共同战略和条件关系服务创新和竞争优势三个方面，利用案例研究和文献研究，探讨竞争优势可以达到服务创新。利用系统动力学，分析系统的行为和因果反馈回路模型，本书概述了关键驱动因素，塑造竞争优势分成三个核心竞争力：对环境的反应能力、战略适应性、学习和创新能力。

7.2 物流企业服务创新的系统动力模型

7.2.1 物流企业服务创新

物流服务创新是指一切与物流服务相关或针对物流服务的创新行为与活

动，它通过新的或改进的物流服务产品，或在物流服务过程中采用新技术，或在物流服务中对现存技术的新应用等非物质制造手段来增加物流服务的附加价值。

传统的物流企业有运输、保管、配送、装卸、包装等基本服务。而现在的物流企业会提供一些增值物流服务，就是在提供基本服务的前提下，针对具体的顾客提供具体的服务。现在的物流企业以市场为中心，通过改变其原有的机制达到服务创新，使传统的物流企业获得了更大的市场空间，实现了可持续发展。物流企业服务创新不仅仅是企业内部的创新，还包括企业与外部伙伴建立并维持关系来进行创新。这就是所谓的网络视角下的服务创新，即导致创新的异质性资源不仅存在于企业内部，同样也可以通过与外部相关企业的彼此交往获得。由于快速变动的经济发展形势，企业单独进行创新变得越来越困难，而企业的外部伙伴所拥有的资源不同，这些处于网络中的伙伴之间资源互补、信息共享，有利于提高企业服务创新绩效。企业之间相互连接形成了网链型的系统结构，这为应用系统动力学进行分析提供了基础和前提，通过分析企业之间协同发展的创新机制，可以进一步明确物流企业内部以及企业与企业之间创新的影响因素和作用机制。系统动力学综合其各种因素，从系统的角度进行研究，更直观地表达了内外部因素对物流企业服务创新的影响，更加有条理性地解释了相互之间的关系。

7.2.2　物流企业服务创新的系统动力模型的建立

系统动力学模型是以定性与定量相结合的研究方法为基础，模拟系统的功能。它从系统的微观构造入手，通过建造反映系统基本结构的模型，进而对系统随时间变化的行为进行模拟研究。物流企业服务创新是在物流服务过程中，应用新思想、新技术，更新服务内容，从而达到增强企业竞争力的过程。与一些通过降低成本、提高竞争力的企业不同，物流服务创新通过提高服务质量，进行快速有效的服务，为客户带来新价值取得竞争优势。

本节选取了模型中的创新绩效、内生创新能力等指标，将其统一构建了系统动力学模型。基于 Lotka - Volterra 模型，建立了物流企业之间相互作用，相互影响的模型，通过建立数据模型，对物流企业之间服务创新因素之间的相互作用进行了定量研究。在本模型中，P_1代表企业 A 的创新绩效，a_1代表企业 A 创新绩效的固有增长，b_1代表企业 A 内生创新能力，c_1代表企业 A 动态能力作用系数，k_1代表企业 A 对 AB 关系的影响系数，相应地，其他变量代表企业 B 的相关因素。那么，建立的模型如下：

$$\begin{cases} \frac{dP_1}{dt} = a_1 + b_1 P_1^2 + c_1 (k_1 P_1 + k_2 P_2) P_2 \\ \frac{dP_2}{dt} = a_2 + b_2 P_2^2 + c_2 (k_1 P_1 + k_2 P_2) P_1 \end{cases} \quad (7-1)$$

最后，考虑企业数量为 N 的情况，微分方程式可以用下式来表示：

$$\frac{dP_i}{dt} = a_i + b_i P_i^2 + \sum_{j=1}^{n} c_i \left(\sum_{i=1}^{n} k_i P_i\right) P_j \quad i=1,2,\cdots n;\ j=1,2,\cdots n;\ i \neq j \quad (7-2)$$

其中，企业创新绩效是说企业采用新技术或者新思想，增加企业的价值，增强企业的竞争力。内生创新能力是指企业在其内部能够系统地完成与创新有关的各项活动的能力，通过改变技术，为用户提供满意的产品服务、有效的管理等，使企业在系统上获得一定的提升。企业动态能力是一种能够使企业不断创造出新的产品或服务以维持和更新企业的竞争优势，适应动态环境，促进企业不断成长的能力。

针对物流企业服务创新系统的研究，在构建系统动力学模型的基础上进一步深入探讨，并结合企业观的相关理论，运用 Vensim 软件建立了物流企业服务创新的系统动力学模型，从而对所研究的内容进行了更为细致的分析。为了更加直观表达当四个系数发生变化时，物流企业创新绩效随着时间产生的变化，本书将两个物流企业的初始创新绩效、创新绩效的固有增长、内生创新能力赋值相同。服务创新系统动力学的相关方程如下：

（1）A 与 B 之间的关系 = 企业 A 对 AB 关系的影响系数 × 企业 A 创新绩效 + 企业 B 对 AB 关系的影响系数 × 企业 B 创新绩效；

（2）A 的内生创新能力 = 0.002；

（3）A 的初始创新绩效 = 10；

（4）A 的动态能力带来的创新增长 = 企业 A 动态能力作用系数 × A 与 B 之间的关系 × 企业 B 创新绩效；

（5）B 的内生创新能力 = −0.002；

（6）B 的初始创新绩效 = 10；

（7）B 的动态能力带来的创新增长 = 企业 B 动态能力作用系数 × A 与 B 之间的关系 × 企业 A 创新绩效；

（8）FINAL TIME = 200；

（9）企业 A 创新绩效 = INTEG（创企业 A 新绩效的固有增长 + A 的内生创新能力 × 企业 A 创新绩效 + A 的动态能力带来的创新增长，A 的初始创新绩效）；

（10）企业 A 动态能力作用系数 = c_1；

（11）企业 A 对 AB 关系的影响系数 = k_1；

（12）企业 B 创新绩效 = INTEG（企业 B 创新绩效的固有增长 +（B 的动态能力带来的创新增长 + B 的内生创新能力）× 企业 B 创新绩效，B 的初始创新绩效）；

（13）企业 B 创新绩效的固有增长 = 0.3；

（14）企业 B 动态能力作用系数 = c_2；

（15）企业 B 对 AB 关系的影响系数 = k_2；

（16）企业 A 创新绩效的固有增长 = 0.3。

这一模型是对物流企业服务创新系统的直观表达，如图 7 – 3 所示。设企业 A 为物流企业，其创新绩效由 A 的初始创新绩效、企业 A 创新绩效的固有增长、A 的内生创新能力、A 的动态能力带来的创新增长所决定，同时企业 A 动态能力作用系统影响着 A 的动态能力带来的创新增长；相应地，设企业 B 为企业 A 合作伙伴，企业 B 的创新绩效由 B 的初始创新绩效、企业 B 创新绩效的固有增长、B 的内生创新能力、B 的动态能力带来的创新增长所决定，同时企业 B 动态能力作用系统影响着 B 的动态能力带来的创新增长。企业 A 与企业 B 在谋求共同发展的过程中，两个企业彼此的创新绩效以及企业 A 对 AB 关系的影响系数、企业 B 对 AB 关系的影响系数决定着 A 与 B 企业之间的关系。A 的动态能力带来的创新增长由企业 B 的创新绩效和 A 与 B 之间的关系决定，同理，B 的动态能力带来的创新增长由企业 A 的创新绩效以及 A 与 B 之间的关系决定。

7.2.3　物流企业服务创新的系统动力模型的仿真分析

运用 Vensim 软件对上述模型进行仿真，仿真结果如图 7 – 4 所示，实线

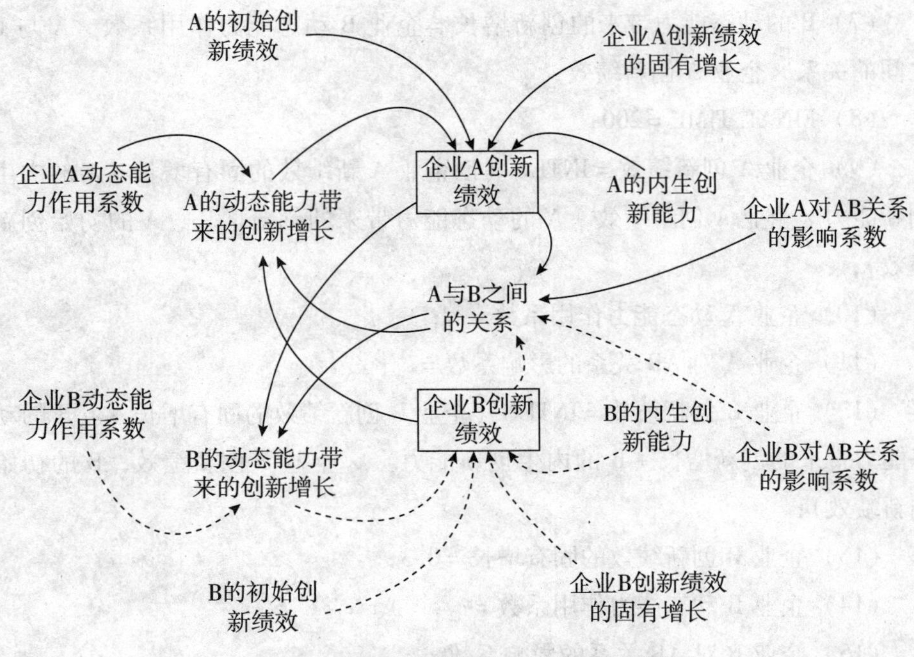

图 7－3　物流企业服务创新系统动力学模型

代表物流企业（即企业 A）的创新绩效变化情况，虚线代表物流企业的合作伙伴企业（即企业 B）的创新绩效变化情况。

当企业 A 的动态能力作用系数相对于企业 B 小，且企业 A 对 AB 关系的影响系数比企业 B 对 AB 关系的影响系数小时，由于物流企业都有各自的初始创新绩效、创新绩效的固有增长、内生创新能力而且彼此对应相同，所以企业 B 比企业 A 创新绩效增长幅度大。

当企业 A 的动态能力作用系数相对于企业 B 小，且企业 A 对 AB 关系的影响系数比企业 B 对 AB 关系的影响系数大，由于物流企业都有各自的初始创新绩效、创新绩效的固有增长、内生创新能力而且彼此对应相同，但是企业动态能力对企业的影响比企业对企业之间关系的影响大，所以企业 B 比企业 A 创新绩效增长幅度大，但由于企业 A 对 AB 关系的影响系数比企业 B 对 AB 关系的影响系数大，比较图 7－4，企业 B 创新绩效减少。

当企业 A 的动态能力作用系数相对于企业 B 大，且企业 A 对 AB 关系的影响系数比企业 B 对 AB 关系的影响系数大，由于物流企业都有各自的初始创新绩效、创新绩效的固有增长、内生创新能力而且彼此对应相同，所以企业

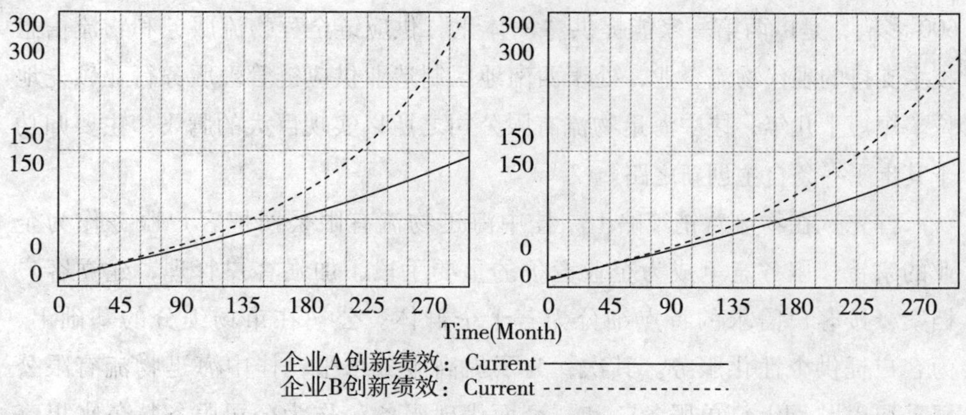

图 7－4 企业创新绩效对比

A 比企业 B 创新绩效增长幅度大。

当企业 A 的动态能力作用系数相对于企业 B 大，且企业 A 对 AB 关系的影响系数比企业 B 对 AB 关系的影响系数小，由于物流企业都有各自的初始创新绩效、创新绩效的固有增长、内生创新能力而且彼此对应相同，但是企业动态能力对企业的影响比企业对企业之间关系的影响大，所以企业 A 比企业 B 创新绩效增长幅度大，但由于企业 A 对 AB 关系的影响系数比企业 B 对 AB 关系的影响系数小，企业 A 创新绩效减少。

7.3 物流企业服务创新的系统动力学模型的结果与启示

案例 桂中海迅物流有限公司服务创新

桂中海迅物流有限公司是由柳州市资产经营有限公司控股的现代第三方物流企业。成立于 2002 年，是“国家级高新技术企业”和“国家 4A 级综合物流企业”。2007 年，桂中海迅实现营业收入突破 1.2 亿元，物流服务总价值 120 亿元，分别较上年同期增长 2 倍以上。2008 年实现物流服务总价值 180 亿元，实现主营业务收入 1.74 亿元，同比增长 67%；实现利税总额 1136 万元，同比增长 86%。2009 年，虽面临国际金融危机对工业物流的巨大影响，2009 年仍可实现物流配送服务价值量、营业收入、利润分别增长 50%、75% 和 90%。目前，公司拥有 20 万平方米仓库，3 条铁路专用线，可调动运输车辆

600 多辆，是广西第一家能提供“一体化”供应链全程物流服务和物流信息技术支持的现代物流企业，处于西南地区制造业供应链管理服务行业领先地位。短短十几年，桂中海迅物流有限公司之所以实现巨大的腾飞，主要归功于其走了一条自主创新之路。

首先，在物流营销策略上，桂中海迅物流有限公司把客户服务作为企业的宗旨，服务竞争成为企业竞争的重要手段，加强客户管理，建立客户档案，按客户需求的特点细分为若干个群体。公司在市场细分的基础上，为客户提供个性化服务。其次，为了提高服务水平，桂中海迅物流有限公司采取以“网上订单服务”和“全面代理服务”作为公司服务特色来提高其核心竞争力。桂中海迅物流有限公司独具特色的“网上订单服务”，即客户只要点击一下鼠标就可以通过互联网中的一个服务窗口完成原先需到公司的几个部门或几个窗口才能完成的托运操作的所有手续，从而真正做到让客户方便、满意、放心。再次，在电子商务环境下，桂中海迅物流有限公司将企业与顾客的沟通及企业交易行为搬到网上进行，由网络代管嘴巴，建立企业对内的沟通，以网络代替报价单、电话，扩大对外合作与销售关系。桂中海迅物流有限公司作为物流供应商，其战略目标定位在从全球客户的需求变化出发，以全球一体化的营销体系为业务平台，以物流、信息流、和业务流程重组为管理平台，以客户满意为文化理念平台，构建基于互联网技术智能的、服务方式柔性的、运输方式综合多样的，并与环境协调发展的网上运输和综合物流体系。最后，桂中海迅物流有限公司与国外物流公司达成了全方位的战略合作意向。这一战略合作关系标志着先进的国外物流公司与国内物流公司的强强组合，双方将携手打造最佳物流服务，满足中国市场对现代化高效物流与供应链的支持能力的强烈需求。桂中海迅物流有限公司通过与具有领导地位的同行结成战略联盟，有效地弥补了桂中海迅在业务网络、服务经验的投资资金方面的不足。在实现优势互补、有力推进企业自身发展的同时，也给合作双方带来了高额的投资回报和巨大的经济与社会效益。

7.3.1 物流企业服务创新的系统动力学模型研究结论

上一节在对影响流物流企业服务创新绩效的因素进行分析的基础上，

以系统动力学原理作为理论基础，将系统动力学的相关理论与物流企业服务创新的部分内容相结合，对物流企业的服务创新机制，以系统动力学模型为主题进行模型推演。同时，应用 Vensim 软件对此模型进行了模拟仿真，通过不断的对比分析企业 A 和企业 B 的创新绩效变化，我们得出了以下结论。

（1）企业 A 的动态能力作用系数比企业 A 对 AB 关系的影响系数对企业创新绩效的影响大。

（2）企业 A 对 AB 关系的影响系数在一定程度上影响着企业 A 的创新绩效。

（3）在动态能力相同的情况下，企业 A 的创新绩效有所减少，相应地，企业 B 创新绩效也是如此。

7.3.2 物流企业服务创新的系统动力学模型的研究启示

本章综合运用物流企业服务创新理论、物流企业管理理论、系统动力学理论等相关研究成果，针对物流企业进行服务创新所需要的自身的动态能力和来源于合作伙伴的信任度、知识共享、资源异质性三个方面，构建现代物流企业服务创新的绩效评价理论模型。通过分析企业服务创新活动的影响要素，提出服务创新绩效评价的合理的指标体系，进而通过有针对性地对所选取的物流公司样本进行实证分析，对该理论模型的科学性和有效性进行检验，为现代物流企业提高服务创新绩效的实践提供了有益的启示。

（1）物流企业需要更加注重自身创新水平的提高，加大对自主创新的投入，激发创新活力，增强创新动力，大力推进原始创新、集成创新和引进消化吸收再创新。着力突破制约经济社会发展的关键技术，支持基础研究、前沿技术研究、社会公益性技术研究，引导和支持创新要素向物流企业集聚。在关键领域和若干科技发展前沿掌握一批核心技术和拥有一批自主知识产权，加快建设以物流企业为主体、市场为导向、产学研相结合的服务创新体系，努力提高我国物流企业的国际竞争力。

（2）积极主动地与创新能力较高的合作伙伴合作，通过合理利用优化配置物流企业内、外部可以推动服务创新的异质性资源，最大限度地提升自身服务创新的水平。物流企业通过与外部合作伙伴构建立长期的合作关系，实现创新资源共享，努力提高自身企业服务创新，为客户提供良好服务。

（3）物流企业也要提高风险防范，防止在与创新水平较低的企业合作时对自身服务创新水平发展带来抑制和不利影响。物流企业要时刻关注国家物流产业政策、发展规划和投资需求等方面的信息，对各项政策的研究，既有助于企业制定正确的发展战略，又有利于其根据政策变动及时调整经营战略，有效预防物流风险。同时，物流企业要加快制定防范风险的相关政策，在规模经营、网络发展中要对新型物流风险发生做好充分的准备，增强物流安全与弹性。物流企业还要逐步加强监管能力和专业人才队伍建设，为自身发展创造有利的条件，进一步扎实物流企业与合作伙伴持续健康发展的基础。

（4）物流企业需要加强技术人才的培养，把人才作为企业运营最重要的战略资源。为了提高物流企业特别是中小物流企业的创新能力，各地区各部门在把职业教育、继续教育和专业培训放到了更加突出位置同时，各地区还要积极改善创新环境，吸引大批优秀留学人才回国就业，努力营造有利于创新人才成长的社会氛围。

7.3.3 系统动力学研究物流企业服务创新的优势和局限性

近年来，随着我国经济特别是对外开放的发展，我国的物流业得到了较大发展，成为国民经济的支柱产业。在物流业蓬勃发展的同时，国内出现了一大批系统动力学和物流相结合、系统动力学和服务创新方面的研究。本章应用系统动力学对物流服务创新研究，以定性与定量相结合的研究方法为基础，模拟系统的功能，具有显著的优越性。

（1）通过分析企业之间协同发展的创新机制，可以进一步明确物流企业内部以及企业与企业之间创新的影响因素和作用机制。系统动力学综合其各种因素，从系统的角度进行研究，更直观地表达了内外部因素对物流企业服务创新的影响，更加有条理性地解释了相互之间的关系。

（2）引入了系统动力学这一定量分析工具来对物流企业服务创新的实现过程进行研究。本书所建立的系统动力学模型打破了传统仅考虑影响企业持续技术创新的各种因素的定性思维模式，引入了系统的思考模式。它不仅考虑因果之间如何影响，还用定量的方法考察因果的相互作用如何影响系统的行为模式。

（3）系统动力学分析了物流企业服务创新的内外部影响因素。通过研究发现，前人主要从驱动力和资源能力的两个角度来研究了服务创新的影响因素，更鲜有在物流企业中的具体应用。本书基于系统动力学的视角，提出了内部因素和外部因素，分析了企业内外部因素及其相互作用影响企业绩效。

（4）建立了系统动力学的物流企业服务创新的理论模型，为服务创新研究提供了理论依据和实践方法。通过分析服务创新的基本组成要素以及各要素之间的相互作用关系，从根本上理清了服务创新的理论和实践应用思路，弥补了现有服务经济理论研究的缺陷和不足，完善了服务创新的理论体系。

在这个知识经济迅速发展的时期，虽然针对物流业和企业服务创新运用系统动力学模型做了很多的研究。但是，与欧美的物流服务创新方面研究相比，我国物流企业服务创新意识还比较淡薄，并没有形成完整的物流服务创新研究体系。在应用系统动力学进行物流企业服务创新研究分析的时候，还存在着一定的局限性。

（1）由于系统动力学发展的历史较短，其理论和方法体系依然需要不断完善。例如，与统计学模型相比较，系统动力学模型的有效性检验较难。同时，系统动力学在灵敏度分析方面，不存在严密的理论和程序，这也是该研究方法的主要薄弱环节。因此，加强系统动力学基础理论与方法的研究，不断完善系统动力学理论与方法体系，并把它同其他研究方法有机结合起来，形成更为有效的区域创新系统研究方法体系，是今后区域创新系统研究的重点与发展方向。

（2）在运用系统动力学对物流企业服务创新进行研究的时候，取值基本是人为的，因此，系统动力学模型的建立对人的要求比较高，也比较复杂。希望将来的计算机技术能达到具有以下功能：自动确定变量空间，自动进行灵敏度分析，自动进行极端条件测试，自动交互的变量估计、校准与政策寻优，自动识别主导回路与反馈结构等。

（3）对我国学者而言，在对物流业或者服务创新进行研究时，尚未发现对所建立系统动力学模型的跟踪研究，也就是说，这些模型都是一次性使用。特别需要指出的是，从现有国内的研究成果来看，目前缺乏适用于我国物流企业服务创新问题系统动力学建模的共性结构（Generic Structure）的基础性研究工作，而这方面的研究工作对有效构建完整的物流服务创新研究体系具有重要的意义。

参考文献

[1] Chapman R L，Soosay C. Innovation in logistic servicesand the new business model A conceptual framework [J]. International Journal of Physical Distribution & Logistics Management，2003，33（7）：630 – 650.

[2] Drejer I. Identifying innovation in surveys of services：Aschumpeterian perspective [J]. Research Policy，2004（33）：551 – 562.

[3] Forsman H. Innovation capacity and innovation develop – ment in small enterprises：A comparison between the ma – nufacturing and service sectors [J]. Research Policy，2011，40（5）：739 – 750.

[4] Chyi Jaw，Jyue – YuLo，Yi – Hsing Lin. The determinantsof new service development：Service characteristics，mar – ket orientation，and actualizing innovation effort [J]. Tec – hnovation，2010（30）：265 – 277.

[5] 刘丹．物流企业服务创新特性及类型[J]．中国流通经济，2013（5）．

[6] 戴定一．物流企业服务创新的方法论[J]．物流技术与应用，2011（12）．

[7] 邹宇杰．论我国物流企业服务创新[J]．现代商贸工业，2011（21）．

[8] 毛羽鹏．关于物流企业服务创新的讨论[J]．中国新技术新产品，2010（21）．

[9] 王静．第三方物流企业服务创新的价值与绩效分析[J]．交通企业管理，2008（4）．

[10] 蔺雷，吴贵生．服务创新[M]．北京：清华大学出版社，2007.

8　基于博弈演化的物流服务创新研究

从物流业未来的发展趋势来看，随着信息通信技术的发展和消费者需求的高级化，以往的服务形态已经无法全部满足客户的需求。逐渐放宽的物流产业政策、经济全球化的趋势和企业间竞争的加剧等都将促使物流服务向高端化方向发展，物流业的服务创新已是大势所趋。对于物流企业而言，要想在激烈的市场竞争中不被淘汰出局，进行服务创新是有效的解决途径。现就物流企业服务创新的具体作用机理进行模拟仿真分析。

8.1　物流企业服务创新的博弈推演

企业之间的博弈是企业关系的重要表现，本研究从物流企业服务创新的网络视角出发分析企业外部关系，并将各物流企业间创新策略的选择作为研究重点，综合运用博弈论的相关知识对各方物流企业在博弈过程中所得的收益、策略选择的偏好，以及进行多次博弈后物流企业服务创新策略选择的进化均衡趋势加以判断。最终得出物流企业在进行服务创新策略选择时，在很大程度上受到创新收益、成本以及被模仿难度的影响，并导致企业同时选择创新或者同时选择不创新这两种极端情况，但是不存在创新、模仿与不变兼有的混合策略均衡。

8.1.1　物流企业服务创新的博弈环境

基于企业网络视角的服务创新是最近兴起的一个重要研究方向，在物流领域企业网络表现为彼此间相互关联的网链型结构。随着服务创新相关理论研究的发展，物流企业服务创新的研究也被置于物流服务网络的环境下进行，并提出了在深入分析企业之间竞争与合作关系的基础上进行物流企业服务创新。另外，在物流企业之间协同发展方面，多元主体行为的协同是提高物流企业服务创新网络绩效的有效途径。在物流企业服务创新网络中，物流企业之间的竞争博弈是企业关系的重要组成部分，彼此之间不同的策略选择导致了各自所获收益的不同。网络视角下的创新理论认为，推动主体创新的异质资源不仅来源于创新主体自身，同样也存在与创新主体与外界的交流过程中。因此，物流企业网络内部各主体之间的竞争博弈也是影响服务创新的重要因素。本书正是从物流企业之间的博弈出发，分析各物流企业不同博弈策略的选择对各自收益以及整个物流产业发展的影响，并在此基础上对物流企业服务创新未来发展的趋势做出相应的判断和预测。

8.1.2 物流企业服务创新博弈模型的构建

根据博弈理论的相关内容，从物流企业进行服务创新的策略选择入手，将复杂的网络创新构型中多方参与的创新策略选择过程简化为仅有两方参与的博弈模型，从而将网络创新的研究重点放在参与主体之间的双向关系上，使主体之间的收益情况以及多阶段重复博弈之后的趋势更加明显，同时也为之后的分析和展望提供了理论支持。

如图 8－1 所示，用 3×3 阶的收益矩阵来表示物流企业在服务创新方面的博弈情况。假设有两个局中人Ⅰ、Ⅱ，每个局中人的策略集合里均有三个策略可以选择，即自主进行物流服务创新、模仿竞争对手改进原有的物流服务或者保持原有的物流服务不变。将其符号化可表示为，局中人Ⅰ的可选策略包括 E（创新）、M（模仿）和 B（不变）；与之对应，局中人Ⅱ的可选策略包括 e（创新）、m（模仿）和 b（不变）。局中人的收益与双方所选策略相关，不同的策略组合将导致不同的收益分配。就收益矩阵而言，设 R（$R>0$）表示物流企业进行服务创新所获得的收益，由于创新存在极强的异质性，也就是说不同物流企业的创新内容有着很大的差异，相互之间不可替代，因此两者即使是同时采取自主创新的策略，彼此之间的收益也不会产生相互影响。设 C（$C>0$）表示物流企业采取自主创新行动所付出的成本，且 $R-C>0$，保证创新行为都是有利可图的，而采取模仿策略的企业则不需要支付这部分成本。采取保持原有物流服务不变策略的企业不用支付创新成本，当然也不会得到创新的收益。当一方模仿另一方的创新时，双方的创新存在极大的同质性。因此，双方的收益自然也是对同一项创新行为所得收益的分摊。由此可得，k 表示采取模仿策略的局中人模仿对方物流服务创新的成功率，而 $(1-k)$ 则表示真正进行服务创新的局中人在被对手模仿后所剩余的收益率，一般情况下 $0<k<1$。需要注意的是，如果双方同时采取模仿的策略，那么由于没有人进行自主的物流服务创新行为，因而双方的创新收益均为0，这与双方均保持原有服务不变的情况相同。

		Ⅱ		
		e	m	b
Ⅰ	E	$R-C$，$R-C$	$(1-k)R-C$，kR	$R-C$，0
	M	kR，$(1-k)R-C$	0，0	0，0
	B	0，$R-C$	0，0	0，0

图 8－1　物流企业服务创新博弈矩阵

由于上博弈述模型中各变量的取值范围尚不确定，很难直接判断该博弈模型的纯策略均衡、混合策略均衡和进化策略均衡。因此，需要针对各变量不同的取值分情况进行讨论。

当 $(1-k)\ R-C<0$ 时，局中人的博弈矩阵如图 8－1 所示，在这一个 3×3 阶的博弈矩阵中不存在明显的劣势策略。

由所述已知条件可得，$R-C>\ (1-k)\ R-C$，不论其他条件如何变化，该博弈矩阵中始终存在相对弱的纯策略纳什均衡，即 $(B,\ b)$。进一步将情况细分，当 $R-C\geqslant kR$ 时，该博弈中还存在较强的纯策略纳什均衡，即 $(E,\ e)$；当 $R-C<kR$ 时，则不存在其他的纯策略纳什均衡。接下来，进一步分析是否存在上述条件下存在混合策略均衡。设局中人Ⅰ采取 $(E,\ M,\ B)$ 策略集合的概率分布为 $(p_1,\ p_2,\ 1-p_1-p_2)$，其中 $0<p_1<1$ 且 $0<p_2<1$；设局中人Ⅱ采取 $(e,\ m,\ b)$ 策略集合的概率分布为 $(q_1,\ q_2,\ 1-q_1-q_2)$，其中 $0<q_1<1$ 且 $0<q_2<1$。若存在混合策略均衡则有方程组：

$$\begin{cases} q_1\ (R-C)\ +q_2\ [\ (1-k)\ R-C]\ +\ (1-q_1-q_2)\ =q_1kR \\ q_1kR=0 \end{cases} \quad (8-1)$$

通过求解可知，方程组（8－1）无解，所以在上述条件下该博弈不存在混合策略均衡。

在其他条件不变的情况下，由于组合策略（B，b）的收益 U（B，b）＝0，且有如下不等式：

$$\begin{cases} U(B,\ b) = U(B,\ m) = U(M,\ b) = 0 \\ U(B,\ b) < U(E,\ b) \\ U(B,\ b) < U(e,\ B) \end{cases} \tag{8-2}$$

由式（8－2）可知，（B，b）不是该博弈的对称纳什均衡，双方保持原有服务不变也不是进化稳定策略。

当（$1-k$）$R-C<0$ 且 $R-C<kR$ 时，除策略组合（B，b）以外，不存在其他的纳什均衡，因而该条件下不存在其他的进化稳定策略。当（$1-k$）$R-C<0$ 且 $R-C\geqslant kR$ 时，除策略组合（B，b）以外，还存在纯策略纳什均衡（E，e），通过进一步验证可知，在此条件下策略组合（E，e）的收益 U（E，e）满足以下条件：

$$\begin{cases} U(E,\ e) > U(E,\ m) \\ U(E,\ e) > U(E,\ b) \\ U(E,\ e) > U(e,\ M) \\ U(E,\ e) > U(e,\ B) \end{cases} \tag{8-3}$$

由式（8－3）可知，策略组合（E，e）是该条件下的对称纳什均衡，同时在这种条件下主动采取服务创新也是进化稳定策略。

当（$1-k$）$R-C\geqslant0$ 时，局中人的第三个策略保持原有服务不变是明显的劣势策略应予以删除，此时，模型转换为 2×2 博弈矩阵，如图 8－2 所示。

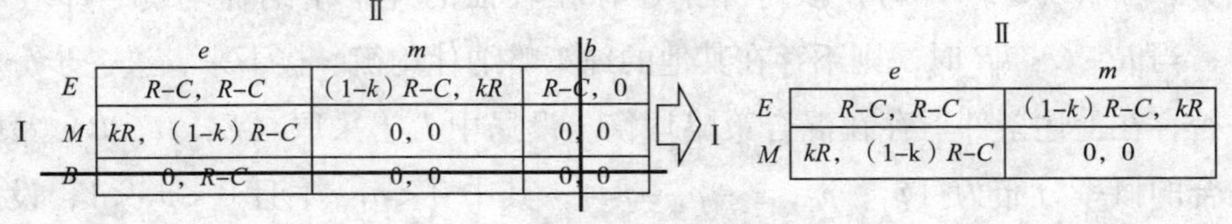

图 8－2　博弈模型降阶转化

由已知条件可得，在博弈矩阵中，有 $R-C>$（$1-k$）$R-C$。若同时有 $R-C\geqslant kR$，则存在纯策略纳什均衡（E，e）；若 $R-C<kR$，则不存在纯策略纳什均衡，对于是否存在混合策略均衡则需要进一步做出判断。设局中人Ⅰ采取（E，M）策略集合的概率分布为（p，$1-p$），其中 $0<p<1$；设局中人Ⅱ采取（e，m）策略集合的概率分布为（q，$1-q$），其中 $0<q<1$。若存在混合策略均衡则

有方程：

$$q(R-C)+(1-q)[(1-k)R-C]=qkR \quad (8-4)$$

通过计算可知，方程式（8-4）无解，由此可知该情况下不存在混合策略均衡。

当 $(1-k)R-C\geqslant 0$ 且 $R-C\geqslant kR$ 时，由于策略组合 (E, e) 的收益 $U(E, e)$ 满足以下条件

$$\begin{cases} U(E, e)>U(M, e) \\ U(E, e)>U(E, m) \end{cases} \quad (8-5)$$

由式（8-5）可知 (E, e) 是对称纳什均衡，同时在这种条件下主动采取服务创新也是进化稳定策略。当 $(1-k)R-C\geqslant 0$ 且 $R-C<kR$ 时，不存在对称纳什均衡，也不存在进化稳定策略。

8.1.3 博弈结果分析

通过以上博弈模型的推导，并结合物流企业服务创新过程中策略选择的实际情况，可以得出以下结论。首先，物流企业在进行服务创新策略选择时，在很大程度上受到服务创新内容可模仿性的影响。当物流企业服务创新的层次较低时，其他竞争对手很容易模仿并且成功率较大。在这种情况下，自主创新的物流企业由于创新内容被对手模仿，加之本企业还要支付一定的创新成本，其收益大大下降并且很可能会变成负值；而竞争对手由于不用承担创新费用，其收益必为正值，并且可能高于自主创新的物流企业。当物流企业服务创新的层次较高时，由于模仿难度大，其他竞争对手模仿的成功率较小。在这种情况下，进行服务创新的物流企业不容易被对手模仿，其创新收益也将高于采取模仿策略的竞争对手。其次，物流企业服务创新的收益与成本之差作为创新的净收益，对物流企业的策略选择有着重要的影响。当服务创新的收益远高于成本支出时，物流企业更倾向于自主进行服务创新；当服务创新的成本较高而收益较低时，物流企业则不存在确定的策略偏好，从而导致整个物流行业创新机制的混乱。再次，从物流企业服务创新的长远发展趋势来看，不论在任何条件下，单纯地模仿竞争对手或者保持原有的物流服务不变都不可能成为物流企业服务创新发展的主导趋势。只有当物流企业的服务创新被模仿的概率较低并且创新收益远高于成本时，

自主进行服务创新才能成为物流产业进行服务创新的主导趋势，否则整个行业的创新环境将会遭到严重破坏。

8.2 物流企业低碳技术应用的博弈推演

8.2.1 物流企业低碳博弈的主体

以物流企业为主选择实施低碳技术标准的博弈主体主要有：物流企业、政府、社会公众以及供应链链主。低碳技术标准是在低碳经济这一大背景下针对物流企业的高碳排放而提出的，因而在物流企业是否采纳这一标准的博弈过程中，其他三方为了实现自身的目的或者获取相应的收益也会参与到博弈当中来。物流企业是为了保证其服务质量，提升企业形象，获得价值回报，赢得消费者的信任和支持；政府是为了保证环境的清洁，切实关心人民群众的切身利益，进一步推动国民经济又好又快的发展；社会公众是环保效果的直接感触者和成本分摊者，是为了推进生活质量的提高；供应链链主是在整个供应链中，占据了优势地位，对整个供应链或者供应链中的大部分企业的资源配置和应用具有较强的直接或间接影响力，而且对整个供应链的价值实现予以最强烈关注，肩负着提升整个供应链绩效重任的核心企业，供应链链主是为了提高其社会影响力，获得更高的竞争水平，获取更高的收益。

8.2.2 物流企业低碳博弈模型的建立与讨论

8.2.2.1 物流企业、供应链链主和政府之间的博弈

物流企业、供应链链主和政府之间的博弈行为是在信息不完全和有限理性的空间中进行的，因此，参与者很难保证做出的决策是最优的。在这个前提下，物流企业可以选择采纳应用低碳物流技术，也可以选择保持原来的水平不变，供应链链主可以选择应用了低碳技术的物流企业，也可以不选择。同样的道理，政府可以实施相应的监管措施，也可以不进行监管。物流企业和供应链链主在政府监管与不监管的情况下的策略矩阵如表 8－1 所示。

表8-1　物流企业与供应链链主的策略矩阵

名称		物流企业	
		低碳技术	非低碳技术
供应链链主	考虑	考虑，低碳技术	考虑，非低碳技术
	不考虑	不考虑，低碳技术	不考虑，非低碳技术

注：政府在监管与不监管的情况下，物流企业与供应链链主的策略矩阵是相同的。

为了简化模型，做出下列假设。

第一，参与主体获得的信息是不完全的，参与主体具有有限理性，并且参与主体都是追求自身利益的最大化。

第二，政府对物流企业的行为带来的正负外部性会采取补贴和罚款的方式进行调节。政府选择监管时，如果物流企业不采用低碳技术，则被罚款；如果物流企业选择采用低碳技术，则获得补贴。假设补贴和罚款是相等的。

第三，物流企业选择采用低碳技术时会产生一定的成本，同样，供应链链主选择应用低碳技术的物流企业也是需要一定的成本进行判别的。

第四，供应链上存在着各种各样的企业，主要包括生产制造商和各级销售商，此时假设对于生产到销售这一过程中的商品流动问题的合作伙伴主要是由供应链链主选择、考核决定的。

第五，物流企业采用低碳技术时，提供的服务是低碳的，成本较高，价格较高，市场需求较低。随着社会低碳环保意识的增强，市场需求会增加，传统的非低碳技术下提供的服务需求会下降。

第六，由于物流企业采用低碳技术的收益会在远期显现，所以，博弈模型分为短期和远期两个阶段。

对不同策略下物流企业和政府的成本、收益做如下假设。

第一，假设在非低碳技术下提供的服务价格为 P，低碳技术下服务价格为（$1+a$）P，且 $a>0$。短期市场对非低碳技术下的服务需求为 $M1$，远期对非低碳技术下的服务需求为 $bM1$，且 $0<b<1$。短期市场对低碳技术下的服务需求为 $M2$，远期对低碳技术下的服务需求为 $cM2$，且 $c>1$。

第二，企业为采用低碳技术需要在期初进行一项专属投资 $C1$，此外，如果政府实施监管，而物流企业没有采用低碳物流技术将会受到来自政府的罚款 F，如果物流企业采用了低碳技术则会受到政府的补贴 F。

第三，物流企业在不采用低碳技术的情况下，如果供应链链主考虑与使用低碳技术的企业合作，那么物流企业面临着机会成本的损失 $C2$。如果物流企业采用低碳技术，那么供应链链主考虑低碳技术这一方面时，物流企业可以获得某种意义上的收益为 I。

第四，对供应链链主而言，假设在不考虑与低碳技术的物流企业合作时的收益为 $W1$，考虑与低碳技术物流企业合作发生的成本为 B，与低碳技术物流企业合作带来的收益为 $W2$，对整个供应链来讲，选择与低碳的物流企业合作会带来整个供应链竞争能力的提高，转化为收益为 S。

第五，假设远期金额的贴现率为 e。

第六，假设供应链链主考虑低碳技术的概率为 t，不考虑的概率为 $(1-t)$；政府选择监管的概率为 p，选择不监管的概率为 $(1-p)$。

根据以上的假设条件，可以得出在政府监管与不监管的情况下，物流企业与供应链链主在不同博弈策略下的收益。

在政府不监管的情况下的收益矩阵如表 8－2 所示。

表 8－2　政府不监管下物流企业与供应链链主收益矩阵

名称		物流企业	
		低碳技术	非低碳技术
供应链链主	考虑	$W2-B+S(1+a)PM2-C1+I+$ $[(1+a)cPM2+I/(1+e)]$	$W2-B+SPM1-C2+$ $[(bPM1-C2)/(1+e)]$
	不考虑	$W1(1+a)PM2-C1+$ $[((1+a)cPM2/(1+e)]$	$W1PM1+$ $[(bPM1)/(1+e)]$

注：表格中第一行为供应链链主的收益，第二行为物流企业的收益。

在政府监管的情况下的收益矩阵如表 8－3 所示。

根据表 8－2 和表 8－3 物流企业采取低碳技术需要满足的条件是采用低碳技术的收益大于不采用低碳技术的收益，在同时考虑供应链链主和政府概率的情况下，用决策树表示如图 8－3 所示。

表 8-3　　政府监管下物流企业与供应链链主收益矩阵

名称		物流企业	
		低碳技术	非低碳技术
供应链链主	考虑	$W2-B+S(1+a)PM2-C1+I+F+$ $[\,]((1+a)cPM2+I+F)/(1+e)]$	$W2-B+SPM1-C2-F+$ $[(bPM1-C2-F)/(1+e)]$
	不考虑	$W1(1+a)PM2-C1+F+$ $[((1+a)cPM2+F)/(1+e)]$	$W1PM1-F+$ $[(bPM1-F)/(1+e)]$

注：表格中第一行为供应链链主的收益，第二行为物流企业的收益。

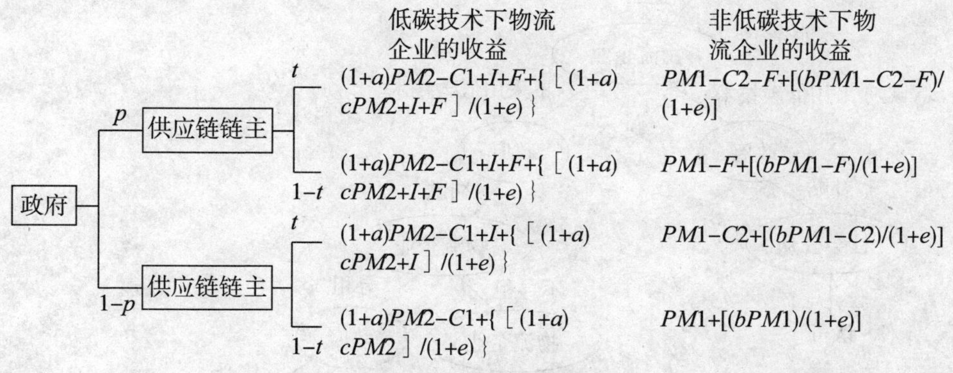

图 8-3　各种情况下物流企业的收益决策树

因此，物流企业选择应用低碳技术的决定因素就是低碳技术下物流企业的收益大于非低碳技术下物流企业的收益。

8.2.2.2　社会监督下的物流企业选择低碳技术的动态博弈

此时引入“寻租”的概念。寻租的基本概念是政府运用行政权力对企业和个人的经济活动进行干预和管制，妨碍了市场竞争的作用，从而创造了少数有特权者取得超额收入的机会。在本书的背景假设下，政府可以看做是一个“理性经济人”，也存在着自己的目标函数，并且不断追寻其自身利益的最大化，最常见的就是收取租金，物流企业向政府的寻租活动主要是碳配额特批。

社会公众是环境质量的主要承受者，对物流企业提供的服务具有监督权和举报权，对政府和物流企业之间的交易具有知情权和举报权。

建立物流企业、政府、社会公众之间的博弈树，如图 8-4 所示。

根据图 8－4 梳理三方之间的博弈关系，可以得出三种情况（均以政府采取监管措施为前提）。

情况 1：物流企业选择应用低碳技术。

情况 2：物流企业既不采用低碳技术，也不寻租，最终得到制裁，退出市场或者转型。

情况 3：物流企业不采用低碳技术，但向政府寻租，逃避制裁。

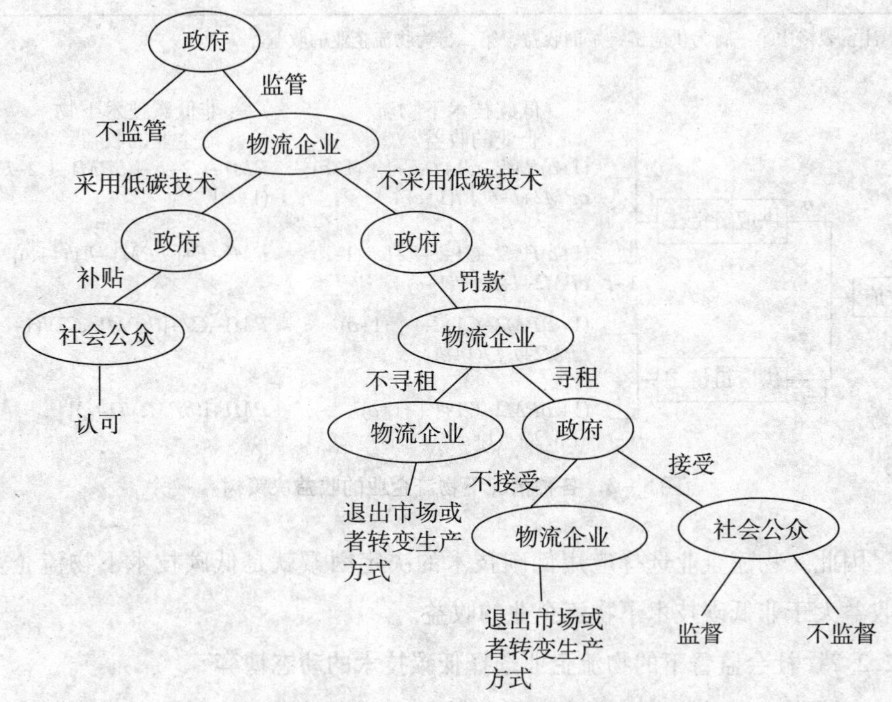

图 8－4　物流企业、政府、社会公众之间的博弈树

假设 f 为政府的表彰和社会公众的认可对物流企业声誉扩张的影响系数，E 为政府或社会对企业的认可度，I 表示采用低碳技术造成的成本的增加，L 表示实施寻租行为支付的租金，G 表示寻求租金带来的好处，S 表示政府制裁对物流企业的损失。

因此，物流企业选择应用低碳技术，需要满足的条件是：

情况 1 时，$fE > I$。

情况 3 时，$G > S + L$。

8.2.3 物流企业低碳博弈模型的推演

是否采用低碳技术关系到物流企业的竞争力问题，根据不同低碳技术标准水平与物流企业现有的水平相比，综合考虑供应链链主对该技术标准的重视程度，本书将低碳技术标准进行了分类，如图 8－5 所示。

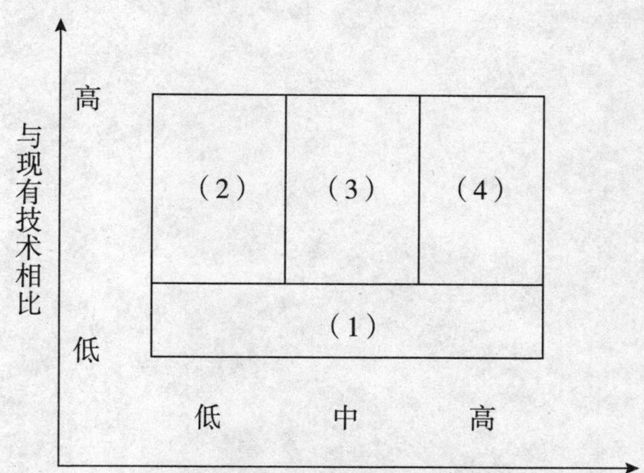

图 8－5　低碳技术标准的分类

低碳技术类型（1）与目前物流企业使用的标准相比低，那么无论政策怎么变化，企业都能满足供应链链主的要求，并且很好地经营下去；类型（2）的标准高于目前物流企业使用的标准，并且供应链链主对此标准的重视程度很低，那么，在分别考虑了与政府和社会公众的博弈收益的情况下，物流企业是否采用低碳新技术主要取决于其自愿行为；供应链链主对类型（3）的重视程度相当，物流企业此时应该考虑与供应链链主博弈的过程中，损失的机会成本 $C2$ 与采用新技术需要的成本 $C1$ 的关系，再做出决定；供应链链主对类型（4）的重视程度很高，在一定程度下，如果物流企业不满足标准，其在市场上的竞争力就会大大下降，那么很可能就会被链主所放弃，在这种情况下，物流企业必须将该低碳技术重视起来，综合考虑之后，采取措施。

在我国目前环境问题的现状以及国家政策的背景下，提出物流企业面临着是否采用低碳技术这一选择，分析与物流企业这一选择的相关方情况，首先物流企业、供应链链主和政府进行三方博弈，其次是物流企业、政府和社会公众之间进行了动态博弈。然后根据不同低碳技术标准水平与物流企业现有的水平相比，综合考虑供应链链主对该技术标准的重视程度，对低碳技术标准进行分类，提出物流企业在面对各种类型的物流技术时应该采取的措施。

第四篇　新技术视角下的物流企业服务创新

9 基于低碳技术视角的物流企业服务创新

“低碳经济”是以低能耗低污染为基础的经济。在全球气候变化的背景下，“低碳经济”“低碳技术”日益受到世界各国的关注。低碳技术涉及电力、交通、建筑、冶金、化工、石化等部门，以及在可再生能源及新能源、煤的清洁高效利用、油气资源和煤层气的勘探开发、二氧化碳捕获与埋存等领域开发。

气候变化称为国际社会合作与博弈的焦点，发达国家以应对气候变化的重大挑战为契机，形成执政理念，制定相关政策措施，加大技术创新投入，以使在未来的产业竞争和新技术革命方面抢占制高点。在这样的形势下，我国应该发展以提高碳生产为标志的低碳经济。

9.1 低碳技术概述

9.1.1 低碳技术提出的国际背景

英国2006年冬季的平均温度高达12.6℃；华盛顿2007年1月6日白天的最高气温达21℃，德国汉诺威野生动物园的熊迟迟不能冬眠，阿尔卑斯山遭遇了1300年不遇的暖冬，我国黑龙江经历了56年来的最大降雪量；2009年英国遭遇千年不遇的洪水，特大暴风雪袭击美国中东部；2010年1月中国新疆发生严重雪灾，3月中国北方爆发大规模沙尘暴；2012年3月，非洲萨赫勒因干旱、高粮价和冲突导致粮食危机，8月飓风“艾萨克”袭击美国，洪水淹没了无数民房；2013年中国八省遭遇洪涝灾害，印度北阿肯德邦也遭遇洪水引起的山洪。这一系列的自然灾害无情地展现在公众面前，因此研究引起自然灾害的原因刻不容缓。

联合国政府间气候变化专门委员会（IPCC）作为全球最权威的气候变化评估机构，基于已经过同行评议和已出版的科学技术文献，自1990年以来定期对气候变化的现状进行了四次评估，四次评估报告越来越明确地以毫无争议的事实证明全球气候变暖的现象，并且指出人为活动影响了全球气候变化。在四次全球气候评估报告中，其中2001年的第二次评估报告，认为“近50年的气候变暖主要是人类使用化石燃料排放大量的二氧化碳等温室气体造成了全球的增温效应”；2007年的第四次评估报告，报告就气候变化问题给出了明确的信息，指出“气候系统变暖是毋庸置疑的，地球确实越来越热，全球变暖将持续数百年，目前已观测到的全球平均温度的升高很可能是由于观测到的人为温室气体深度增加所致”；2011年发布的第五次评估首份报告指出，“如果有正确的公共政策支持，到2050年可再生资源将可满足全球近80%的能源需求，并且突破性增长的可再生能源将在2010—2050年间共累计减少温室气体排放2200亿~5600亿吨二氧化碳的量”。

温室气体排放是全球气候变暖的主要原因，而在各种温室气体中，二氧化碳是最重要的一种，约占总量的2/3以上，不仅所占比重较大，而且存活时间较长，在大气中的寿命为50~200年，此外，二氧化碳气体具有吸热和隔热的功能，在大气中二氧化碳增多的结果是形成一种无形的玻璃罩，使太阳辐射到地球上的热量无法向外层空间扩散，从而改变大气的热平衡，进而使地球表面变得越来越热起来。

另外，全球气候变暖给整个世界带来的经济损失已经被不少公开发表的经济模型所估算，这些经济模型大多是将升温2℃~3℃的范围作为气候变化影响的起始点，此时将产生不到3%的GDP损失，发展中国家将会面临更多的经济损失。

在此背景下，国际社会积极践行和推进温室气体的减排。1992年6月，联合国环境与发展大会在巴西召开，会上通过了《联合国气候变化框架公约》，确定共同但有区别责任和可持续发展原则，提出发达国家率先减排，并向发展中国家减排提供帮助。1997年12月，在日本京都召开了《联合国气候变化框架公约》第3次缔约方大会，《京都议定书》出台。2005年《京都议定书》正式生效，具有了法律约束力。2007年12月，联合国气候变化大会在印度尼西亚巴厘岛召开，通过了“巴厘路线图”，提出了发达国家的减排指标。2009 年 12 月，在丹麦哥本哈根召开了《联合国气候变化框架公约》第 15 次缔约方大会暨《京都议定书》第 5 次缔约方大会。《哥本哈根协议》出台，对发达国家实行强制减排和发展中国家进行自主减缓行动提出方案，并在全球长期目标、资金、技术支持和透明度问题上达成共识。随后在 2010—2012 年召开的《联合国气候变化框架公约》缔约方大会暨《京都议定书》缔约方大会，除了发达国家与发展中国家分别就"共同但有区别"这一原则在资金、技术等方面进行谈判与博弈之外，也重申了节能减排这一任务刻不容缓。

9.1.2 低碳技术提出的国内背景

温室效应下气候变异，对中国带来了巨大影响：2007 年 7 月，东北 667 万人严重缺水，农田受旱超过 400 万公顷；2008 年 1 月雪灾殃及全国 19 个省份；2010 年 2 月西南五省大部地区遭百年不遇严重旱灾，6200 多万人饮水困难；2011 年冬麦主产区发生秋冬连旱，山东、河南等 8 省遭受不同程度的灾害，贵州、湖南、重庆等 10 省（自治区、直辖市）遭受低温雨雪冷冻灾害，渤海和黄海海冰灾害突出；2012 年 7 月下旬华北地区洪涝风雹灾害，8 月末川渝暴雨洪涝灾害；仅 2013 年上半年，全国有 29 个省（自治区、直辖市）的 2100 余个县（区、市）不同程度受到自然灾害影响，各类自然灾害累计发生次数超过 6200 次，近 900 个县（区、市）重复受灾 3 次或 3 次以上，与近 10 年同期相比，因自然灾害造成的直接经济损失仅次于 2008 年和 2010 年，死亡失踪人口、房屋倒损数量位列第四。

此外作为一个经济快速增长的国家，中国未来的能源需求和温室气体排放量将明显增加，到 2030 年将比 2005 年增加一倍以上。随着中国在世界经济中的地位不断增强，面临的压力也越来越大，尤其是经济增长所带来的环境污染问题日益突出。中国目前已经成为世界上排碳量靠前的国家，据斯特恩报告预测，"在 2030 年之前，仅中国排放的温室气体就占增加排放量的 1/3 还多"，这形成了中国最大的负外部性，给中国的发展带来了巨大的制约。

2007 年 6 月，我国政府制定了《中国应对气候变化国家方案》，以节能减排作为切入点，采取一系列措施应对气候变化带来的挑战。2009 年在哥本哈根世界气候会议上，我国承诺，在 2005 年基础上到 2020 年单位 GDP 的碳排放减少40%～45%。为落实这一承诺，温家宝总理在《2009中国可持续发展战略报告》中提出了2020年我国低碳经济的发展目标：单位GDP能耗比2005年降低40%～60%，单位GDP的二氧化碳排放降低50%左右。2010年颁布《公路水路交通实施〈中华人民共和国节约能源办法〉》，要把节能减排作为调整经济结构、转变增长方式的突破口和重要抓手，扎实做好节能降耗和污染减排工作，确保实现节能减排约束性指标，推动经济社会又好又快发展。2011年"十二五"规划明确提出我国工业节能减排的四大约束性指标（明确2015年我国单位工业增加值能耗、二氧化碳排放量和用水量分别要比"十一五"末降低18%、18%以上和30%，工业固体废物综合利用率要提高到72%左右；明确今年这四项指标同比要分别降低4%、4%以上和7%左右以及提高2.2个百分点）。2013年十八届三中全会通过了《中共中央关于全面深化改革若干重大问题的决定》，此举将进一步增加行业节能减排的压力，国五排放标准的实行，对碳减排也产生很大的贡献。

9.1.3 低碳经济的提出

"低碳经济"一词，最早由英国政府提出。2003年，英国贸易工业部发表《能源白皮书：我们能源的未来——构建一个低碳经济》。《能源白皮书》提出英国应当改变原有的能源政策，以应对环境变化和国内能源挑战。报告分析了能源效率、低碳排放技术和低碳交通，提出发展可依赖的、可承担的新能源。报告认为低碳经济在技术上可行，资源消耗较低，可以优化现有能源结构，使英国经济更好地应对挑战，不断繁荣发展。2006年10月，尼古拉斯·斯特恩（Nicholas Stem）受英国政府委托，撰写《斯特恩评述：气候变化经济学》。斯特恩报告分析了减缓气候变化的成本，指出越早减排则成本越低，这也是低碳经济发展道路的理论基础之一。

近些年来，全球人口和经济规模不断增长，气候变暖导致地球生态失衡，世界气候格局发生变化，自然灾害频发，这些情况的出现使人类生存环境不断遭到恶化，严重威胁到人类的生存与发展。基于这种严峻的挑战，"碳足迹""低碳经济""低碳社会""低碳生活""低碳物流"等各种新概念应运而生。

尤其在2009年哥本哈根大会之后，"低碳生活"的绿色旋风迅速吹遍全球各个角落，低碳也成为世界各国共同话题：英国提出到2050年建成“低碳经济社会”；美国制订了低碳技术开发计划，投入巨资研发生物燃料、太阳能发电、二氧化碳零排放发电厂等环保能源技术。日本也积极推行“低碳经济”，正致力于发展“低碳技术”，投入巨资开发利用替代能源和可再生能源；德国环保技术产业有望在2020年赶超传统制造业，成为国家的主导产业；2009年，首届世界低碳与生态经济暨技术博览会在南昌隆重开幕，并举行了国际低碳与生态经济高层论坛。与会代表围绕“节能减排、绿色生态”的大会主题进行深入交流，共同探讨世界低碳生态经济发展之路。

我国政府也十分重视发展“低碳生态经济”，从2007年的两会开始，“节能降耗、节能减排”已连续5年成为我国两会热议的话题。2009年，国务院常务会议决定，到2020年我国单位国内生产总值碳排放比2005年下降40%～45%，作为约束性指标纳入国民经济和社会发展中长期规划，并制定相应的国内统计、监测、考核办法。2010年3月，“低碳”再次成为两会的主题，温家宝总理在政府工作报告中明确指出，要努力建设以低碳排放为特征的产业体系和消费模式，积极参与应对气候变化的国际合作，推动全球应对气候变化取得新进展。“低碳”和行业“节能减排”同样在2013年召开的十八届三中全会上引起重视。

因此低碳生态经济将成为我国相当长时期内经济发展的主题，而在低碳生态经济时代，企业的生态效率、环境效益和绿色竞争力势必成为企业综合绩效评价的重要内容，绿色增长也将成为企业新的发展途径。

9.1.4 低碳经济的内涵

从内涵来看，低碳经济是人类社会应对气候变化，实现经济社会可持续发展的一种有效模式，它在兼顾了“低碳”的同时，也兼顾了“经济”。经济发展最大限度地减少对化石燃料的依赖程度，实现能源利用转型和经济转型就意味着低碳的实现；同时在能源利用转型的过程中继续保持经济增长的稳定性和可持续性，就意味着在实现低碳的同时也实现了经济。总的来说，这种理念既不排斥发展和产出最大化，也不排斥长期经济增长。从实质来看，低碳经济旨在降低能耗和减少污染物排放，建立新的能源结构，从本质上解决能源效率低下和清洁能源结构比重低的问题，这就需要以能源技术创新和制度创新为核心，保证其顺利实现，从而减缓气候变化，促进人类的可持续发展。

9.2 低碳经济对物流企业的影响

9.2.1 在物流基本职能中的体现

物流的基本职能是指物流活动应该具有的基本能力以及通过对物流活动最佳的有效组合，形成物流的总体功能，以达到物流的最终经济目的。一般认为，物流基本职能应该由包装、装卸搬运、运输、储存保管、流通加工、配送、废旧物的回收与处理，以及与上述职能相关的情报信息等所构成，也就是说，物流目的是通过实现上述职能来完成的。

9.2.1.1 运输角度

目前，运输工具的燃料主要是汽油等化石燃料，而化石燃料的燃烧又是温室气体的主要罪魁祸首，国家对碳排放的限制以及对碳税的征收，在很大程度上会增加运输的成本。

其次，我国的尾气排放标准一年一个台阶：2004 年 7 月 1 日，全国范围内开始实施国Ⅱ排放标准；2005 年 12 月 30 日，北京开始实施国Ⅲ排放标准，之前已上市并通过国Ⅱ标准的车型可延迟 1 年安装 OBD；2006 年 12 月 1 日，北京禁止在京销售未安装 OBD 的新车；2007 年 7 月 1 日，全国范围内开始实施国Ⅲ排放标准；2008 年 1 月 1 日，国 4 燃油将在北京上市；2010 年 12 月 21 日，环境保护部表示，国Ⅳ车用燃油的标准尚未出台，无法确保在全国范围内供应相应车用燃油，经有关部门商讨，对机动车国Ⅳ标准实施日期进行适当调整；北京拟 2012 年实行新车国 V 排放标准。每年进行车检时，运输车辆必须达到尾气排放标准，即未达标车辆禁止上路，那么对于不达标的公司，则必须淘汰、改进不合格车辆或者购买符合国家标准的车辆。

最后，为了缓解城市交通压力以及环境保护，很多城市公布了城市限行的规定，以北京为例。北京实行尾号限行轮换，工作日每天限行两个尾号，且包括临时号牌，机动车车牌尾号为英文字母的按 0 号管理。限行区域为北京市五环以内（不含五环路），限行时间为工作日早 7 时至晚 8 时。外地车辆

（含临时号牌车辆）进京必须办理市区通行证，工作日 7 时至 9 时、17 时至 20 时两个时段禁止进入五环。同时，北京限行的“尾号”限行措施继续，并对外地车辆也有效。工作日，外地车辆如果当天尾号限行，9 时至 17 时禁止进入五环内行驶。车牌尾号轮换方式按照北京市机动车车牌尾号的轮换方式执行，以免造成违章罚款。因此，物流企业车辆需要途经北京时，必须把这些因素考虑在内，否则会违章罚款。

9.2.1.2　**仓储角度**

仓储必须要考虑的是自建仓库还是租赁仓库。如果是租赁仓库那么需要考虑的问题相对来说就比较少，可能只需交付租赁费即可；如果是自建仓库，需要考虑的问题就很多了，比如仓库建筑材料的选择，灯光照明的控制，温度湿度的控制，货位的排放以及仓库内部工具（托盘、叉车等）的使用等，这一系列的问题的决定必须以低碳经济为考虑前提。

低碳经济下，建筑材料的选择以环保为主，同时考虑能否有利于灯光照明，比如把太阳能转化为光能；湿度与温度还可以依赖于建筑材料进行控制。此外，叉车按动力形式可以分为内燃叉车和电动叉车。内燃叉车以发动机为动力，功率大，对路面的要求低，使用范围广，但发动机是通过燃烧柴油、汽油、石油液化气等燃料产生动力的，燃烧排放的尾气中会存在一氧化碳、碳氢化合物、氧化氮、颗粒物等有害物质。叉车属于非道路工业车辆，其排放的好坏主要取决于发动机排放控制情况的优劣。目前我国正在实施的非道路移动机械用柴油机污染物排放标准GB 20891—2007 叉车排放标准参考了欧盟标准。

9.2.1.3　**包装角度**

包装体现在物流功能中的方方面面，运输过程中需要包装以便于运输的稳定，仓储过程中需要包装来实现仓储的单元化，流通加工中需要包装来实现营销的优势，装卸搬运则需要包装来实现操作的简便化与高效化等。

在低碳经济下，首先，需要考虑的是包装物的可回收性以及包装物的可降解性，如果包装物只是一次性的且不可降解的，那么其对自然环境的危害就很明显，也不符合低碳经济的要求；其次，包装的重复性或者是过度包装也需要重视起来，过度包装不仅是对包装物的浪费，在运输过程中，过度包装材料的重量同样会消耗燃油量，这不仅增加了燃料成本还会增加碳排放。

9.2.1.4 其他角度

在低碳经济的角度下，物流基本职能的其他方面也会受到相应的影响，简述如下，物流的装卸搬运功能，需要考虑装卸搬运工具是否达到国家公布的标准；流通加工过程中包装材料的使用是合理，工具的使用是否高效；配送过程中线路的选择是否最优，整个运输线路上的碳排放是否最低；废弃物的回收与处理是否能够达到国家的标准，在处理过程中碳排放是否最低。

9.2.2 对企业影响的具体表现

9.2.2.1 成本的体现

首先是碳税角度。虽然目前我们国家还没有对交通车辆的碳排放征收碳税，只是在燃料中包含了一部分（比如汽油中包含的部分税），但是物流企业必须把碳税这一税收重视起来，因为这是全球的趋势。以欧盟征收航空碳税为例。欧盟 2011 年 8 月公布的被纳入欧盟的碳排放交易体系名单，包括国航、东航、南航以及春秋、深航等在内的 33 家中国（含大陆、香港、澳门、台湾地区）航企。根据法案，从 2012 年起，只要在欧盟区域机场起降的国际航班，无论是否中转，都需为超出欧盟规定配额标准的碳排放支付购买成本，否则便会面临巨额罚款甚至被停航。迄今欧盟共有 27 个成员国，目前中国在其 12 个国家拥有航权，中国至欧盟航线里程在 7000~9000 千米。据北京环境交易所的相关资料显示，考虑到中国民航市场的急速增长，2012—2020 年期间，中国航空公司为欧洲航线付出的碳税成本，预计将高达 176 亿元。如果飞往欧洲的航班每天增加一班，一年还将新增 1500 万元的碳税成本。其中 2012 年的碳税成本约为 8 亿元，北京飞往欧洲的国际机票每张可能增加200~300 元。

然后是采购交通工具的角度。国四国五标准的实施，使很多不达标的车辆被淘汰，在这种情况下，如果采用新技术可以使其达标，那么只需要支付新技术的费用即可；如果新技术的成本比重新购买车辆的成本要高，那么物流企业则需要购买符合国家标准的车辆，这也是一笔不小的费用。

9.2.2.2 竞争力的体现

低碳经济大背景下，物流企业成本的增加，在没有任何改进措施的情况下，会使物流企业提供服务的价格上升，其竞争力下降。如以公路运输为主的物流企业，在征收碳税的情况下，其优势就不明显了，优势不明显就面临被淘汰的危险。

国际上越来越重视低碳环保，在国际供应链上，低碳环保也是合作伙伴选择的重要指标，于是低碳环保的企业的竞争力就大大提高了。

9.2.3 低碳背景下，物流企业的机遇与挑战

低碳经济下，虽然物流企业面临着成本上升、竞争力下降的挑战，可是如果物流企业能够抓住这一机会，进行企业内部的改革来适应低碳要求，那么就可以在低碳经济下占有一席之地。

9.3 低碳经济下物流企业的对策

9.3.1 向政府寻求帮助

在企业面对国家提倡的低碳经济所做出转变时，各国都出台了相应的支持优惠政策，当然我国也不例外。低碳经济下的企业面临着风险大、投资庞大以及收效慢等特点，这对于企业来说不愿意进行改变，这就需要政府制定相应的支持政策。

9.3.1.1 寻求财政支持

1. 碳税的征收实行“差别化”，并且设立相关税收优惠

碳税的起步税率不要很高，并且逐步调整碳税税率。根据工业企业的规模、废物处理能力等征收水、大气污染等一系列专项新税种，对不同地区、不同污染程度企业差别对待，实行差别税率，以此刺激企业改进生产方式、增加房屋设备，最终减少高污染的生产，从而加强低碳经济中的“末端管理”。

我国现行税收优惠政策，尚未专门为低碳农业、低碳工业和低碳金融服务业设立相关税收优惠。与低碳经济和节能减排目标相关的税收优惠有：一是增值税优惠。优惠的范围包括：资源综合利用的产品、废旧物资回收、清洁能源和环境保护产品。对部分节能环保产业的增值税优惠，有利于促进低碳产业和循环产业的发展。二是所得税优惠。所得税优惠旨在鼓励生产商使

用节能环保生产设备和工艺流程。优惠内容有：特定环保项目所得收入，减免一定比例的企业所得税；企业综合利用资源生产商品，减计部分销售收入至应纳税所得额；允许节能环保项目使用加速折旧方法；对节能环保类企业扩大公益性捐赠扣除比例。所得税优惠鼓励发展节能减排产业和循环经济产业，有利于减少温室气体排放，促进低碳产业发展。三是营业税优惠。优惠范围包括对节能环保技术转让的税额减免。四是进口环节税收优惠。降低资源类产品进口关税税率，减免部分环保设备进口关税。进口税收优惠旨在促进环保设备的使用。

2. 申请财政补贴

目前我国现行的财政补贴政策主要针对具体的低碳行业。首先是节能与新能源汽车推广的财政补贴政策。政策旨在促进新能源汽车消费，激励汽车产业结构调整，推进新能源和节能汽车产业化与规模化进程。同时，推动新能源和节能汽车示范与试点的进行。新能源和节能汽车补贴政策，激励城市在公交和出租行业使用新型汽车。中央财政对新能源和节能汽车的购置进行补助，地方财政对相关配套设施建设进行补助。其次是节能产品惠民工程的财政补贴。中央财政专项资金，促进高校节能产品推广，提高产品市场份额。再次是秸秆能源利用补贴。为了培育秸秆能源产品市场，中央财政支持秸秆产业化发展进程。采用综合性补贴方式，支持企业生产秸秆能源产品，包括从事秸秆成型燃料、秸秆气化与干馏等生产企业运作。最后是针对再生节能建筑材料生产的财政补贴。补贴范围包括企业扩大产能贷款贴息、节能建筑材料推广、技术标准的研究与制定等。

3. 加大政府的采购预算

低碳经济的再生产品与传统的产品相比，生产成本以及售价都较高，所以，在市场竞争中不占优势，为了鼓励再生产品经济的发展，政府一方面可以通过政府采购进行，另一方面可以宣传低碳相关知识，倡导循环消费，鼓励相关产业生产及购买再生产品，并对未按规定购买的企业处以罚金。通过政府做出的表率作用，带动整个社会朝低碳经济发展。

4. 出台政府预算政策

在我国低碳经济发展初期，制度化、稳定化的政府财政预算是必要的。将促进低碳经济发展的相关支出纳入财政预算支出范围，使低碳预算支出项目相对固定化。随着条件的不断成熟，低碳预算支出应当得到立法的保障，使低碳经济的财政收入和支出制度不断完善，有法可依。

9.3.1.2　**金融支持**

我国低碳金融市场政策处于尝试并不断深入阶段。我国应当借鉴国际经验，不断完善自身低碳金融市场政策。

一方面是低碳信贷政策。首先，我国应当通过政策性银行、商业银行向低碳企业，包括投资低碳项目的企业、新能源类型企业、节能设备改造的企业进行贷款优惠，以解决大型和中小型低碳企业融资困难的问题。其次，强化政策性金融支持，加快低碳经济项目建设。政策性银行要多把资金投向低碳经济，对已发放的非政策性贷款可通过置换及出售的方式，积聚更多资金用于支持国家低碳经济发展进程，监督政府的投入成本，带动商业信贷资金跟进，为低碳经济发展提供有力支持。商业银行应对低碳经济发展的需要进行信贷支持及投入，在评估、贷款到位以及还款期限等方面给予必要的优惠，合理把握信贷资金流向，可有针对性地进行信贷服务，加大对低碳经济产业的支持力度，推动产业关联度高、经济效益好的大型集团快速发展。

另一方面是促进我国碳排放权交易市场的发展。我国尚未建立全国性配额市场，也没有形成自愿性配额市场，这是由现阶段处于自愿性碳减排时期决定的，不同于发达国家的强制性减排。然而，完善碳排放交易市场政策刻不容缓，目前欧盟将要对经过其领空的飞机征收航空碳税，而分配到各航空公司的碳额度却逐渐降低，如果我国有航空碳交易市场，那么，本国的航空公司飞往欧洲航班的碳排放额度可在本国征收他国航空公司碳税得以抵销。

9.3.1.3　**产业政策的支持**

我国尚未出台系统性低碳产业政策，现在还处于分散的、不连续的状态。产业政策具体包含产业结构政策、产业组织政策、产业技术政策和产业布局政策。产业政策的合理实施，可以更好地促进低碳产业发展。

1. 建立低碳组织产业，发挥社会中介组织的作用

首先，建立双元系统。该系统主要是形成“自然资源—产品—再生资源”的循环回路，大力发展物资调剂以及资源回收。其次，完善我国二手交易市场。通过完善二手交易市场，成立专门的废旧货物处理组织，组织旧货调剂交易会，为自身没有能力进行废物改造的市民提供变废为宝的机会，使政府、

群众以及企业形成互通信息、互相调剂、共同合作的有利于推动低碳经济的局面。最后，建立生态工业园区协调中介机构。建立中介协调机构，有助于协调来自企业及生态工业园区之间各方的矛盾，能够有效对生态工业园区内的企业进行协调，建立起一种超越门户的管理形式，提供资源、互换副产品的产业共生组合，把不同的工厂连接起来组织物料循环。有效实现园区企业间资源最优化利用效益，从而减少废物产生量和处理的费用，形成经济发展与环境保护的良性循环。

2. 通过产业集聚转型实现向低碳产品的转型

产业集聚是产业发展的基本形态，不仅可以形成规模经济，降低企业低碳技术创新成本，产生外部经济，提高环保意识，创建低碳文化等。由产业经济学的相关理论得知，一定空间区域内，企业之间通过协同竞争，实现资源互补，有利于克服单个企业创新资源不足以及资源浪费的问题。因此，产业聚集是提升产业竞争优势和提高资源配置效率的一种重要产业空间结构形式。

建立产业集聚的集成创新系统，实践证明，通过构造产业创新生态系统，不仅可以实现产业集群内部各企业的低碳化生产模式，构建以低碳技术为支撑的新兴经济体系。还可以实现集群企业创新能力互补，加快低碳技术的研发和推广，通过低碳技术交流合作，积极探索与西方发达国家之间、学术研究机构之间以及其他组织之间的合作关系，吸收、消化和利用其先进低碳技术，提高能源的利用率，减少温室气体的排放等，有效克服单个企业创新风险和成本过高的不利局面，有利于持续提高产业集群的竞争优势。产业聚集的集成环保创新是传统产业转型升级的基本模式，不仅有利于企业合作共赢精神、企业自主创新能力的培养，还有利于赢得政府的关注和支持和企业关键资源的获取。

9.3.2 物流企业改变经营模式

9.3.2.1 提升低碳意识

低碳意识和低碳行为是发展低碳的重要推动力，在现实中，很多企业仅仅为了实现企业自身利润最大化，常常会做出一些不顾社会效益的短期行为，如不考虑环境承受能力肆意向外界排放污染物、资源利用短期化、因担心低碳产品成本高不被市场接受而放弃低碳行为、维持企业短期利益而拒绝改善企业原有的经营方式等。以上诸多仅有物流的思想而没有低碳化概念的行为，缺乏发展的前瞻性，与时代的发展存在差距，阻碍了企业的低碳化发展。践行低碳理念、强化低碳意识是实现低碳物流的重要前提。

9.3.2.2　确定重点发展能力和服务

企业核心竞争力并不是由单一资源、技术或能力构成的，只是不同时期其主要作用的能力会有所变化。充分分析市场需求与客户心理，经过分析研究明确企业发展新的核心能力过程中拟解决的关键问题和具体路径，从企业资源中选择支持该能力的关键性要素，制定发展该能力的发展规划和策略，着力培育、开发与提升，或借助外部知识与技术，通过企业内部培育机制作用，将该能力转化为生产动力，生产具有市场竞争能力的改进产品或新产品。

9.3.2.3　调整企业战略

低碳经济下物流企业战略管理的目的是保证企业可持续发展，而企业核心竞争力的培育是企业获得长久的竞争优势源泉，因此企业要想在低碳经济下获得竞争力必须调整自己的企业战略。在动态环境下，企业战略需要不断改变。为了与低碳经济发展模式相适应，企业需不断调整企业战略和政策。

本书认为创新战略可以分为四种：被动型战略、参与型战略、主动型战略和创新型战略。

1. 被动型战略

被动型战略指企业在进行绿色技术创新时，主要采用末端处理技术来处理废弃物的一种策略。在被动型战略中，末端处理技术是在现有技术水平和废弃物生成的前提下，通过对废弃物的分离、处理和焚化等手段减少环境污染的技术。从整个社会角度看，环境污染产生的既成性并有二次污染的可能性，进行末端治理不能从根本上解决环境污染。虽然从短期看，企业支付的费用较低，但末端处理技术效率较低并且浪费资源，并且较之其他技术成本高、效益低。因此，从长期来看，日益增长的治理费用将成为企业的沉重负担，采用这种战略的企业一般是迫于环保部门及政府的压力而采取的，靠引进污染治理技术及设备等进行污染治理，其创新类型属于渐进型创新，自身缺乏研究开发能力，且企业开发绿色技术投入的资金较少。

2. 参与型战略

参与型战略是指企业在进行绿色技术创新时，除了采用末端处理技术，更注重采用绿色工艺设计。绿色工艺是指在生产加工过程中采用节约原材料、循环、替代及回收及工艺流程的改变以减少排放废弃物所采取的措施。绿色工艺主要从技术入手，其创新属于重大创新，以企业自主开发为主，辅以引进先进绿色技术，需要企业较强的投资幅度。企业的目的不仅是减少环境责任，还在于降低生产成本。

3. 主动型战略

主动型战略是指企业除了采用绿色工艺及末端技术外，还着重于绿色产品研发创新的一种策略。所谓绿色产品是指产品生命周期全过程及其本身，符合环境保护要求，对生态环境无害或危害极少，能源消耗低，资源利用率高的产品。绿色产品生命周期包括五个过程：绿色产品设计及开发，绿色产品制造与生产，绿色产品使用。绿色产品维护与服务，废弃淘汰产品的回收及再使用。在生命周期全过程中对环境无害的产品毕竟不多，但只要能够通过相应措施，将其消极影响控制在生态环境所允许范围内，满足各种技术及质量标准，也可称为绿色产品。

4. 创新型战略

创新型战略指企业在进行绿色技术创新时。除采用末端处理技术、绿色工艺、绿色产品设计外，还需要对企业的组织机构、人力资源以及企业文化等方面进行变革以适应可持续发展的要求的一种策略。企业在实行创新型战略时，应注意以下几个方面。

（1）可持续发展的质量管理和供应商管理。可持续发展战略对质量管理和企业选择供应商的因素提出了新的要求。如：产品除了要具有经济性、可靠性、适用性和美观性外，还要有利于环境保护。制造和使用过程中能源资源消耗少，对环境污染小，另外，还要积极开展环境质量标准化体系认证工作。供应商管理则要求供应商同样具有可持续发展与环境意识；供应商提供零件的材料情况（如是否绿色、无污染）；供应商产品和包装的设计（供应商参与产品设计过程、零部件采用生产技术）；供应商的生产管理（如采用绿色工艺等）。

（2）可持续发展的绿色营销。绿色营销是指企业在营销过程中顺应可持续发展的要求，以环境保护观念为企业经营哲学思想，以绿色文化为价值理念，实现消费者利益、企业利益、社会利益及生态利益的协调统一。绿色营销的过程包括树立绿色营销观念、设计绿色产品、制定绿色产品价格、绿色营销的渠道策略和绿色营销促销活动。即要在绿色营销环境条件下形成企业生产经营的指导思想；使用的原材料和包装要有利于环境保护；产品价格要反映绿色成本，并要确定能够使消费者接受的绿色价格；选择具有绿色意识、绿色信誉的分销渠道来销售；传递绿色信息，进行绿色推广，激发市场营销者重视可持续发展的国内外绿色信息等。

（3）可持续发展的组织变革、文化建设和人力资源管理。可持续发展对产品研究开发、设计和制造及报废等都提出了新的要求，这便要求企业的组织机构做出相应的调整和改革以适应可持续发展的要求，同时企业应加强人力资源的管理和企业绿色文化的建设，提高职工节约资源、能源和重视环保的意识。

因此，企业可以根据自身的需要做出选择。

9.3.3　物流企业服务创新

9.3.3.1　人才战略

现在物流企业拥有廉价的劳动力资源，但高素质人才却是稀缺资源之一，如果人力资本素质不能得到提升，企业的很多物力资本投入并不能发挥最大效用，甚至事倍功半。要建立人才培训及激励机制，吸引更多的优秀人才加入到低碳经济技术创新的队伍中来。逐步建立起多渠道、全方位的人力资本资金支持和保障体系，为人才引进机制顺利实施提供保障。物流企业要加快培养和引进发展低碳产业急需的科技人才和高水平的团队，储备一批在新能源和碳技术方面具备国际领先水平的人才。

9.3.3.2　通过“碳标签”推动低碳产品的生产

走在前列的欧美国家很多产品已通过“碳标签”以及低碳产品认证以标明该产品生命周期内的碳排放量。在低碳经济时代，消费者会更有意识地选择低碳产品。低碳产品认证以产品为链条，吸引整个社会在生产和消费环节参与到应对气候变化中来，通过向产品授予低碳标志，从而向社会推进一种以顾客为导向的低碳产品采购和消费模式。

从长远战略来看，低碳产品具有巨大的发展空间，因此物流企业在提供服务时应该借鉴“碳标签”这一思想，在使用的资源与提供的服务上表明“碳标签”，在全球低碳经济的背景下，能够吸引国际供应链链主的青睐，有利于进一步提高企业的竞争力。

9.3.3.3 加大科技投入

1. 加大基础技术升级

对技术、工艺、装备上存在的薄弱环节进行改造和提高，优先发展先进适用技术，提高各主要能耗环节的节能效率或提高能效技术与装备的使用率，推进能源梯级综合利用技术。

2. 加大可再生能源技术研究与引进

重点研究低成本规模化可再生能源开发技术，利用太阳能、生物能、水能、风能等低碳能源进行生产；在仓库建设中利用太阳能资源等可再生能源；采用非化石燃料的设备。

3. 加强“产、学、研”结合创新体系建设

加强与科研机构和高等学校的联合，并建立协作体制，利用多层次、多形式联合，展开重点技术研究，开发拥有自主产权的低碳技术和产品，并加强技术开发、转化和应用。同时企业要对二氧化碳回收与储存技术的研究和开发项目加大力度。

4. 加强国际科技合作

国家先进经验表明企业技术创新不仅要自行进行技术创新活动，引进创新也发挥了重要的作用。国际间的低碳技术转让是发展中国家能够发展低碳技术并最终向低碳经济发展的必要之路，技术的国际间转让能够很好地解决企业中低碳技术的缺乏，促进关键低碳技术的不断突破，从而加快世界整体低碳经济建设的步伐。因此，必须通过合作以及协商发挥市场机制的作用，及时关注国外先进碳技术，注重将国际先进技术引入企业，减少研发时限和难度，夯实企业低碳经济下培育竞争力物质基础。同时对于具有相对优势的核心低碳技术，制造业企业可以与国外发达国家进行合作开发，这样不但能够降低研发成本、节约资源，还可以相互学习，实现资源共享，通过国际间的低碳技术转让，减少技术创新障碍。

5. 提升自主创新能力

我国实现低碳经济的根本出路还在于提升自己的技术创新能力，即自主创新，要将引进消化吸收与创新有机结合起来，技术创新是新能源能级提升的孵化器，需要结合公众对提高生活品质的需求，以及资本市场的融资平台，推动企业进行低碳产业自主创新进程，并通过引进消化吸收再创新将宝贵的技术创新转化为企业生产和技术提升的动力，自主创新对低碳经济产生积极作用，实现经济的可持续增长以及向低排放模式的快速转变。

9.3.3.4 低碳包装

过度包装曾是一个普遍的问题，研究发现产品的包装占到整个产品重量的5%左右，因此减少包装既可以节约包装在生产过程中所产生的碳排放，也可以减少运输包装而产生的碳排放。研究表明，车上放置50千克的物品每1000千米多耗4升油，因此，如果运输车中放置10千克无用的包装物随车行驶1000千米，会多耗0.8升油。

零售业巨头沃尔玛是包装减量化的佼佼者，通过减少包装，沃尔玛既减少了成本，又提高了效率，实现了可持续性发展。仅通过减小各种产品的包装这一项改革，沃尔玛每年大约就可以节约超过30亿美元的开支，其中减少单个玩具的包装项目，2005年沃尔玛就节省了240万美元的物流开支。包装减量化给企业带来的不仅是直接的经济收益，而且还有间接的环境收益。减少包装，有助于节约资源和保护环境，促进物流企业实现低碳化发展。包装减量化的实现，不仅需要在生产过程中尽量采用简化的、用可降解材料制成的包装，而且需要在流通过程中积极采取措施以实现包装的合理化与现代化。具体来说如下。

1. 包装的模数化

包装的模数化即包装的标准化，主要通过确定包装基础尺寸等的标准，以实现包装的通用化。具体来说，需要包装模数尽量与仓库设施、运输设施的尺寸模数相统一，而一旦包装模数标准确定之后，进入流通领域的各种产品必须要按照模数规定的尺寸进行包装。包装的模数化不仅有利于集合小包装，迅速实现集装箱和托盘的装箱、装盘，而且也方便于运输和保管，从而实现物流系统的合理化。

2. 包装的大型化和集装化

包装的集装化有利于物流系统的集装方式实现机械化操作，便于物流企业在装卸、搬运、保管和运输等过程中采用机械化手段操作集装箱、集装袋以及托盘等集装方式，从而加快物流环节的作业速度和提升物流运营效率。而包装的大型化，既有助于减少单位包装，节约包装材料和包装费用，也有利于保护货体，从而减少货损和保管成本。

3. 包装的循环化和再处理化

包装的循环化即实现包装的多次和反复使用，包装的循环化需要企业采用通用包装、周转包装以及梯级利用包装，具体来说，通用包装可以不用专门安排回返使用，从而减少回返运输费用；周转包装如饮料、啤酒瓶等，可实现多次反复使用；而梯级利用包装，可以把一次使用后的包装物，直接转化为他用或经过单处理后转化为他用。包装的再生处理化则主要针对废弃包装，对废弃包装物经过再生处理，再生处理后转化为其他用途或制作成新材料，同时在开发新的包装材料和包装器具时，要尽量用较少的材料实现多种包装功能。

9.3.3.5 低碳运输

1. 改变物流运输高依赖于汽车公路费节能运输方式

从运输的方式来看，公路运输所产生的二氧化碳绝对值最大，海运运输和空运次之，铁路运输最小，而公路运输方式中低水平的运输供给能力普遍过剩，高层次的运输供给能力相对不足，具体来说重型货车、特种专用车辆所占比重低，货运车辆以中型普通货车为主，高效低耗的重型货车、厢式车、集装箱偏少。目前我国物流的集疏运基本依赖于汽车公路运输，但从节能角度来看，长距离的公路运输并不是经济环保的运输方式，相比而言，铁路在中、长距离大宗货运中具有较大优势，公路在高附加值商品以及短途客货运中机动灵活、时效性好，水路运输在大宗和散装货物运输中优点显著，而航空运输则较适于大中城市间长距离旅客运输。汽车公路运输不仅运输能力小、成本高、安全性差，而且能耗较大，作为单一运输的方式，自身存在非常多的弊端。相对于单一运输方式，综合运输方式将公路、铁路、水路、航空等各种运输方式有机地联系在一起，多种运输方式的分工协作，使物流企业的集疏运更安全、节约、高效和环保，同时能充分运用公路、铁路、水路、航空各种运输线路和基础设施资源，形成效率更高、效益更好的运输能力。未来需要政府和物流企业进行统筹规划和优化资源组合，完善综合运输网络布局，同时加强各种运输方式的有效衔接和配套，使铁路、港口码头、机场及公路实现“无缝对接”，从而降低能耗。

2. 确立铁路运输在低碳物流运输体系中的骨干地位

在综合交通运输体系中，铁路运输具有低排放和大运量的优势。以客运为主的高铁为例，高铁主要采用电力驱动，不仅人均能源消耗量相对较少，而且基本上没有碳排放，人均能源消耗量仅相当于航空运输的四十分之一，汽车运输的五分之一，是一种利用清洁能源的交通方式。由于铁路运输具有其他运输方式不可比拟的节能优势，因此应当确立铁路运输在现代物流体系中的骨干地位。目前铁路运输已具备了一定的发展水平，从铁路运输的基础设施来看，我国铁路拥有基本覆盖全国的设施网络、信息网络和经营网络，能为各个主要货流方向提供强大的通道运输能力，因此对于大批量、中长距离的物流运输具有明显的技术经济优势。同时，我国铁路拥有众多的边境口岸站和港口站等物流设施，为我国中西部的经贸发展、外向型经济的规模化发展，以及开展国际物流服务等都提供了一定的基础条件，铁路运输已成为实现现代物流向内陆地区的有效延伸和扩展，成为构建强有力的集装箱海运、陆运和空运等多式联运系统的最有效载体。因此，铁路对于构建我国高效的现代物流体系具有不可替代的重要作用。

3. 使用清洁能源和低碳运载工具

目前国内物流企业的车辆运输主要靠汽油或柴油驱动，汽油和柴油等油品的碳排放系数较大，在燃烧时会产生大量的二氧化碳以及一些有毒物质，对外界会产生严重的污染。因此从环保的角度出发，应该鼓励生产和使用以甲醇、乙醇、液化石油气、压缩天然气和太阳能等替代燃料为动力的汽车，以新能源作为燃料，相应研制新型发动机，以提高车辆燃料效率和减少碳排放。运载工具上，由于大吨位、重型专用运输车单位运输成本较低，因此要针对大吨位、重型专用运输车高速安全和单位运输成本低的特点，以及专用车产品向重型化、专用性功能强、技术含量高转变的特点，大力发展8吨以上的重型柴油车和集装箱牵引车。这样一方面通过进一步提高重型专用车辆的比重，另一方面通过鼓励发展适合城市运输的冷藏货物、散装货物、液态和气态货物的特种车辆，同时积极推广散挂汽车等列车运输技术和集装箱拖挂等集装单元在货物运输领域的运用，从而降低单位运输成本。此外，要加快货物车辆的厢式化进程，争取在较短时间内逐步淘汰现有的普通敞篷货车，实现货物无裸露运输。与大吨位车、重型专用车特别是集装箱列车，是我国未来公路运输车辆的发展主力趋势相一致，要及时调整运输装备的发展模型。因此，需要公路运输装备的发展模式发生如下转变：需要从低吨位、低完好率、低速的中型卡车向高吨位、高完好率和高速的重型卡车发展，从散货式卡车向集装箱式卡车发展，从高比重的短距离运输向高比重的长距离以及超长距离运输发展。

4. 公路运输降级油耗小技巧

公路运输时注意一下问题可以降低油耗。

在车辆行驶中，使用最高挡，保持经济车速时速 60～90 千米匀速驾驶，磨损最小，最省油；急加速比缓加速多耗油 30% 以上，急加速时，发动机燃油供给系统的供油量突然增加，导致燃油混合气变浓，使燃油燃烧不充分，造成燃油浪费，同时轮胎磨损增加 70 倍；急减速，制动强度一般较大，车辆需要消耗较大动能才能实现迅速减速或停车，重新加速或起步既浪费时间，又浪费燃料；急速跟前车或穿插抢车都费油，在拥堵的路口，要耐心跟车行驶，不急加速跟进或从两侧绕行穿插，以便减少急加速、急减速和停车的次数；在交叉路口提前估计交通信号灯变化，及时调整车速，提前滑行，避免在交叉路口每次都停车和突然制动，造成油耗增加；上坡行驶可在坡前 500 米轻微加速，开始上坡时可以减少踩踏加速踏板的力度，靠车辆惯性冲坡；频繁变道比直线行驶多耗油 12%，频繁变更车道，需要不断地改变速度、急加速、制动，发动机一直处于不稳定工作状态，行驶距离延长，使大量的汽油在不知不觉中变成了没充分燃烧的尾气；上了高速开窗比开空调耗油，车辆在高速行驶时，开车窗会使空气阻力增大，耗油量增加，增加的油耗会比使用空调消耗的还要多，通常，车速超过 80 千米/小时，开空调比开窗省油。

技巧一：不需要原地热车。通常情况下，很多车主会在冷车启动后，在原地停留怠速热车。但这样做超过 1 分钟，对发动机的损耗便会非常大。调研数据显示，这样做不仅增加了 2.7% 的发动机故障风险，而且原地热车还会增加 11.3% 的二氧化碳排放，实属“损人不利己”的举动。而且，原地热车还会使排气管内的积水无法排出，导致排气管生锈，严重的甚至会被腐蚀穿孔。

技巧二：停车超一分钟要熄火。堵车或等红灯的时候，绝大多数车主的做法都是挂入空挡，拉上手刹，然后静静等待。但试验得到的数据却证明，发动机在空挡情况下怠速运转 3 分钟消耗的燃油足够让汽车多行驶 1 千米。正因为如此，目前欧洲为了减少汽车尾气排放，停车立刻熄火已经被作为交通法规强制执行。

技巧三：开车时别打手机。调查结果表明：开车拨打手机，驾驶员会下意识将车速平均降低 17%，同时错过路口的风险也会随之增加 40%。如果把时间也算入环保范畴的话，打电话开车平均还会很不环保地浪费驾驶员 7% 的时间。

技巧四：时速超 60 千米/小时别开窗。一直以来，所有汽车制造商都在竭尽全力地降低车辆风阻系数。但是，敞开的车窗绝对会让厂家所做的这些努力毁于一旦。试验表明，打开车窗，汽车的风阻将提高至少 30%。

技巧五：下车后要关闭电器。现如今，车上带的各种耗电设备越来越多，让大家倍感舒适方便之余，它们也在不知不觉间增加着人们的油费支出。试验结果标明，后挡风电加热器使用 10 个小时，整车油耗将增加 1 升。

技巧六：胎压正常能省油 3%。数据表明，只要有一个轮胎少打气 40 千帕，这个轮胎就会减少 1 万千米的寿命，而且还会令汽车的总耗油量增加 3%。而经过测试符合厂家规定要求的胎压，大约可以降低油耗 3.3%。若轮胎气压降低 30%，当汽车以 40 千米的时速行驶时，轿车的油耗会增加 5% ~10%。

技巧七：缓加油能减少噪声。一次猛加油和缓加油，同样的速度，油耗相差可达 12 毫升，每千米会造成 0.4 克的多余二氧化碳排放。另外，由于急加速造成轮胎与地面的强烈摩擦而产生的噪声污染更是匀速驾驶时的 7 ~ 10 倍，还会使轮胎的磨损增加 70 倍，追尾风险增加 4.3 倍。

5. 开展共同配送

共同配送是由多个企业共同联合起来组织实施的配送活动，一般来说主要由几个中小型配送中心联合起来，共同分工合作对某一地区客户进行配送。共同配送可以有效地解决由于某一地区的客户较少或客户所需要的物品数量较少而引起的使用车辆不满载、配送车辆利用率不高等问题。根据配送对象的不同，共同配送可以分为以货主为主体的共同配送和以物流企业为主体的共同配送两种类型，通过共同配送货主和物流企业可以实现双赢。具体来说，从货主的角度来说，通过共同配送可以提高物流效率，降低物流成本，以中小批发商货主为例，批发商各自配送很难能够满足零售商多批次、小批量的配送要求，而采取共同配送方式，可以满足零售商多批次、小批量的配送要求，不仅中小批发商可以实现少量配送，而且零售商可以进行统一验货，从而提高了物流服务水平；而从物流企业的角度来说，共同配送带来的收益颇丰，尤其是一些中小物流企业。中小物流企业由于受到资金、人才和管理等方面的影响，导致这些企业存在运量少、运输效率低和使用车辆相对较多等问题，使物流合理化和效率受到一定的制约。但是如果打破企业边界，物流企业间彼此合作，采用共同配送方式，以上诸问题均可以得到较好的解决。综上，共同配送无论对货主，还是物流企业，不仅可以最大限度地提高人员、物资、资金、时间等资源的利用效率，使其取得最大化的经济效益，而且可以尽可能多地去除多余的交错运输，缓解交通，从而进一步获得保护环境的社会效益。此外，随着消费者对物流速度的要求越来越高，直达运输将会大力扩张，不同的物流公司通过共享直达运输渠道，可以把相同直达目的地的货物集合到一起进行运输和配送，从而有效地提高运输效率和服务质量，以及大幅地减少企业成本和碳排放。

开展共同配送，需要以下几方面的努力。

（1）优化物流配送路径。优化物流配送路径，可以大幅减少碳排放。以全球包裹快递服务商为例，UPS 的卡车年均驾驶里程是 20 亿千米，通过实施路线优化项目后，年均可以减少 4800 万千米的驾驶里程。驾驶里程的减少可以直接节约燃油，其中减少 4800 万千米的驾驶里程大约可以节约 1400 升燃油，这相当于每天减少 1100 辆运输车辆，仅此项目就为企业节约了 800 万元的油费和减少了 32000 吨的二氧化碳排放。

（2）大力发展第三方物流。第三方物流是由专门从事物流业务的企业为供方或需方提供物流服务，它可以从更高的角度、更广泛地考虑物流合理化问题，通过第三方物流既可以简化配送环节和进行合理运输，以实现在更大范围内对物流资源进行合理利用和配置，又可以避免自有物流带来的资金占用大、运输效率低、配送环节烦琐、企业负担加重和城市污染力剧等问题。尤其是当一些大城市的车辆配送大为饱和时，专业物流企业的出现可以大幅减少大城市的运输车量，从而缓解物流对城市环境污染的压力。

（3）建立完善的物流信息系统。通过构建基于互联网的物流信息发布、查询电子交易的网络平台，可以实现客户查询、追踪运输工具等功能。具体来说，依托物流信息化平台，使用物流信息软件，应用车载 GPS 定位系统、电子标签和储运条码系统等新技术，以物流信息管理系统处理物流业务，可以不断地促进信息通畅，实现资源共享；公共信息平台与地理信息系统的应用，定位和追踪运输工具以及选择最优运输路径成为了可能，通过物流配送车辆导航装置，配送监控中心可以在物流信息平台的信息共享与交换平台上获得所需信息，从而灵活地规划出最适合当前情况的配送路径，实现对配送车辆的远程监控和导航。此外，通过物流信息平台，可以将配送车辆的实时在途情况向外界发布，以方便客户查询。这种互动模式将在途中的物资数量纳入配送计划，取消了干线运输与末端配送的边界，不仅使物流企业真正达到精细运输、及时运输、降低车辆空驶率，而且提高了物流企业的运输产能比，进而实现了节能减排的目标。

9.3.3.6 低碳仓储

低碳仓储的实现贯穿于仓储中心建设、仓储管理以及仓储节点等的布局，具体来说，主要包括以下内容。

1. 仓储中心建筑要采用最新的绿色建筑技术，以降低照明、空调和设备的能源消耗

目前太阳能技术引人瞩目，其中太阳能电池照明技术被物流仓储中心广泛地使用着，而且还取得了显著的减排成效。以中远公司为例，中远公司通过采用该项技术，来促进其仓储建筑的节能减排。中远公司的北京西毓顺仓库通过放弃传统的灯光照明方式，而采用了 FRP 采光板，以 F 即采光板代替了灯光照明，在仓库的主要工作时间内起到不小的节能减排效果。按每平米 1 万的照明标准，这个 2 万平米的仓库在夏季每月就可以节约 4800 度的电，对我国的电荒缺口而言是个骄人的成绩。此外利用最新的建筑材料，可以延长仓储建筑的使用年限，同样也有助于节能减排。

2. 实现低碳仓储，需要运用合理的仓储管理软件，以提高仓储效率和空间利用率

优秀的仓储管理软件为物流企业提供了灵活的上架策略、周转策略及合理的货位分配策略，这些策略的科学使用不仅可以大幅度地提高装卸和管理效率，而且可以有效地降低能耗和充分地利用仓库资源。例如，根据周转率原则，可以使周转率高的货物自动安排在仓库出口附近，以方便进出货物；根据相关性原则，可以安排相关性大的货物储位相连，同时根据重量性原则，可以把重货放在货架下层，这些都可以降低叉车能耗。而根据堆高原则，可以安排仓库或货架的层高，以充分利用仓库或货架，从而有效利用空间资源。

3. 科学合理地进行仓储物流园区布局，以打造低碳物流园区

仓储物流园区的合理布局，需要政府在郊区或城乡边缘地带等主要交通干道附近专辟用地，将多个物流企业集中在一起，这样一方面可以发挥物流企业的整体优势和规模优势，实现物流企业的专业化和互补性。另一方面，这些企业还可以共享一些基础设施和配套服务设施，既降低了运营成本和费用支出，又获得了规模效益。此外，还可以缓解城市交通拥挤，减轻环境压力，顺应了物流企业的发展趋势，实现了货畅其流。

9.4 案例——惠普勾勒完美碳足迹

目前，“低碳经济”这一名词无处不在，包括中国在内的世界上的很多国家都在积极地发展低碳经济，掀起了一场低碳经济的革命。在低碳经济中，企业扮演着举足轻重的作用，这是因为和个人相比，企业无疑具有更大的能源消耗和碳排放量，同时作为个人，一天的大部分时间也是在企业中度过，其能源消耗和碳排放的大小也同所在企业具有很大的关联性。因此，为了积极参与到低碳经济，企业要从我做起，尽到企业的责任，从企业的各个方面都注意节能环保，描绘清晰的碳足迹。

惠普作为经营信息科技产品的企业，在响应低碳经济的号召方面做出了杰出的贡献。

9.4.1 ProCurve 系列产品

惠普研发的 ProCurve 系列产品，能源效率高，热耗散低，极大地减少能源消耗和电力成本。

惠普 ProCurve 网络产品带有可变速度的冷却风扇，这种节能设计可以实现高效冷却；分布式计算结构可根据交换机的部署规模进行调整，从而优化电力消耗；而支持按每个端口进行远程管理，也能够减少电力消耗和能源成本；针对高达 55℃左右的环境所采用的创新设计，可以减少外部冷却的需要，从而大幅减少空调投放。

也正因为这些优异的节能减排特性，惠普 ProCurve 系列网络产品获得了是业界最著名的网络产品评测机构：美国 Miercom 的“绿色认证”。根据 Miercom 的评测结果，与行业平均水平相比，ProCurve 固定端口交换机能源节省达 38%，而模块化交换机能源节省可高达 45%。也许从数字上看单一交换机所节省的能源是不引起注意的，但如果以一个简单的企业网（2300 个局域网接入端口和 3800 个数据中心交换机端口）为例：ProCurve 能在 5 年内为客户节省近 46000 美金的能源费用。这还仅仅是能源消耗部分，如果将 ProCurve 业界领先的终身保修服务所带来的收益计算在内，企业所节省的费用将是相当可观的。

另外，惠普 ProCurve 交换机还能“模块化”地升级，并将电源、风扇托盘、收发器等备件采用通用化设计，这使企业客户不用淘汰原来的产品及备件，这将大幅减少电子垃圾的产生。而惠普 ProCurve 交换机还享有独一无二的终身维修政策，这也可以延长设备使用寿命，间接地削减电子垃圾的产生。

9.4.2 惠普的生产、销售环节

惠普在生产环节就要求采用低污染、可回收利用的材质；在交付环节，则施了高效的包装和物流流程，旨在降低成本、燃料消耗和环境影响。

例如，ProCurve 产品的运输流程采用泡沫塑料托盘，而非木制托盘。这大大降低了木材的用量，保护了森林资源，并降低了 80% 的运输重量。ProCurve 还利用其全球回收再利用设施重新使用这些托盘。

此外，惠普还推出了全新环保型墨盒多件包装，并声称新包装不仅减少

21%重量，还降低38%的碳足迹。惠普还表示，按一年周期计算，新包装减少的碳足迹等同于飞机往返旧金山和华盛顿此所产生的碳足迹，或者在美国70辆小车一年所产生的碳足迹。据了解，惠普制造包装所用的卡纸材料由mead westxaco提供，新包装采用卡纸替代所料作为原材料，平均可减少60%的塑料使用量，并且具有可观的回收价值。

毫无疑问，我们已经进入了低碳经济时代，任何个人都无法忽视。而作为企业而言，更应该采用低碳技术/产品或者采用各种方式降低能源消耗和碳排放量，塑造一个纯净低碳的绿色社会，为社会、为人类的健康发展而做出努力。

惠普作为生产企业和社会参与者已经响应了关于低碳经济的要求，并且低碳经济的成果（低碳产品）受到了广大消费者的好评，提高了自身的市场竞争能力。很明显，在当前这个提倡环保的大背景下，低碳产品的设计开发与市场占有，对没有低碳意识和虽意识到低碳经济的重要性，但是没有采取行动的企业来说，无疑是一个巨大的威胁。

10　基于大数据环境下物流服务创新

案例　看亚马逊如何运用用户行为数据

亚马逊是全球最大的一家电子商务网络公司。目前，亚马逊能够根据用户不同的需求为用户提供不同的图书目录。亚马逊能够提供的图书目录是全球任何一家书店存书的 15 倍。没有宏伟的建筑和众多的员工，亚马逊书店的 1600 名员工人均销售额 37.5 万美元，比全球最大的拥有 2.7 万名员工的 Bames & Noble 图书公司要高 3 倍以上。现在，亚马逊公司正向着商品的多样化方向发展，销售的产品包括 CD 音乐、销售图书、电子产品、厨房用具、玩具、服装、体育用品、新鲜食品、珠宝、手表、化妆品、乐器等，产品应有尽有。全球约有 20% 的独立用户使用亚马逊的零售和拍卖网站，亚马逊全球独立用户数量达到了 2.822 亿，位居全球第一。在 2013 年 3 月，亚马逊的销售额超过了其他欧洲电子商务公司，成为商品数量最大、最受顾客欢迎的电子商务公司。而这一切的实现，都归功于大数据技术。

在过去一年多的时间里，大数据已经充分得到了亚马逊高层的关注，认识到自己正坐拥大数据这一金矿。亚马逊不断地完善自己的数据中心，为企业经营创造利润。首先，亚马逊全面地收集用户购物流程中搜索产品的类型，搜索产品的价格，最终购买的产品等信息，将这些信息一一记录在它的数据库。除了把用户购买产品时的行为数据记录在数据库里，亚马逊还会在特定的时间利用特定活动来收集用户的行为数据。例如，关于是否喜欢春节的投票，喜欢春节的用户大部分都是儿童、年轻人，亚马逊可能会推荐各种礼物，如玩具、游戏机、漫画书等。老年人一般都不会喜欢春节，亚马逊会推荐他们一些养生的书籍。假如用户对于投票不热情，亚马逊就会用钱来吸引用户说出自己的需求，将用户的观点、倾向和兴趣爱好彻底地打上亚马逊的“标签”，全部记录在亚马逊的数据库里。然后，亚马逊对自己数据中心的数据不断地分析、整合，挖掘出这些行为数据背后有价值的信息，不断地描绘出用户的各种行为和需求，最终对那些有明确需求导向的用户作精准的营销。

市场研究公司 Constellation Research 分析师雷·王（Ray Wang）称：“亚马逊并不是一家商务公司，而是一家大数据公司。”马逊拥有的海量数据不仅可以帮助其零售业务的运营，还可以通过大数据对公司的运营状况进行规划。亚马逊拥有的数据中心可以对客户的需求信息、物流过程的配送情况等进行有效的分析和处理，以此来规划亚马逊未来的发展。

资料来源：看亚马逊如何运用用户行为数据[EB/OL]. http://www.20ju.com/content/V140425.htm, 2010-03-08.

10.1 大数据时代

未来学大师、世界著名未来学家托夫勒提出：“如果说 IBM 的主机拉开了信息化革命的大幕，那么大数据才是第三次浪潮的华彩乐章，大数据是迈向智慧世界的自然演进，是第三次浪潮中的聚焦点。”

10.1.1 大数据时代来临

几十年前，“数据”对于一般人来说，还是一个非常专业的词汇。而如今，“数据”在我们的日常学习和工作当中已经无处不在。我们日常生活中摄影、绘图、写文章、打电话、短信、邮件等，时时刻刻都在产生着大量的数据。我们产生的数据量大到令人难以想象：互联网上，新浪用户每天通过微博转发的信息已经超过了一亿条；每天谷歌处理的用户请求达到数亿次；每年网购的交易额要以千亿来计……根据 IDC（国际数据公司）的监测统计，在 2011 年全球数据总量已经达到 1.8ZB（1ZB 等于 1 万亿 GB，1.8ZB 也就相当于 18 亿个 1TB 的移动硬盘），而这个数值还在以每两年翻一番的速度增长，预计到 2020 年全球将总共拥有 35ZB 的数据量，增长近 20 倍，大数据技术与服务市场将从 2010 年的 32 亿美元攀升至 2015 年的 169 亿美元。开源分析机构 Wikibon 预计，2012 年全球大数据企业营收为 50 亿美元，未来 5 年的市场复合年增长率将达到 58%，到 2017 年将达到 500 亿美元。

由于每天源源不断地产生大量的数据，各行各业积累的数据量越来越大，再加上数据结构类型复杂而且种类繁多，传统的数据库系统已经难以对海量数据进行存储，传统的数据中心也很难及时有效地对数据反馈的信息作出应答，由此产生了"大数据"这样一个概念。2012 年 3 月，美国奥巴马政府宣布投资 2 亿美元启动"大数据研究和发展计划"，并且定义为"未来的新石油"，希望增强政府集结、分析和萃取海量数据的能力，这个由世界最强国家政府推动的项目，标志着"大数据"时代的到来。

10.1.2 大数据的定义

"大数据"是由英文词汇"Big Data"翻译过来的，过去通常说的"信息膨胀"、"海量数据"、"海量存储"已经难以描述这个新事物。世界著名咨询机构麦肯锡公司于 2011 年 5 月发布的《大数据：下一个创新、竞争和生产力的前沿》报告中对"大数据"给出了如下的定义："大数据"是指其大小超出了典型数据库软件的采集、储存、管理和分析等能力的数据集。该定义有两方面内涵：一是符合大数据标准的数据集大小是变化的，会随着时间推移、技术进步而增长；二是不同部门符合大数据标准的数据集大小会存在差别。这是一个对大数据理解具有主观性的定义，不同的人不同的企业定义大数据的标准是不一样的。例如，相对于一台笔记本电脑，1PB 就是大数据。大数据研究机构 Cartner 给出了这样的定义：大数据是需要新处理模式才能具有更强的决策能力、洞察发现力和流程优化能力的海量、高增长率和多样化的信息资产。本书认为，大数据就是通过新型的数据中心收集、存储、处理和分析海量数据，并及时有效地获有价值得信息。

从大数据的定义我们可以看出，大数据不同于过去的海量数据。它的基本特征可以用 4 个 V（Volume、Variety、Value 和 Velocity）来概括，即体量大、多样性、价值密度低、速度快。

（1）数据体量巨大。人们日常生活中的各种行为都在源源不断地产生大量的数据，数据的存储容量已经不仅仅局限于 PB 级别。在这个信息爆炸的时代，数据的产量和数据的存储量还在保持着高速的增长速度。

（2）数据类型繁多。复杂多变的数据结构包括结构化数据和非结构化数据。和以前以二维表形势储存的结构化数据相比，非结构化数据的类型变得越来越多，包括短信、电话、微博、视频、搜索请求等。数据类型的多样性使得对数据的处理能力提出了更高要求。

（3）价值密度低。以文章为例，一篇大约8000字的文章，通过不停地阅读分析和筛选，有价值的信息可能仅仅只有一两句话。如何在海量的数据面前，迅速准确地筛选出有价值的信息成为大数据环境下的巨大挑战之一。

（4）处理速度快。物联网、互联网、手机、平板电脑等无时无刻不在人们的日常生活中产生着大量的数据。而且随着网络的普及，人们对于实时数据的需求更加迫切，处理数据的效率成为制约企业发展的主要因素。

10.1.3 大数据的价值

伴随着互联网，物联网、云计算技术一一进入人们的眼球，大数据已经普遍存在于各行各业中，并在这些行业中积累了PB级别的数据，这些数据已经开始造福于人类，创造出巨大的价值，成为信息社会的首要财富。

对于企业而言，麦肯锡全球研究报告《大数据：下一个创新、竞争和生产力的前沿》指出，大数据在企业中的价值主要体现在两个方面：分析使用和二次开发。大数据的分析使用就是通过对大量数据的分析总结，使经济决策部门更加准确地把握经济发展的走向，科学地制定并实施相关的决策。在大数据环境下，数据的价值往往是在隐藏在庞大的数据背后，通过对数据的分析、处理，挖掘出它的价值，从而获得有用的信息。一般使用的有价值的数据仅仅只是只是海量数据的一小部分。数据结构复杂，数据来源众多，造成了数据收集的困难，对于如此庞大的数据只使用一次就把它抛弃太可惜了，这好比是一个可口的蛋糕只吃了一口就扔掉了。大数据的二次开发就是分析使用已经用过的数据，从而获得更大的价值。

任何一家企业，想要利用大数据带来经济效益，就必须提前做好准备工作：首先，要研制具体的工具，来处理大型服务器产生的数据；其次，任何一家企业都需要构建适合自身的数据库，用它来挖掘隐藏在数据背后有价值的信息。据调查显示，全球最大的零售商沃尔玛公司，每天通过分布在世界各地的6000多家商店向全球客户销售的商品超过2.67亿件，而它的存储数据已经达到了4PB，这是一个令人们无法想象的天文数字，它的数据库仅次于美国政府的官方数据库。可是，现在这个世界上最大的超市还在不断改进和完善它的数据库。不难看出，未来大数据技术在大型企业中必将占据着核心地位，企业间的竞争将上升到数据间的竞争，数据的时效性、完整性都影响着企业在未来社会中的地位。

对于个人而言，智能手机的出现为大数据的开发应用搭建了良好的平台。在种类繁多的大数据当中，有一类数据是探测人们所在位置产生的定位信息——GPS 技术。GPS 技术不仅可以帮助人们随时了解自身所处位置，同时还能够提供目的地的位置和路线。现在，我们可以看到 GPS 定位个人位置数据已经被用来创造新的商业模式，而且这种模式几乎涉及每个人的生活。

数据已经无孔不入地渗透到我们的日常生活中来，大数据的可预见性给人们的生活带来了方便。例如，如果在公交汽车上安装传感器，随着汽车的移动，沿途收集路经地点天气状况，每隔 10 秒一次，传回国家气象局，那么经过这些准确数据集合起来反映的天气状况将不再是天气预报，而是天气实报。

10.1.4 大数据的冲击

对于政府而言，在数据量急速膨胀的信息时代中，政府领导人面临的任务和工作越来越具有挑战性。数据量的迅速增加，传统的数据分析处理系统使得政府难以对当前形势作出很好的应对，使得政府领导人陷入了进退两难之地，面临着很多问题。他们面临的问题主要包括：如何收集海量数据？如何确保数据的安全性？如何通过企业间的信息共享，来获得更加准确的信息？为了应对大数据对政府冲击带来的严峻挑战，2013 年 12 月 5 日在北京世纪金源大饭店举行了中共最具影响、规模最大的大数据领域盛会——2013 中国大数据技术大会。大会上中国工程院院士、CCF 大数据专家委员会主任李国杰明确指出大数据就是三件事：第一件事是用我们掌握的技术来处理并发展我们的数据产业，特别强调提高我们数据意识。第二件事就是讲大数据还面临许多问题，不管是系统结构、软件，还是应用方法等。第三件事则是讨论最近几年出来的所谓新的技术，涉及最多的还是大数据技术。而且 2013 年上海市科协主办的“院士圆桌会议”也将焦点聚集在了大数据的驱动创新。大数据是一个契机，虽然政府在应对大数据冲击时存在着各种各样的问题，但是只要我们处理得当，我们就会借机发展我们的数据产业，只要坚持去做大数据，我们就不会错过这次难能可贵的发展机会。

对于学术界而言，大数据作为信息时代第三次浪潮的聚焦点，早已在学术界引起了广泛的争议。目前，北京交通大学宣布加入百度开放研究计划，双方将在交通领域开展深度合作。北京交通大学用十年的时间，搭建起了轨道交通整合及信息服务平台，其交通数据库包含我国铁路运营的各类数据，以及城市轨道交通数据；而百度作为大数据公司，则不仅通过 LBS 业务获得了海量用户交通数据，对于完善城市交通，更是拥有极其雄厚的大数据技术实力，以及大数据挖掘经验。双方通过紧密的合作，借助“大数据智能”服务于我国轨道交通和综合交通的可持续发展。例如，在物联网收集海量数据的前提下，双方合作对高铁运行进行科学预警，做到维修养护合理化，既保证了安全，又提高了效率。

对于医学界而言，目前，医疗系统对于提高医院的运行绩效和采用科技来辅助决策等方面还落后于其他行业。对于如何在保证医疗服务的前提下尽可能地减少医疗成本，仍然是一个亟待解决的难题。大数据的到来，使用大型数据库作为工具，辅助产生更加有效、更加经济的政策，能够有效地避免医疗失误、降低医疗成本、提高医疗服务。

2010 年，美国的医疗支出占据国内生产总值的 17.9%，比 2000 年增长了 13.8%。而且，很多难以发现、持续时间特别长的疾病一直保持着较高的患病率，并且一直消耗着更多的医疗资源，通过大数据技术可以对这些患者提供最有效的治疗方案。大数据技术使用医院患者的电子健康档案，与新的分析工具相结合，寻找有效的统计趋势，并依据真实的数据开展医疗评估。

总之，大数据的到来，已经渗透到各行各业，引起各行各业高度关注的同时也给它们带来了巨大效益。但是我们不该只是把数据看作是为决策者提供解决方案的一种依据，而应该把大数据看作是一种影响企业未来格局的战略资源，利用大数据对企业战略规划和运营模式作出全方位的部署。

10.2 大数据与物流服务

案 例

由阿里巴巴集团在 2003 年 5 月 10 日投资创立的淘宝网络是亚太地区较大

的网络零售商。截至2010年12月31日，淘宝的注册会员超过了3.7亿人。2011年的交易额为6100.8亿元，占中国网购市场80%的份额，比2010年增长66%。2012年交易额为8000亿元，仅在2012年11月11日这一天，淘宝的单日交易额就达到了191亿元。而今年淘宝“双11”的单日交易额再创新高，达到了350.18亿元。从今年淘宝“双11”的交易额就能明显看出，网购的交易额正呈现出不断增长的趋势，尤其是在节假日网购交易的数量已经到达了空前巨大的地步。淘宝的销售额为何会出现如此大幅度的增长，大数据在其中起着举足轻重的作用。

一方面，淘宝运用数据中心不断收集用户的观点、习惯、兴趣爱好等信息，将所有的数据记录在自己的数据库中，然后对数据库中的数据不断地分析处理，挖掘出在数据背后有价值的信息，描绘出用户的需求，向用户作定向、准确的营销。另一方面，由于淘宝交易额巨大，往年都会在配送过程中出现分拨爆仓等现象，最终造成用户退货。前阿里巴巴总裁马云前瞻性地看到了网购高峰期给物流企业带来的沉重负担。2013年5月30日，阿里巴巴集团协同顺丰集团、中国邮政等物流公司以及有关的金融部门共同宣布成立“菜鸟科技网络公司”。在2013年的“双11”期间，菜鸟网络根据淘宝在线商家各种历史网购交易数据，研制开发出了新型的数据雷达服务，用来避免物流企业的分拨爆仓等现象。利用数据雷达可以对商品的配送线路和城镇网点进行实时的预测，这些数据将更加客观地帮助物流公司决策提供依据，提升物流的服务质量。当用户购买商品后，淘宝通过与物流企业的紧密合作，有效地提高物流效率。单个商品配送行为的数据是无规律的，但当配送的商品达到一定的规模，数据积累到一定量时，我们就可以通过数据中心的不断分析、处理，挖掘出它们共有的规律。通过收集、分析大量数据总结出的规律，然后针对不同的商品配送选择不同的运输方案和运输路线，及时、完整地把商品送到用户手中。

随着大数据时代的到来，物流企业正一步一步地进入数据化，物流企业间的竞争逐渐演变成数据间的竞争。在物流企业的运营中，运输、装卸、分拣、配送等环节中产生的数据量都是巨大的，这给物流企业对数据的及时有效处理带来了极大的困难。大数据技术通过数据挖掘、数据储存、数据分析等为经营决策者提供重要的依据，科学的制定决策方案并及时、准确地实施，提高物流企业的整体运作效率。

10.2.1　物流业为什么要做大数据

"物流业是一个产生大量数据的行业，在货物流转、车辆追踪等过程中都会产生海量的数据，这么多资源如果不用就浪费了"，申通信息技术部总监邱成说。在这个信息爆炸的时代，物流业每天都会涌现出海量的数据，许多物流企业的管理者早已发现了这个宝贵的机遇，通过挖掘隐藏在数据背后的信息价值来为他们的决策提供帮助，从而为自身企业带来利润。但是仅仅建立数据库来分析市场和客户的需求变化，这已经远远不能满足物流企业对数据的需求，许多物流企业已经着手运用大数据，可是物流企业什么要做大数据呢？

（1）信息对接，了解运作过程。在信息化时代，网购呈现出一种不断增长的趋势，规模已经达到了空前巨大的地步。这将给网购之后的物流带来了沉重的负担，使物流企业对每一个环节的信息需求量也越来越大。每一个环节产生的数据都是海量的，过去传统数据收集、分析处理方式已经不能满足物流企业对每个环节的信息需求，而大数据可以有效地将信息对接起来，将每个节点的数据收集并且整合，通过数据中心分析、处理转化为有价值的信息，从而了解物流企业的运作状况。

（2）提供依据，帮助物流企业管理者做出正确的决定。低成本和高效益本来就是物流企业面临的两大矛盾体，可实际上这是难以同时达到的。传统的根据市场调研和个人经验来进行决策已经不能适应这个数据化的时代，只有真实的、海量的数据才能真正反映市场的需求变化。通过对市场数据的收集、分析处理，物流企业可以了解到具体的业务运作情况，能够清楚地看清市场的需求变化，专注于真正带来高额利润的业务，避免无端的浪费。同时，通过对数据的实时掌握，物流企业也可以随时调整自身的业务，以确保每一业务都可以带来利润，从而实现高效运营。

（3）巩固客户关系，避免客户流失。人们生活水平的显著提高，网购的急剧膨胀，使物流服务对客户越来越重要，良好的物流服务成为能否留住客户的关键因素。在商品的配送过程中，客户都希望实时的掌握物流运作各方面的数据。这对物流企业的数据中心提出了更高的要求，希望能够提供所有满足客户需求的信息。随着市场经济的快速发展，更多的客户选择，更加激烈的竞争，与客户维持良好的关系变得尤为重要。物流企业通过对数据挖掘和分析，满足客户对信息的各种需求，就可以与客户维持良好的关系，避免了客户流失。

（4）“数据处理”以实现“数据增值”。目前，在物流企业的整个运营过程中，每天产生的数据量是如此的庞大，而且这些数据中结构化数据仅仅只是一小部分，绝大部分都是非结构化数据，非结构化数据必须要转化为结构化数据才能储存。这就造成了并不是所有的数据都是准确的、有效的，很大一部分数据都是延迟、无效的，甚至是错误的。物流企业的数据中心必须对这些数据进行“数据处理”，并找出有价值的信息，实现“数据增值”。

10.2.2　大数据在物流业的应用

市场竞争愈演愈烈，对大数据技术的开发利用，成为物流企业培养客户、提高服务效益和综合竞争力的有效途径。客户需求的多样化和个性化，对物流服务的运作流程提出了更高的要求，物流企业必须不断地创新和完善自身的运作机制，研究出具有针对性的物流服务，才能适应不断变化的物流市场，满足用户的各种需求。在物流企业的运营过程中，大数据主要应用在以下几个方面。

（1）市场预测。商品进入市场后，并不会一直保持不变的销量，是随着消费者行为和需求的变化而不断变化的。以前，我们总是习惯于通过采用调查问卷和历史经验来寻找客户的来源。通过问卷调查得到的结果往往需要几天，此时结果很可能已经是过时的了，延迟、错误的调查结果只会让管理者对市场需求做出错误的估计。大数据技术的利用，将会完全杜绝这种现象，通过大数据技术，物流企业可以描绘出客户的行为和需求信息。通过真实而有效的数据反映市场的需求变化，从而对产品进入市场后作出预测，进而合理的控制物流企业的库存和安排运输方案。

（2）物流中心的选址。物流中心选址问题要求物流企业在充分考虑到企业运作特点、商品特点和交通线路等情况下，使配送成本和固定成本之和达到最小。大数据中的分类树方法对这一问题做出了很好的应答。通过分类树解决物流中心选址问题时，需要调查四方面数据：①中心点的位置；②每个中心点的需求；③替代点的位置；④中心点和替代点之间的距离。

（3）优化配送线路。物流企业如何高效地完成运输任务，提高整个配送过程的效率，归根结底就是配送线路的优化问题。即通过收集数据得到的物流信息来管理每一辆执行运输任务的车辆，让每条线路的车辆更快、更安全地完成运输任务，同时有效降低整个配送过程中产生的费用，而这正是物流行业管理层所关注的问题。物流企业通过数据中心来分析商品的特性和规格、客户的不同需求（时间和金钱）等问题，从而迅速地对这些影响物流企业配送计划的因素做出反应，比如选择哪种运输方案、哪种运输线路等，有效地制订配送计划。物流企业高层管理员通过数据中心反馈来的配送信息来满足客户的需求和降低运营成本。在选择配送线路的时候，充分考虑到商品的规格大小和利润价值大小，以及顾客数量、顾客位置和订货量的不同，运用大数据中的遗传算法选择最优的配送线路。而且还可以通过车辆配送时时产生的数据，快速地分析出配送路线的交通状况，对事故多发路段的做出提前预警，提高物流企业的信息化水平。在任何时候，用户都可以实时地掌握商品配送过程中货物的运输信息，使物流企业的整个配送过程管理智能化，提高了对突发状况的可预见性。

（4）合理的安排商品的仓储。储存位置的合理利用对于仓库利用率和分拣效率的提高具有十分重要的意义。对于大规模的物流中心来说，合理的商品储存位置就意味着时间和金钱。对于哪些货物放在一起可以提高分拣率，哪些货物储存的时间较短，都可以通过大数据的关联模式法分析出商品数据间的相互关系来合理安排仓储。

10.3 大数据与物流企业服务创新

在大数据环境下，每分每秒都有着潮水般的数据涌现在决策者、管理者的面前。据调查显示，物流企业信息系统中拥有数万亿字节的用户信息、商家信息以及业务运营信息，数据已经成为业务活动的副产品。大数据作为一个新生的领域，比起互联网、物联网、云计算等技术还略显年轻，大数据在拥有巨大商业价值的同时，遭到了企业管理、数据技术、人才匮乏等诸多的问题的挑战。中国工程院院士李国杰进一步指出：“现有数据中心技术难以满足大数据的应用需求。首先，存储能力的增长远远赶不上数据的增长，设计最合理的存储构架已成为信息系统的关键；其次，数据的移动已成为信息系统最大的开销，信息系统需要从数据围着处理器转变为处理能力围着数据转；此外，高扩展、高可用的数据分析技术，新的数据表示方法，高通量计算机等都是亟待解决的问题。”现在具体从流程、管理、技术、和应用四方面分析大数据在物流企业中存在的问题。

10. 3. 1 从流程的角度来看

（1）在数据收集阶段，数据源的复杂性使数据的质量难以得到保证。大数据的数据来源有很多，数据结构随着数据源的不同而不尽相同，物流企业要想保证从多个数据源获取的数据质量并进行有效地数据整合是极富挑战性的。从多个不同的数据源收集来的数据存在着各种各样的冲突和矛盾，在数据量较小的情况下，通过人为地分析和简单地编程就可以解决数据间的矛盾。但是，当数据量庞大到一定规模时，就无法通过简单编程和人为分析来获取有价值的信息，只能通过搭建正规的数据平台来分析处理。在收集数据的时候，由于数据的变化较快，有效期很短，如果物流与企业没有实时地收集所需的数据，那么收集到的数据很可能是无效的、过期的数据，在一定程度上影响着数据的质量。数据收集阶段处在整个数据生命周期的开端，这个阶段的数据质量对后续阶段的数据质量起着决定性的影响。因此，物流企业应该重视数据收集阶段的数据质量问题，为数据后期的应用提供高质量的数据基础。

（2）在数据存储阶段，单一的数据结构难以满足大数据存储的需要。由于大数据的多样性、丰富性，简单而且单一的数据结构（如关系型数据库中的二维表结构）已经远远不能满足物流企业对大数据存储的需要，物流企业应该建立专门的数据库技术和专门的数据仓储设备来储存数据，保证数据存储的有效性。同时，数据库管理员应该根据大数据的结构特点制定相应的数据存储和使用标准，以方便数据的快速读取和利用。如果数据的存储不合理，那么不仅在数据存储的时候占用系统极大的空间，在后期利用数据进行线路选择等问题时，面对杂乱无章的数据，很可能对物流企业的运营状况造成错误的估计。

（3）在使用数据时，难以把握数据的时效性。大数据的真正价值在于对数据的有效分析和应用，通过对数据的分析得出有效的信息并对决策者提供帮助。大数据涉及的使用人员众多，很多时候是许多人不断地、同步地对数据进行提取、更新、分析和使用。任何一个环节出现问题，都会影响数据的质量，进而对物流企业的运营造成严重的后果。但是由于大数据规模庞大、变化速度极快，数据分析、处理如果不及时，那么后来得到的数据必然是无效、过期的数据，不仅不会帮助物流企业占领市场的先机，还会对物流企业的运营起着误导的作用。

10.3.2 从管理的角度来看

（1）物流企业高层管理者对大数据技术缺乏高度的重视和支持。只有得到了物流企业高层管理者的重视，一系列跟大数据有关的应用及发展规划才能有望得到推动，大数据的价值才能在物流的运营过程中真正的挖掘出来。然而，大数据技术在中国还处于不成熟的阶段，许多的物流企业高层管理人员还没有意识到大数据挖掘技术、大数据分析技术给自身企业带来的商业价值到底有多大，对大数据的理解并没有真正提升到企业发展战略规划的高度。缺少高层管理者的支持，物流企业对大数据挖掘、分析和应用的重视程度就会大大的降低，再加上，大数据自身的多样性和复杂性，使大数据的质量就无法得到有效、全面的保证，不利于物流企业间竞争能力的提升。

（2）数据中心体系不够完善。目前，购买数据库的成本远远低于物流企业自己构建的数据库，而且购买数据库的效率也不是自己构建的数据库能相比的，这就造成了我国的中小物流企业重视数据库的购买而忽视了数据库的建设工作。在大数据的时代浪潮中，数据中心不够完善成为许多物流企业面临的一大难题，由于数据的时效性，购买的数据库并不能完全保证跟市场和需求信息的同步，而且只是购买来的数据已经远远不能满足物流企业对数据的需求，只有构建自己的数据中心，物流企业才能实时的掌握客户的需求和物流配送中各个环节的信息，企业才能走得更远。

（3）数据中心亟须专业的数据管理人员。专业数据管理人员的配备才是保证大数据质量的关键，由于大数据本身的多样性、复杂性增加了数据在处理和管理上的难度。现在物流企业亟须专业的既懂得数据挖掘、数据分析处理技术，又熟悉物流企业运营的技术人才即首席数据官（Chief Data Officer，CDO）。在大数据环境下，物流企业想要充分利用这一机遇就必须有 CDO 这样的新型管理人才，根据物流企业的业务需求和配送过程选择合适的数据收集、筛选工具，进行有关的数据挖掘、数据处理和数据分析等工作，并根据相应的分析结果对物流企业运营提供相应的依据和意见。

对于中国传统的中小型物流企业来说，许多物流企业数据库并不完善，即使拥有完整数据库，规模也是比较小，数据库复杂程度很低，利用数据挖掘技术挖掘市场的机会也较少。因此，对于大数据的认识还很不足，更不会意识到建立 CDO 职位的必要性和重性。即使在拥有大型数据中心的物流企业，他们的数据处理和分析部门也处于一个辅助的地位，没有得到管理部门的高度重视。CDO 的门槛本身就非常高，既要对物流企业各项业务的运作流程十分熟悉，又要懂得数据挖掘、数据处理等技术的运用，集这些技能于一身的人才在中国十分稀少。CDO 的缺失是中国数据管理方式落后的直接体现，传统落后的数据管理方式已经不能满足当前大数据环境下对数据质量的要求，这种对大数据的应用需求和 CDO 人才缺失之间的矛盾成为中国大数据应用面临的巨大难题之一。

10.3.3 从技术角度来看

如今物流企业间的竞争已经上升到数据间的竞争，在面对大数据冲击的时候，物流企业仍面临着许多技术难关的束缚。

（1）如何将非结构化的数据转化为结构化的数据是一项巨大的挑战。数据有着结构化数据和非结构化数据之分，结构化数据主要是指关系数据库中的数据；而非结构化数据的形成主要是人们日常生活中的短信、电话、图片和视频信息等。北京市科学技术委员会委员陈力工指出结构化的数据只占到互联网整体流动数据的 10%，剩余 90% 都为非结构化数据。在物流企业的运营过程中，非结构化数据的存储必须要先转化为结构化的数据才能够存储，高效的数据转化技术是数据质量的保证，所以如何将非结构化数据转化为结构化数据是物流企业亟待解决的一大难题。

（2）数据库技术过时是物流业的一大难题。在数据储量规模较小的情况下，关系型数据库就能满足物流企业数据存储的需求。一般物流企业信息系统数据库中的记录通常会达到几千条或上万条，规模稍大点的物流企业，其数据记录能会高达几十万条，在这种情况下，检测数据库中缺失、错误、延迟无效的数据非常容易，几十分钟甚至几分钟就能完成对所有记录的扫描和检测。然而，大数据的热潮在中国迅速掀起，许多物流企业依然采用的是传统的关系型数据库，对先进的大数据存储处理技术仍处于学习和了解阶段，这已经不能满足物流企业对数据的需求。大数据环境下，每一天从客户和物流配送过程中反馈来的数据都是海量的，传统的数据库已经远远不能满足物流企业对数据存储的需求。

（3）如何利用大数据分析技术提高数据质量也是物流企业的又一难题。在大数据时代，物流运营过程中的数据量不仅巨大，而且数据结构种类繁多，不仅仅是简单的、结构化的数据，更多的则是复杂的、非结构化的数据。若要识别和检测出大数据中、缺失、无效、错误、延迟的数据，往往需要查阅数千万条甚至数亿条记录，传统的数据分析技术常常需要几小时甚至几天或者十几天的时间才能完成对所有数据的扫描与检测。

10.3.4　从应用的角度来看

（1）数据开放与数据整合还非常难，大大降低了数据的质量。物流企业开放数据的意义，不仅仅是满足企业内部人员的知情权，了解企业运营的整体状况；更在于让大数据时代物流企业最重要的用户需求数据、配送流程中的数据自由地流动起来，以推动物流业经济的发展。然而，物流企业高层管理人员对数据开放、数据共享认识的不足以及投入不够，成为数据开放的绊脚石。数据增值的关键是整合数据，然后挖掘出数据背后有价值的信息，因为数据的结构和标准是不一样的，给数据整合带来了极大的困难。数据能否整合关系到数据能否得到充分利用，而如何整合数据，成为物流企业面临的一大关键问题。

（2）大数据在物流业中应用范围小，应用费用高，这直接制约着大数据在物流企业中的应用。在中国物流业，大数据的应用主要集中在对客户需求、行为信息的了解，商品的储存以及配送过程中各种信息的反馈，在其他方面对大数据的应用略显不足。随着物流企业内部的数据量越来越大，日后大数据将成为影响物流企业发展的主要因素，每个物流企业构建自己完善的数据中心成为必然的发展趋势。构建一个完善的数据中心不仅需要花费大量的金钱，还需要许多专业的既懂得数据挖掘、数据分析技术，又熟悉物流企业运营的复合型技术人。这就造成了构建数据中心的成本极大，再加上利用数据中心进行数据储存和分析处理所耗费的成本，很可能会对企业造成沉重的负担，甚至望而却步。因此，在大数据应用范围小、应用费用高这个问题上，物流企业高层管理人员必须要有远见和充足的心理准备。

（3）数据开放与公民隐私如何平衡，将是影响物流企业长远发展的难题。在大数据时代里，物流企业在利用大数据为自己创造收益的同时也要认真考虑如何保护用户的隐私。在信息时代，用户的各种行为需求都是可以被记录的，甚至各种习惯、倾向、爱好都会被记录在数据库里。然而这些数据的使用是否应该得到用户的允许呢？用户是否会因为数据的泄露而遭到骚扰呢？这些数据是否会被滥用呢？面对激烈的物流行业竞争，推动数据全面开放、应用和共享的同时，物流企业该如何保护用户的信息呢？国家逐步加强用户隐私立法，在物流企业充分利用客户信息进行运营的同时，最大限度地保护公民的隐私，将是大数据时代的一个重大挑战。

10.4 大数据时代物流企业的对策

在这个数据爆炸的信息时代，“数据”这种抽象的东西，已经无孔不入地渗透到我们的生活，在各行各业中变得越来越具体和重要，尤其是在物流业变得尤为重要，成为当前时代发展的前沿。数据的快速增长给物流企业带来宝贵的机遇同时也面临着严峻的挑战。作为服务业的重要领域，物流企业在大数据时代的发展对策必须做出相应的调整。

（1）物流企业高层管理者加强对大数据的认识。目前，国内的物流行业基本上还在采用人工指挥，空车率高达40%以上，一辆货车一年平均载货3万吨/千米，而在美国，他们的运单处理已经实现数字化系统，全程的数据监控使得这个数字高达66万吨/千米，与此同时中国的很多物流企业还在使用传真、电话等传统手段来工作。归根结底是很多物流企业的管理者并没有认识到大数据技术在这个信息时代的价值所在，不清楚大数据的应用带来的价值。大数据在物流领域的应用，可以通过对顾客群体细分来实现对每个群体量体裁衣般的采取独特的行动，通过模拟现实来发掘新的需求和提高投入的回报率，通过分析消费者的行为特征进行商业模式、产品和服务的创新等，而且还会提高管理者的决策水平、服务效率和社会管理水平，这些应用将会为物流企业产生巨大的商业价值。因此，物流企业应该在高层管理的领导和带领下，加强对大数据的认识，清楚大数据在信息时代的真正价值所在，带领企业迎接这场没有硝烟的大数据战争。

（2）构建完善的数据中心。在物流企业的运营中，从采购进货管理、销售发货管理、库存储位管理、财务会计管理、配送管理等子系统都包含着信息的上传下达，都要通过数据中心和共享信息来完成对物流企业运营的实时监控。在这个过程中，数据中心是整个企业的“中枢神经”指挥着企业的高效运营。例如，在货车上安装车载摄像头，不仅可以监控运输中的货物情况，而且可以通过智能系统进行数据采集，确保运输过程中的实时沟通，以确保货物不遭到损坏，这在一定程度上也减轻了司机的负担。同时，它还减少了司机的疲劳驾驶情况，增加了公路的安全系数。数据中心还可以实时记录驾驶时间、燃油效率、车辆的行驶位置、制动情况、挂车稳定性、控制激活系统等关键事件。所有这一切监测和分析，都将通过卫星或基站，在配送途中实时沟通以获得解决。

（3）构建完善数据中心的同时，必须设计、开发或引进智能化的、先进的、专业的大数据技术。在物流企业的运营中，包括运输、储存、装卸、搬运、包装、流通加工、配送等环节中产生的数据是庞大的，但是并不是所有的数据都是有价值的，而且物流企业对数据的时效性要求也非常高，过期的数据只会让管理者对物流企业的运营状况做出错误的估计。先进的大数据挖掘、大数据分析处理技术能够及时有效地筛选出有用的数据，并迅速地将收集来的非结构化数据转化为结构化数据，以实现对数据质量问题的检测与识别，分析出有用的信息，以供管理者进行决策。因此，设计、开发或引进智能化的、先进的、专业的大数据技术刻不容缓。

（4）聘用专业的大数据人才——首席数据官。数据挖掘和数据分析是物流企业运营最关键的部分，也是大数据环境下企业能否长远发展最重要的因素之一。一名专业的物流大数据人才——首席数据官（CDO）既要熟知物流企业的整体运营情况，还要对数学、统计学、计算机等多方面的知识综合掌控。初级的分析人员只能是对数据进行报表、描述性分析，真正高级的首席数据官需要对数据做出预测性的、有价值的分析。从目前的人才储备来看，物流企业急需这种复合型人才。为应对大数据环境下间的激烈竞争，物流企业必须高薪聘用专业的大数据人才，或与学校联合培养人才，或建立专门的数据科学家团队，或与专业的数据处理公司合作，以解人才之急。

（5）加强客户隐私的保护。大数据环境下，如何保护客户的隐私，成为关系物流企业稳定发展的另一重要因素。首先，持续开展物流企业信息的安全检查工作，提高员工认识，自觉将客户信息保护纳入到安全管理中去，建立常态化的客户信息安全检查机制，包括检查企业是否建立了信息安全保护制度，该制度是否健全、有无存在被黑客利用的网络安全漏洞，检查相关岗位工作人员责任制是否健全、信息安全保障措施是否到位。其次，强化责任，确保执行到位。保护客户信息安全，检查是必不可少的前提，但光有制度和措施还远远不够，还必须有相应的奖惩制度，才能确保执行到位。物流企业在对员工教育和管理时，要制定严格的处罚制度，防止客户信息泄露。尤其是在快递详情单的使用、收回、销毁等过程中，或是与电子商务等大客户签订并执行严格的信息保护协议时，更要做到对每个环节的有效管控，坚决遏制泄露客户个人信息的行为发生。最后，未雨绸缪，与第三方签署客户信息保密协议。物流企业应结合市场现状展开深入剖析，从第三方角度来确保客户信息安全，与相应的电商做好沟通，签署客户信息保密协议，堵住一切可能导致客户信息泄露的渠道。

总之，大数据技术的开发和利用是一个系统工程，大数据时代可以促进物流企业的转型升级；由同质化竞争向差异化竞争转型；由注重单一的物流服务向注重客户体验服务转型。大数据技术将是物流企业的核心竞争力之一。

参考文献

［1］陈新明．淘宝数据平台数据仓库建设［D］．大连：大连理工大学，2013.

［2］方家喜．大数据国家战略有望提上议程［N］．经济参考报，2013－10－11.

[3] 郭晓科．大数据[M]．北京：清华大学出版社，2013.

[4] 郭延娜，郑伴．数据仓库与数据挖掘在物流企业中的应用［A］．中国科技博览，2011（29）：302.

[5] 李耀新．大数据时代的挑战与机遇[J]．上海信息化，2013（10）：11－12.

[6] 刘润生．大数据对政府的大影响[N]．学习时报，2012－11－26（7）．

[7] 麦肯锡．大数据：下一个创新、竞争和生产力的前沿[J]．安晖，陈阳，张鼎，译，同步跟踪国外工业和信息化最动向，2012，25（57）：23－25.

[8] 涂子沛．大数据[M]．南宁：广西师范大学出版社，2013.

[9] 王元卓，靳小龙，程学旗，等．网络大数据：现状与展望[J]．计算机学报，2013，36（6）：1127－1129.

[10] 杨永刚．数据挖掘在流通领域中的应用[D]．武汉：武汉理工大学，2006.

[11] 佚名．百度联手北交大攻坚交通难题　五院士献策大数据[N]．科技日报，2013－12－04.

[12] 叶玉萍．数据挖掘技术在物流业中的应用研究[J]．福建电脑，2009，25（5）：2－3.

[13] 张艳．大数据——物流企业的新蓝海[N]．现代物流报，2013－05－23.

[14] 张艳．物流行业如何拥抱大数据[N]．现代物流报，2013－11－26.

[15] 宗威，吴锋．大数据时代下数据质量的挑战［A］．北京：科学出版社，2013，33（5）：40－42.

[16] 朱子昊．基于数据挖掘技术的物流信息系统研究[D]．上海：上海交通大学，2007.

第五篇　物流企业服务创新案例篇

11　快递企业物流服务创新案例研究

快递业是以最快的速度在寄件人和收件人之间运送急件的行业。随着经济的快速发展，物联网和电子商务的逐渐成熟，对快递的需求逐渐增加，快递企业也随之快速发展。

快递企业资本投入较大，需要在营业网点、车辆设备、处理中心、信息系统等业务运营资源方面投入大量的资本，而人工薪酬和日常的运营也需要大量的资金投入；快递业务的多个环节主要依赖人工完成，且人均处理能力有限，从而导致每年业务量增长需要大量的资金投入；此外，我国快递行业具有明显的区域性，东部地区（长三角、珠三角、环渤海）的业务量占比最大，其次是中部地区，最后是西部地区；最后，快递行业的季节性特征很明显，节日消费的季节性高峰以及每年第四季度社会贸易和运输业务高峰，形成快递业务需求的旺季，对快递企业的峰值处理和投递能力提出了较高的要求。快递企业的这些显著特征就对企业的运营提出了较高的要求，迫切地需要企业创新来改善目前的情况。

中国邮政一方面作为中国最早出现的快递性质的企业，一方面具有国有资产的性质，面临的问题更加突出，更加需要进行创新。

11.1　中国邮政速递服务创新背景介绍

中国邮政速递物流股份有限公司（简称中国邮政速递物流）是经国务院批准，中国邮政集团于2010年6月联合各省邮政公司共同发起设立的国有股份制公司，是中国经营历史最悠久、规模最大、网络覆盖范围最广、业务品种最丰富的快递物流综合服务提供商。

中国邮政速递物流在国内31个省（自治区、直辖市）设立全资子公司，并拥有邮政货运航空公司、中邮物流有限责任公司等子公司。截至2010年年底，公司注册资本80亿元人民币，资产规模超过210亿元，员工近10万人，业务范围遍及全国31个省（自治区、直辖市）的所有市县乡（镇），通达包括港、澳、台地区在内的全球200余个国家和地区，营业网点超过4.5万个。其主要经营国内速递、国际速递、合同物流等业务，国内、国际速递服务涵盖卓越、标准和经济不同时限水平和代收货款等增值服务，合同物流涵盖仓储、运输等供应链全过程。拥有享誉全球的“EMS”特快专递品牌和国内知名的“CNPL”物流品牌。

然而，面对国内创立的大大小小的民营快递企业，如“四通一达”、顺丰速运、天天快递等，以及来势汹汹的国外快递企业，如DHL、UPS等，邮政速递如何利用其优势在激烈的竞争中求得生存与发展是个非常严肃的问题。

11.2 中国邮政速递服务创新途径

在进入2011年以后，中国邮政速递物流快速发展，尤其在开发重点客户，进行业务创新方面，一次次展现出了“国家队”的实力。

（1）物流机制创新

江西省邮政速递物流公司按照中国邮政集团公司提出的“以战略思维谋划未来”的工作要求，确立了“一年速变、二年扭亏、三年翻番实现良性循环”的发展战略，积极探索以支撑业务发展和平稳推进改革为主线，以建立与市场竞争和现代企业制度相适应的运行机制为目标，加大改革创新力度，以新机制运行新体制、以新体制促进新发展的改革发展之路取得明显成效。

①以精简高效为原则，突出抓好组织机构改革

根据中国邮政集团公司关于速递、物流省市县一体化专业经营的实施方案，江西邮政在原全省速递、物流专业实体化经营的基础上，将全省11个市及所辖县全部纳入改革整合范围，凭借速递和物流现有业务、国际及中国港澳台包裹和分销配送等业务，以及相关品牌、资产、人员等，组建了江西省邮政速递物流公司。

专业化改革到位后，江西省邮政速递物流公司加强了建章立制工作，半年时间内先后出台了40多项规章制度，涉及人力资源、财务管理、营销体系

等各个方面，基础管理工作逐渐步入规范化、制度化轨道。

②创新领导干部任用机制路线确定以后，干部就成为决定因素

江西省邮政速递物流公司取消了机构和人员的行政级别，取消了原来按年龄改非的干部退出机制，制订了《市县公司领导班子成员约束机制》，建立了优胜劣汰、奖优罚劣的竞争管理机制，明确了责令辞职的9种情形，做到能者上、庸者下、平者让，使各级领导干部恪尽职守、尽职尽责，并为优秀年轻干部提供成长机会和发展通道，将真正有能力、有事业心的人安排到关键岗位，着力打造一支懂经营、会管理、高素质的干部队伍。

③以统一集中为准则，构建稳健的财务管理体系

江西省邮政速递物流公司制定了《江西省邮政速递物流财务管理暂行办法》，创新财务管理模式，实现管理的扁平化、精细化和信息化，有力地支撑了速递物流的扩张发展。构建“一级管理、二级核算、三级运用”财务管理框架。“一级管理”是指对企业资金、资产、投资和部分成本实行集中管理、统一调度、统一配置，既最大限度地发挥资源的规模效应，又通过合理配置把优质资源引向高效、长效和朝阳业务；“二级核算”是对企业经济事项分省、市两级进行会计核算，分别设置省公司和市公司两套账并单独核算，县公司实行报账制；“三级运用”是指单独反映和评价省、市、县三级企业的经营业绩以及财务状况，为三级管理人员提供分析决策、考核评价的依据，同时对市公司的财务人员实行派驻制，由省公司直接任免，薪酬福利由省公司直接发放、直接考核。

（2）营销模式创新

邮政速递在激烈的竞争环境下，改变了以往重点客户为“散户”的模式，选择和企业或者组织合作，发展其业务。

①“平安电销”保险单据配送

此项目是邮政速递与中国平安在上海张江电销总部正式启动的“总对总”的保险单配送服务。所谓“总对总”的保单配送服务体系指的是：“平安电销”与中国邮政速递物流签订保单配送服务总协议框架，“平安电销”各分支机构再与当地邮政速递物流共同制订具体的服务方案。

②“邮”“电”共赢式合作

此为中国电信湖南分公司与湖南邮政速递物流有限公司签署的双方战略

合作协议。根据协议，两家公司将依托各自的优势资源，以固移融合的语音服务及其他合作项目为载体，在通信服务领域、速递物流领域全面建立战略合作伙伴关系。充分发挥不同企业在客户群、产品、技术、渠道、服务等方面的专业优势和特点，实现合作双方的业务融合和共赢式发展。

一方面，湖南邮政速递物流有限公司能够利用自身优势，为电信运营商提供仓储、大件运输、终端配送等服务，最大程度地节约物流成本，提升工作效率；另一方面，中国电信湖南公司依托其在数据通信、移动定位技术上的优势，则可以为湖南邮政速递物流在呼叫中心建设、网络接入、信息传输、网点监控等方面提供强大的技术支持。

③加油站便利店一体配送

此项目是贵州省邮政速递物流有限公司与中石化贵州石油分公司签订中石化“易捷”便利店一体化合作合同。

自2008年开始，中石化贵州石油分公司逐步发展以“易捷”便利店为主导的非油品业务，将加油站打造成集加油、购物、用餐、休息、汽车保养与维修于一体的“汽车生活驿站”。今后，贵州省邮政速递物流将开通对中石化贵州分公司从贵阳至贵州全省、市、州、地所属加油站便利店的物流仓储、运输、配送服务。作为贵州省最大的成品油经营企业，中国石化贵州石油分公司有遍及全省中心城市、高速公路、国道、省道、公路主干道及农村的成品油零售网络体系。面对如此庞大的网络，贵州省邮政速递物流特有的网络和综合服务优势发挥了作用。他们不仅在贵州全省建有6个物流集散中心，4万平方米的处理场地，还可以为省内客户提供基于供应链的综合物流服务。因此，这场企业间的合作，也是一次网络与网络的深度融合——邮政的“速递物流网络”与中石化的“成品油零售网络”。

④汽车旧件回收物流服务

这是安徽省邮政速递物流公司与江淮汽车轻卡营销公司签订的旧件回收物流合作协议，这拉开了与江淮汽车的合作序幕。江淮汽车集团有限公司同意将全国范围轻卡维修索赔件的回收物流服务，逐批交给邮政速递物流运营。

看似“冷门”，这一业务方向却十分符合国家新政策的要求。国家发改委等11个部委曾联合发布《关于推进再制造产业发展的意见》，汽车零部件再制造是重点内容之一。而对于汽车企业，旧件回收服务的好坏，直接影响着企业和品牌在客户心目中的形象。但如果自建回收物流体系，又往往得不偿失，外包是最好选择。对速递物流企业而言，除了拓展新业务，还可使为合作伙伴提供的服务更加完善。双方未来的合作前景，很值得期待，因为细分市场的结果，往往是会发现更多的机会。

（3）服务项目创新

浙江省永康市是中国著名的“五金之乡”，位于永康市区的中国科技五金城是全国最大的五金专业市场，占地面积1000余亩，年成交额达357亿元，日货流量2000多吨。市场内有商贸企业数千家，日快递需求量1万余件，年快递市场规模超过7000万元，是申通、圆通、顺丰、韵达等20多家民营快递公司争相抢食的“大蛋糕”。

“这是一座有待深挖的金矿。”借着中国科技五金城被列入重点专业市场开发之机，包括永康邮政速递物流管理层在内的公司全体干部职工深入市场调研，对市场客户和竞争对手情况进行了全面的梳理。完全依赖价格战，不可能征服市场，关键是要给客户提供更快捷便利的服务。通过前期的市场分析和研究，永康邮政速递物流根据市场和客户分布情况，决定采用“品牌旗舰店+派驻式揽收点+大客户中转站+流动收寄”相结合的模式，对这一“金矿”进行全方位、多层次的挖掘。

永康邮政速递物流着力做好市场客户开发和服务工作，公司驻点营销人员对市场内的店铺一家一家地进行走访，对有合作意向的客户重点及时跟进洽谈，对暂时没有合作意愿却有很大业务量的客户进行登记备案，以便下一次重点突破。为了给大客户提供多种个性化的服务，永康邮政速递物流动足了脑筋：通过封发前置，将邮件直接发运金华等处理，节省流通环节，为客户赢得时间；拓展服务外延，驻点人员深入客户中间，直接受理查询、特殊业务、赔偿等内部服务，尽可能为客户提供便利，受到广泛欢迎。

同时，永康邮政速递物流加大重点市场团队建设和激励机制创新力度。公司驻点人员从8人增加到23人，全部统一着装，佩戴工号牌，配备统一的工具包和电子秤，既把EMS良好的服务形象展现给了客户，又有力地保障了上门揽收响应速度，方便了客户交寄。公司还对重点市场的人员制定了单独的考核办法，实行“底薪+提成+奖励”的薪酬模式，极大地提高了员工的工作热情和效率。

2009年，经济危机在全球蔓延，浙江速递物流国际速递业务发展遇到了很大的挑战；2010年，海关出台33号令，加强对进出口货样和广告品的管理，令浙江速递物流国际速递业务的发展再遇难关。面对不利形势，永康邮政速递物流沉着应对，认真分析邮政速递物流产品优势和本地市场特点，耐心寻找国际速递业务突破口。当地不少五金和休闲车企业都在网络上寻找外商，经常有设计完成的休闲车样品要邮寄到欧美国家和地区，这为永康邮政速递物流推广国际"e邮宝"、非邮快递等业务提供了契机。客户通过设在永康市内的一些国际快递企业将邮件寄到美国，快递费用接近四五百元，而通过邮政速递物流推出的国际"e邮宝"业务，客户将邮件寄到美国不仅速度更快，而且价格也很实惠。永康邮政速递物流认为，这是邮政独有的一大优质资源，应该通过走访宣传，让更多客户了解和使用。在接下来的一段时间里，永康邮政速递物流针对当地外贸企业实际，为其量身定做最合理的运递方案。这一举措得到了当地外贸企业的积极响应，使永康速递物流国际速递业务量不降反增。

截至2010年10月底，其国际速递业务量同比增长27.66%，业务收入同比增长13.39%，在全省速递物流名列前茅。

11.3 中国邮政速递展望

速递物流只有高举邮政大旗，凝聚发展合力，最大限度地利用好邮政的整体资源、发挥整体优势，才能巩固和提高邮政速递市场的竞争力与影响力，实现"二次创业"的宏伟目标。

从中国邮政速递物流股份有限公司进行服务创新的案例可以引起我们进行思考：快递企业本身就已经进行了大量的资本投入和人工投入，应该充分、高效地利用这些资源，而不是进行搁置甚至是浪费；快递企业是面向大范围区域甚至是全国的范围，而不是仅仅停留在一个省甚至是一个市，这就需要在全国范围内合理规划分拨中心的布局，做到路径最优化、资源利用高效化、成本最低化；快递企业的基本业务是收件和派件，怎么把这基本的业务以多样化的营销方式销售出去、获取大量的客户、扩大市场占有率，是企业发展的关键所在。

12　电子商务环境下物流企业配送服务创新案例研究

电子商务的快速发展，不仅带来了物流业务量的快速增加，同时也带来了对于物流服务水平的更高要求，物流服务创新迫在眉睫。而那些能够将物流和整合供应链运作结合起来的企业，在其中取得了良好的效果。新邦物流有限公司就是这样的一个企业。

12.1　新邦物流公司物流发展现状

新邦物流有限公司2003年6月18日成立，总部位于广州，现已发展成为集汽车运输、代理国内航空货运出港、城际配送于一体，跨区域、网络化、信息化、智能化的国家AAAA级综合服务型物流企业。目前以汽车运输和航空货运为主，兼顾发展配送等其他物流业务是集代理国际国内航空货运出港、物流配送、航空速递、汽车运输、铁路运输、仓储、城际配送于一体，跨区域、网络化、信息化、智能化、具有供应链管理能力的综合性物流公司。新邦物流旗下拥有9家全资子公司，300多家营业网点，员工6000多人，拥有和整合各种运输车辆600多台，物流设备300多套仓库、分拨场地10多万平方米，日吞吐能力4000余吨。公司与国内外40000多家企业建立合作关系，网络覆盖全国400多个城市，在全国50多个大中城市开通专、快线长途零担与整车业务，并在珠江三角洲与长江三角洲区域内开展城际配送业务。在电子商务飞速发展的大环境下，面对客户的个性化需求和物流业务量增加，新邦物流凭着稳定、可靠、安全的运营网络，科学的资源整合以及先进的管理技术，可为各类企业提供全方位的物流服务。

12.2 新邦物流主营业务

（1）国内公路零担运输业务新邦物流主要承接国内各地零担业务。目前，服务网点达300多家，辐射国内一级、二级、三级城市，主营企业的运输配送服务。现主要客户分为：电子、电器、服装、建材等行业，在不同时效及价位的物流服务可满足客户的不同物流需求。

（2）空运代理为客户提供精准的航空货运服务，承诺“限时未到、运费减免”，保证货物准时到达目的地。与全国40多家机场合作，代理了南航、国航、海航、厦航等多家航空公司业务。

（3）汽运业务方面我公司以华南、华北、华东、西南、华中为主干线，全面开拓全国各地的整车、零担业务，公司自行开设了50多条长途专线及短途专线，通达全国400多个城市，做到天天发车、准点发车、准点到达、保证低价、全程高速，安全、快速，送货及时。

12.3 新邦物流服务现状

1. 不同时效的运输服务

根据不同客户的需求提供各种产品运输服务，其中包括：新邦快线、新邦专线、城际快线、城际专线、定时达、指定航班。

运输是物流公司物流活动中创造空间价值的主要作业任务，其中包括包装、流通加工、搬运，装入、中转、卸下，分拣等一系列操作。为了更好帮助客户成功，2009年新邦重新定位自己——做中国“精准物流领导者”。精准，即是对客户货物精准把控从下单到交货之间的每一个细小环节，确保100%安全到达。为实现这一点，新邦做到了作业流程标准化及顾客服务人性化。有专门的物流配套设施和信息手段，有专业人才针对需求业务流程的不同，能够根据客户业务流程提供“量身定做”的物流运输服务。

2. 提高物流水平的特色增值服务

（1）预存运费及月结运费，多种方便、省心的货款结算方案。

（2）网上营业厅，足不出户自助实现网上下单、查询发货清单、了解价格等服务。

（3）货物追踪，提供电话查询及网上查询服务。

（4）签收单返回，如果发货客户托运货物时提供签收单，新邦物流可将此单交收货人签收后，再将签收单返还发货客户。

（5）综合服务信息，发货人开单后，收货人将收到短信通知，及时反馈货物在途信息，货物到达后语音或电话通知收货人，收货人正常签收货物后，发货人将收到短信通知，代收货款到达客户的账号后，客户将收到短信或电话通知等一系列解决物流问题的服务。物流信息的公开是新邦物流公司与客户衔接的有效途径，信息经收集、传递后，成为决策依据，对整个物流活动起到指挥、协调作用。

12.4 新邦物流公司的物流服务创新优势

新邦物流之所以在国内受到众到企业的青睐与信赖，根本原因就在于电子商务环境下，能够随着客户需求的变化和业务量的改变你不断创新自身服务模式，帮助客户获得诸如供应速度、服务、信息的准确性和真实性并且保障货物准时、安全、专业的运输服务等，主要有以下服务创新优势。

1. 准时、安全、专业的精准运输服务

精准运输服务是新邦物流公司的主营业务，它不断专注而且是精于做运输服务，准时、安全、专业是它对运输服务的根本要求。全部采用进口VOLVO/SCANIA等全封闭厢式卡车，不管是司机还是货物安全上都有保障。只有稳定的时效，极低的货物损坏率，以及专业的运输才能赢取客户的支持与信赖。

2. 直营营业网点管理

新邦物流采用的是直营的经营方式，没有加盟营业网点所带来的各自为政，自负盈亏的经营发展弊端，以地区经理的绩效挂钩，投诉扣分制的举措激励新邦人做好物流服务这一件事，以维护新邦品牌的成长。

3. 强大的信息系统

电子商务迅速发展的今天，极大地拉近了企业与客户之间的桥梁。新邦物流有着强大的信息系统作为支撑，如地理信息系统（GIS），全球定位系统

(GPS)，短信、电话、网络实现全程货物跟踪，使客户可以随时随地掌握货物信息。新邦物流的信息流是其企业的灵魂，是它运行的神经系统。企业管理的本质和核心就是对企业信息流实施有效控制。

12.5　新邦物流公司的物流服务创新内容

1. 拓展和延伸更多物流服务，发展一体化物流服务

基于传统的运输物流服务，新邦物流不管从发展还是服务水平来说都是比较成功的。不但有自己优良的运输系统，还有强大的网络服务系统，这都是新邦在电子商务环境下高速发展的有利背景。但是，在新形式下的第三方物流是集运输、仓储及配送为一体化的综合物流服务。新邦完全可以以企业优势品牌的运输物流服务，延伸和拓展其他物流服务，为原有的客户及新发展的客户提供一体化的物流服务。这样不但有利于自身做大做强，也有利于分散投资风险。

2. 加快发展进程，建设更多辐射更广的营业网点

近年来，新邦物流一直以每年60%的增长速度在高速发展，逐步覆盖更多的二级、三级城市。但是，新邦物流网点建设还是过于地域化，网络营业网点的发展态势过于集中化，没有注意到一些经济相对薄弱的城市竞争少，发展潜力大。这些城市不但可以加大发展进程，向三级城市进驻，也有利于辐射全国，为自身的物流系统提升品牌效益，做中国的第三方物流领跑者。

3. 集成提货系统的车辆调度，减少过剩物流活动

由于新邦物流新设的集货和派送系统还处于传统的收货系统的一个初步整合，并没有形成真正有效的利用其系统的服务，造成一些过剩物流活动。对此，可以采取以下改善措施。

(1) 建立集货中心，统一安排车辆调度。客户统一在全国服务热线下单或网上自助下单，由调度部门安排提货，将货物集中在集货中心，统一安排中转运输。

(2) 优化车辆调度系统，减少过剩物流活动。车辆调度的方法有多种，车辆调度部门可依据客户的货物的大小、交通路线的不同，采用定向专车运行调度法、循环调度法、交叉调度法等调度法，尽量减少空载，重复运输等

过剩物流活动。

4. 提高客户关系管理水平

客户是企业的动力，是企业的利润之源。对客户实行客户关系管理，不仅能了解客户的价值，还能对客户进行分析判断，提供适合客户需求的物流服务。一方面帮助客户实现了满意的服务，另一方面也赢取了客户的信赖。对客户关系管理需从以下几个方面入手。

（1）完善客户基本资料。收集客户完整的资料，如名称、地址、联系方法、联系人、联系人喜好等。对客户资料建立完整的档案，避免联系错了联系人，或搞错了联系人的名字，这样不利于企业自身素质的影响。只有完整的客户资料才能帮你更快捷地找到客户。

（2）利用信息分析、对客户价值评估。根据客户选择的产品服务、完成的交易量等对客户做出价值判断，对客户进行分类和维护，以及评估客户对公司的现在价值与潜在价值。有利于企业自身挖掘客户资源，开拓更多的潜在客户。

（3）掌握与客户有效沟通的方式。在电子商务环境下，与客户的沟通不仅局限于语言上的沟通，还有非语言的沟通习惯等。与客户的有效沟通，比分析判断更有价值。只有掌握与客户有效沟通的方式方法，才能对客户的感知和需求做出响应，强化客户的感知及满足客户的需求。让客户快乐及信任才能赢取客户的忠诚度，从而维持客户资源。

5. 制定灵活的定价策略及结算体系，提高工作人员对程序的灵活处理

（1）制定灵活的定价策略及结算体系

第三方物流企业应根据所提供的整套物流服务来制定个性、套餐式的价格，价格由总部统一制定，价格体系应按某一标准如区域或服务水平进行简化。这样既可使方便地估算成本、选择服务，又便于物流企业计算利润并增加物流作业的灵活性。此外，对于不同的目标市场客户群，可以对同一服务制定差异化的价格策略。

（2）提高工作人员对程序的灵活处理

程序是固定的，但是工作人员可以对程序灵活处理。坚持死板的程序规定不但不利于和客户的关系，也会影响自身的物流服务。

6. 实现供应链系统的动态供需平衡

新邦物流的配送作业高效运行的另一个关键因素是戴尔通过一定的流程

来和供应商之间进行不断的数据调整，维持了供应链的动态供需平衡。新邦深谙信息时代，特别是在物流服务领域，竞争会变得越发激烈。所以，新邦致力于同生产商建立长期的合作伙伴关系，特别是在一些流程和管理工具的开发上，充分考虑了与生产商的配合。

12.6 新邦物流公司服务创新的启示

新邦物流公司的能在如此短时间得到飞速发展不得不让人叹服，而相比之下，一些中小型企业在物流配送和管理方面依然存在某些不足与欠缺，存在供应迟缓、生产滞后、发送延期、服务不周等诸多问题。新邦物流的管理和配送运作模式对这些中小型物流企业具有深远而重要的启示。

1. 企业之间的关系潜入性很好地提升了物流的服务创新能力

为了保证直销模型的顺利运作，新邦物流依赖先进的电子工具，与生产商实时共享一切重要的客户与生产信息，有效地缩短了库存周期，减少了配送过程中的过剩物流活动。因此，为了提高我国企业的供应链管理程度，我们应该努力促进企业间的长期合作，建立相互信任的合作基础；同时要有效提高信息技术的建设水平，为企业间的信息共享建立有效的操作平台。

2. 在产业联动的模式下对供应链进行更好的设计

近年来，商业社会的竞争态势已经发生了根本变化。企业之间的竞争由原来的在技术上展开已经逐渐转移到在供应链上展开。企业比以往任何时候都更加重视供应链的设计和管理。新邦的成功经验告诉我们，先进合理的供应链模式可以有效地降低配送成本、提高配送效率、增加税后利润及更好地服务顾客，最终极大地提高了企业的竞争力。

3. 借鉴新邦物流先进的物流配送模式要因地制宜、实事求是

先进的物流配送模式固然值得引鉴，但它并不适用于所有行业或者所有企业。新邦物流的直销模型只适用于高度标准化的产品，例如计算机，家电等。其他类型的产品，如时装、珠宝首饰等，顾客对产品的亲身体验至关重要，因此一些物流企业在配送这类产品的时候，直销模型并不适用。一些小型物流企业在借鉴新邦发展经验的时候也要考虑自身的能力，盲目跟从只会适得其反。

13　国际物流企业服务创新案例

随着经济全球化的发展，物流业务量的迅速增加，企业间的竞争变得尤为激烈，传统的物流服务模式已经难以满足客户的个性化需求，服务创新已经迫在眉睫。作为国际快递企业四大巨头的联邦快递无疑是服务创新中的成功典范。

13.1　联邦快递发展概况

成立于1971年的联邦快递公司（FedEx）是美国物流行业的领先企业，也是世界物流和配送业的主导型企业。联邦快递每个工作日运送的包裹超过320万个，在全球拥有超过138000名员工、50000个投递点、671架飞机和42000辆车辆。公司的业务范围包括运输、电子商务和商业运作等一系列的全面服务，服务范围涵盖占全球国民生产总值90%的区域，能在24~48个小时之内，提供门到门的国际快递服务。目前联邦快递在全球拥有9个国际快件转运中心，处理来自不同国家和地区的货件，并在中国杭州设有国内快递转运中心，以每小时9000个包裹的分拣速度处理全国200多个城市的包裹，以保证在最短时间内将包裹完好无损的送到客户手中。

经过40多年的发展，联邦快递已成功跻身全球快递业巨头，规模位居国际快递业四大巨头第二位。联邦快递无与伦比的航线权及基础设施使其向215个国家及地区提供快速、可靠、及时的快递运输服务。公司通过FedEx Ship Manager at（FedEx）.com、FedEx Ship Manager Software与全球100多万个客户保持密切的电子通信联系。联邦屡次获选为全球最受尊崇和信任的雇主，旗下27.5万多名员工和承办商均以“绝对、正面”的态度，秉持最严格的安全、道德和专业标准，并且以满足客户和社区的需要为本。

13.2 联邦快递的创新

联邦快递由当初的一个默默无闻的民营小企业而一跃成为全球最大的快递物流企业之一，实在是一个奇迹。联邦快递的成功靠得就是是其创新的服务理念，并最终体现在为客户提供个人定制式的周到服务。

1. 联邦快递的市场创新

联邦快递目前所缔造的全球货物转运的模式其雏形最早来源于其创始人费雷德·史密斯的一篇学期论文。1962 年，弗雷德·史密斯考入耶鲁大学，在大学里，他凭着一名优秀企业家的潜在素质和特有的直觉就预见到美国工业革命第三次浪潮将靠电脑、微处理机及电子装备来维系，而这些装备的维修则要靠量少价昂的组件和零件及时供应，而有关信件、包裹、存货清单也需要在尽快的时间内获得，因此，传统物流运输将无法胜任计算机化的商业社会。弗雷德·史密斯把他的想法写成了论文，他认为创立一种隔夜传递服务公司是十分必要的。

于是，在论文中他构想以航空中心为基础的空运配送模式，这样通过缩短时间差创造了时间价值。这是来自拓扑学的灵感——如果将网络中的所有点，通过一个中心连起来，就像数据交换那样，效率会非常高。而他的教授却认为，论文中的许多观点虽然有某些可取之处，但这些观点是行不通的。首先，联邦政府对空运航线的管制将妨碍这种服务；另外，已经利用客运航线运送包裹的老牌航空公司的竞争也会使这样的服务得不到成功；而且，提供这种服务所需要的巨大资金是任何新创办的公司难以承受的。然而，弗雷德·史密斯创办隔夜快递公司的初衷始终没有动摇过。

基于以上这样创新的服务模式理念，弗雷德·史密斯对快递服务市场精辟独到的分析以及他的努力、他的自信、他的非凡的领导能力，他的不可多得的胆识，特别是他破釜沉舟地把全部家产投到联邦快递公司的勇气和冒险精神，征服了无数精明而狡猾的风险投资。弗雷德·史密斯非凡的创业壮举最终打动了风险投资家们，9600 万美元的风险性创业资金的注入，使他有可能向自己的目标迈进。随后，通过不断建立超级转运中心作为物流网络支点来开拓全球市场。如今，联邦快递已经在全球的许多地方设立了地区转运中心，并以转运中心为支点，不断向周围进行业务辐射，从而构成了庞大的物流网络。

2. 联邦快递的资源创新

创新不是某人或某家公司能一蹴而就的事，为保持竞争优势，企业就必须创造一个鼓励创新的环境。弗雷德·史密斯通过他独特的创新理念创建了联邦快递公司，然而联邦快递之所以能在后来不断取得成功，也是因为其能不断适应商业环境的变化。如果没有不断的创新，联邦快递就不可能发展壮大，也不可能获得成功。可见，创建并维持创新文化是企业发展的必经之路。

在具有丰富创新想法的联邦快递公司内部，总是洋溢着创新的文化气息，这使各个层次的领导者都围绕“引导创新”这个主题开展工作，因此这种氛围是产生和分享新想法的关键。每一次变革都会对整个公司产生巨大的冲击。因此，必须确保受到创新想法影响的各领域的人员都要参与到对这些想法的评估与完善之中来。为确保这一点，联邦快递公司每月都要进行不同阶层的会议，每次会议之前都会进行完善的规划，以便让公司的各级人员都能够参与进来。会议的主角首先是经理和员工；然后是经理和主管；接着是主管和副主席；接下来是CEO、高管和规划主管。联邦快递公司里每个人都很清楚这些会议的重要性。

弗雷德·史密斯和他的高管团队是一支在战略上能够高瞻远瞩的团队，一旦他们明白了某个战略对联邦快递公司运营所具有的重要意义，他们就会就此提出一个又一个新的想法。他们会对这些新想法保持足够的兴趣，并提供积极的支持，持续跟进以保证新想法的成功实施。这个流程可以确保所有的创新方案都能够获得被提出、分享和评估的机会。

3. 联邦快递的组织管理创新

在联邦快递所被人津津乐道的企业文化里面，最常被人们关注的就是他们所谓的P－S－P文化。费雷德·史密斯有句名言：“想称霸市场，首先要让客户的心跟着你走，然后让客户的腰包跟着你走。”怎样让客户的心跟着你走？答案是优质的服务，但谁能提供优质的服务？答案是优秀的员工。正因为认识到这一点，联邦快递实行P－S－P的管理，即员工（people）—服务（service）—利润（profit）的循环体系。简单地说，P－S－P文化就是指：公司在做任何事情时要把人（员工）放在第一位。而这样做的结果是，公司员工在做任何事情时都会把客户放在第一位。

（1）员工。联邦快递深信，员工是公司最重要的资产。作为联邦快递的员工，就是快递业内最优秀的专业人员中的一分子。“P—S—P（员工—服务—利润）”哲学是基于这样一个信念，即积极主动和认真负责的员工，能够向顾客提供专业的服务，确保公司赢利和业务的持续发展。

（2）服务。联邦快递公司最主要的目标之一，就是为顾客提供完全可靠的服务。顾客对服务的满意是公司成功的关键。而要使顾客满意，就必须实现一切服务承诺，并最大限度地以诚恳尊重的态度和专业的工作精神对待顾客。

员工必须认识到，顾客托付给公司的每件包裹和文件，对他们来说都是至关重要的。公司的生计取决于员工的服务质量。为了提供专业的服务，并达到精益求精的标准，员工必须牢记：不要做出公司能力以外的承诺，但必须努力超越公司的承诺。

（3）利润。联邦快递公司的赢利有赖于其全体员工全心全意地工作，以及提供高质量的专业服务。任何公司都必须保证股东的投资得到足够的回报，才能够继续生存。这是放诸四海而皆准的经济定律，联邦快递也不例外。任何事情都是金钱和时间的结合体，因此公司承诺，员工为公司所付出的时间和努力，都会得到适当的回报。确保联邦快递公司业务和员工未来的持续发展而维持赚取利润的持续能力，任何时候都是联邦快递公司首要的任务之一。

4. 联邦快递的技术创新

在过去的二三十多年间，联邦快递非常重视先进科技的应用并持续强化信息化建设，以满足日益增长的业务需要。联邦快递先后引入了多种先进的机型以提升航运能力，并综合使用了多种的 ERP、CRM 乃至专业航线管理软件对整个物流货运系统进行全程监控。联邦快递每年在高新科技研发方面投入 16 亿美元，不断积极、创新地引进高科技，体现出联邦快递不断提高的服务水平。

1973 年联邦首家拥有并运营自己的飞机、首家拥有包裹分拣设施以及专用运送车辆的快递公司；1975 年联邦首家使用电视广告进行业务宣传的航空货运公司；1979 年联邦启用客户、运营和服务控制联网系统（COSMOS 系统）；1980 年联邦首家在运件车上安装电子通信系统的快递公司（DADS 系统）；1984 年联邦首家使用电脑自动化运输系统的公司；1986 年联邦引进超级追踪仪——一种手提条码扫描系统；1989 年联邦打造整合的、无国界的国际国内网络；1994 年联邦首家提供在线查询服务的快递公司；1997 年联邦开设首班环球货运航班；2002 年联邦升级使用 MD11 机型，成为首家也是唯一一家向中国客户提供准时送达保证的国际快递商；2004 年联邦全面升级使用 GPRS 技术追踪包裹信息；2008 年联邦测试使用主动型 RFID 技术追踪包裹、监控包裹的实时状态情况；2009 年联邦美国首家使用波音 777 机型的全货运航空公司；2010 年联邦首家在中国使用波音 777 货机运送国际快递的航空公司（2010）等。

5. 联邦快递的产品创新

联邦快递这个词已不仅仅是一家公司的名字，也是人们在需要快速而及时收到包裹时用的一个动词。“把东西联邦快递给我”（Please FedEx the parcel to me），这种用法在世界上的 200 多个国家中的几十种语言中流行着，也许不久就会出现在朗文、牛津字典的新词当中。正是以市场和客户的需求为原动力的创新，使联邦快递由默默无闻成长为世界上最受肯定和信任的品牌之一。联邦快递集团为遍及全球的顾客和企业提供涵盖运输、电子商务和商业运作等一系列的全面服务。通过相互竞争和协调管理的运营模式，联邦快递集团提供了一套综合的商务应用解决方案，使其年收入高达 320 亿美元。

联邦快递计划扩充国际海关应用系统，这些应用使海关能够在实际运载货物的飞机到达之前，就能看到进入其报关港的货物的单据。许多包裹在实际到达之前就可以被清关，节省了手工清关的费用，使包裹能够更快地到达目的地。联邦快递在 1994 年就建立了自己的主页——Fedex. com，网站在刚开通时只有两页，一页是输入跟踪号码的方框，另一页显示的是包裹所在的地点。而今天，这个网站已经有 8000 多页，每天有 30 多万个送往 215 个国家和地区的包裹接受跟踪。

13.3 联邦快递的成功启示

从联邦快递的成功中我们可以总结出以下的经验。

第一，定位要专业化。联邦快递在成立初始，就给自己定性了。作为专门从事快递业务的公司，联邦快递致力于为客户提供更快、更准时、更能符合客户要求的快递服务。史密斯先生运用服务创新理念，使联邦快递开创了一片全新的市场。因为史密斯先生对快递市场的敏锐嗅觉，使联邦快递避开了其他几项竞争比较激烈的业务。当时UPS全面垄断了全美国的小包裹业务，联邦快递如果以后进入者的身份进入美国包裹递送业务，就算能勉强生存，也绝对不可能达到现在的发展高度。

第二，管理要人性化。联邦快递从一开始就把员工视为企业最宝贵的资产。史密斯先生不止一次在公开场合提到，联邦快递之所以能如此迅速地发展壮大，员工是其中关键的因素，联邦快递的员工是联邦最宝贵的资产。事实上，史密斯先生也是这样对自己的员工的。在美国第一次经济危机爆发的时候，联邦快递也受到很大的影响，然而史密斯先生没有像别人那样采取裁员的措施，而是通过减薪或减少工作时间来降低成本。而联邦的员工也都非常感激史密斯先生，自动降低薪水，有的甚至都不领薪水，以帮助联邦快递渡过难关。每一个员工都以联邦快递为骄傲。每一天的工作都保持很高积极性。正因为联邦快递全体员工努力的付出，所以联邦快递才能为客户提供"使命必达"的服务。客户满意度高了，联邦快递的利润当然也就高了，这就是著名的P—S—P理论。联邦快递的价值就体现在员工、服务、创新、忠诚以及责任上。

第三，创新要持续化。必须随着自身的不断发展而不断变革和持续创新，必须跟着市场走，与时俱进，永不满足。凡是与企业自身发展和生存有关的信息及时掌握，例如，公司在地方、地区乃至全球的影响力，客户信息的反馈，竞争对手的经验教训和发展动向，企业自身的财务状况，都要在零时间内掌握，凡是有利于自己企业的一切东西不仅要懂得，而且要择优引进和及时使用。

第四，服务要差异化。联邦快递从一开始就以为客户提供更好的服务为目标而坚持不懈。联邦快递的服务就是承诺，联邦快递要做的事情就是准时把货物送到客户的手上。为了能更好地为客户提供服务，联邦快递每年用于提升公司信息建设的费用高达10亿美元以上，所以联邦快递的信息网络才会如此的健全，客户能随时随地在任何地方追踪到自己货物的情况。不但如此，联邦快递还免费为客户提供专业的包装箱。除此，联邦快递还推出周六送达服务；一而再，再而三的推迟取件时间；运用最先进的运输工具，缩短货物在递送过程中所花费的时间。总而言之，只要客户能想到的，联邦快递都能做到。

其实联邦快递的生存之道很简单，找对自己的位置，对员工好，对客户负责以及永不停歇的服务创新。就这么简单的四点，却能使联邦快递立于不败之地。

13.4　联邦快递的借鉴意义

目前，我国物流企业与联邦快递这种巨无霸物流企业相比，还存在着相当大的差距。联邦快递的飞速发展对我国物流企业具有重要的借鉴意义。

第一，持之以恒精神和适当的紧迫感。中国人素有："一招鲜，吃遍天"的说法，意思是必须拿出潜力巨大、与众不同的产品到市场上，不为眼前得失而困惑，更不能被一时的挫折而迷失方向。总而言之，只要不是胡思乱想，而是"突发奇想，与众不同"，获得成功的机遇和挑战是同时存在的，而成功往往是属于那些百折不挠的人和企业。

第二，发达、完善的网络管理方式。完善的网络是快递企业高速运转的基础，只有建立了完善的网络系统，快递才能实现真正的高速运转。联邦快递有着巨大的信息网络优势和卓越的网络管理方式，还有支撑其运营的庞大的运营网络。作为一间国际性的跨国公司，联邦快递的文化是尊重多元化及鼓励员工发挥他们的专长。

第三，全新的经营理念。联邦快递正是因其全新的、符合市场要求的经营理念，才取得了如此成功。快递企业要以客户为中心，主动去调整业务范围。准确地接收客户信息，实现货物的全程跟踪，保证随时可以解答客户的咨询需求，为客户提供最方便快捷的服务。另外，还要注意努力提高从业者的素质，强调团队精神和工作积极性，加强员工的服务意识，以便提供高质量的快递服务。

第四，先进科技技术的应用。可以说，先进的科技技术撑起了半个联邦快递。巨大的技术优势是保证联邦快递快速、准时、优质服务的关键所在。庞大的信息化网络使得联邦快递货物能及时迅速地被跟踪、调配和反馈。整个递送过程透明，很大程度增加了客户对联邦快递的信任度。而国内很多快递企业连最基本的网络和通信设备都不健全，货物信息无处查询，延误、丢失都不知原因，使得客户没有一点安全感和信赖感。

第五，在产业联动的模式下对整个配送过程进行更人性化的设计。在整个配送过程中，联邦快递根据制造商和客户的要求，不断创新自身的服务模式，主动去调整业务范围，准确地接受制造商和客户信息，实现货物的全程跟踪，保证随时可以解答制造商和客户的咨询需求，为制造商和客户提供最方便快捷的服务。

第六，从嵌入式的视角与制造企业紧密合作。在越来越激烈的竞争市场，高质量的服务有时并不能满足客户的需要。联邦快递进入中国后，立刻受到广大客户的青睐，不仅仅是联邦快递高质量的快递服务，还有联邦快递善于和制造企业达成紧密的合作伙伴，共同进行生产运营和配送，省去了沟通的环节，有效地降低了仓储成本。

第七，以人为本、真心诚意。联邦快递的经营哲学是真心诚意地关心和爱护员工，从而令员工竭诚为客户提供良好的专业服务，才能确保联邦快递公司利润及业务得以持续发展。联邦快递领导层，基于以人为本的哲学，为员工建立和提供公开的内部沟通渠道及雇员发展政策。联邦快递公司一向重视寻求有才能、有潜质的员工。这些人才应是有诚信、热心、创新及能尊重同事和顾客的。作为一间国际性的跨国公司，联邦快递的文化是尊重多元化及鼓励员工发挥他们的专长。联邦快递的管理层深信任用工作认真的员工是公司成功之道，这正是其员工—服务—利润的中心信念。

14　零担运输企业物流服务创新研究

近年来，随着国民经济的快速增长，零担运输逐渐成为许多物流企业的主营业务。运输市场的竞争日趋激烈，对这些物流企业的服务水平提出了更高的要求。德邦物流有限公司作为零担运输的龙头企业，在激烈的市场竞争中一直占据着优势，成为零担运输的典型成功案例。

14.1　德邦的发展概况

德邦物流股份有限公司是国家“AAAAA”级物流企业，建立于1996年末，截至2013年3月，德邦已在全国31个省级行政区开设直营网点2900多家，服务网络遍及国内550多个城市和地区，覆盖率超过90%，有营运车辆5400余台，全国转运中心总面积超过85万平方米。德邦始终以客户为中心随时候命、持续创新，始终坚持自建营业网点、自购进口车辆、搭建最优线路，优化运力成本，为客户提供快速高效、便捷及时、安全可靠的服务体验。公司秉承“承载信任、助力成功”的服务理念，保持锐意进取、注重品质的态度，强化人才战略，通过不断的技术创新和信息化系统的搭建，提升运输网络和标准化体系，创造最优化的零担运输模式，为广大客户提供安全、快速、专业、满意的物流服务。德邦以每年60%以上的增长速度在国内物流行业崛起，同时获得“全国先进物流企业”等荣誉称号。

德邦物流有限公司从一开始就把服务定位中小型企业的中高档客户群。以现代化物流技术为依托，将多样化的服务推广于客户，旨在提高客户满意度，培养客户对品牌的忠诚度。公司通过营业部和网上营业厅的双重推广，坚持培养新客户和服务中高档客户群的发展思路，努力开拓零担市场。传统的零担物流市场准入门槛低，抗风险能力强，零担运输物流企业成为最为庞大的群体。由于零担整体规模巨大、数量众多，大至全国网络公司，小至夫妻档口，近年来零担运输利润逐步被压缩。由于零担市场90%以上是由小型专线公司构成其管理分散杂乱，无法整体抱成团。一个城市至另一个城市的专线公司少至几十家多至上百家，各公司竞争采取的手段往往都是采取更低廉的价格，最终损失惨重的往往是那些稍具规模的网络公司。由于内部管理不善、成本增高、长期与小专线之间火拼价格，内忧外困下零担运输逐步衰退也是种必然趋势。德邦坚持走较高价格、高效服务的品牌零担物流高端路线的理念正好弥补了传统零担物流企业的市场缺陷。因此，可以展望公司在未来长期发展中仍会占有一部分的市场份额，并且随着客户多样性需求的深入，市场份额将逐渐增大。

14.2 德邦主营零担运输的优势

作为国内的龙头物流企业，德邦始终在做它专业的第三方物流精准运输服务，在国内市场拥有较高的服务水平和客户群，取得不错的发展与品牌影响力。德邦的发展是迅速、平稳而又扎实的，其成功源于德邦物流股份有限公司管理层多年坚持的公路零担运输。德邦在业务流程建设、标准化运作、个性化服务各方面，紧紧围绕时效、安全、可靠性等物流服务核心要素，力求做精、做细、做优；同时创新模式，变革管理，打造零担物流品牌化经营新标杆。德邦充分利用现有资源和优势，构建完善的零担物流管理和服务体系，使服务水平得以大幅度提升。把零担运输作为自身的主营模式，德邦并不是盲目的，是根据企业本身的优势全力打造国内一流的专业零担运输服务品牌公司，而德邦企业自身的优势主要包括以下几个方面。

（1）自建网点多、专线多。德邦零担物流在公路运输中最大的优势在用于全国范围内营业网点覆盖率高，且在网点密布的中心城市都设有运作中心作为货物中转及分拣中心，即使在相对落后的地区也有合作的其他地方货运企业。建立营业网点需要投放大量的资金、人力和精力，并且一个营业网点建立以后需要很长时间才能实现赢利。因此大多数第三方物流企业都是采取加盟连锁的方式，可能只挂一块牌子就开始招揽生意。德邦网点建设的模式是逐步设点、不加盟、不合作、不兼并，用自己的管理，用直营的网点在全国推进，坚持打造属于自己的流水线。营业网点就像德邦的触角延伸到全国各地，以便能为客户提供更快更好的均质化服务。此处的均质化是指德邦在自己的任何一个网点所提供的服务都是一样的。服务水平的一致性对德邦树立良好的自身形象，在不同地区开拓市场，实现物流服务全过程的自我控制，有着十分重要的作用。目前全国大概有 400 个网点，总部在广州，基本上全国都有专线。

（2）安全且具有较强的运输和配送管理能力。由于长期经营函件、包裹、速递、报刊等实物传递业务，部门在生产运营方面积累了丰富的经验，并且每台车上都有 GPS 卫星跟踪，车上物件不容易弄丢。

（3）自买车辆，培训司机。很多物流企业都把他的运输车队，运输车辆挂靠社会车辆或者把运输车辆外包。在他们看来庞大的车队是公司的累赘，需要企业很大的投资和管理成本。德邦管理层认为车队是公司的竞争力所在，运输车辆挂靠或外包容易导致物流行业司机不服从管理，难于控制运输质量，更没办法很地实现安全、快捷、精准的客户服务。对于一家物流企业来说，运输是命脉，运输上出现管理混乱势必影响整个物流公司的经营以及核心竞争力的培养。在自组车队的运营模式下，德邦所有员工都有自己应该服从的领导，自上而下形成一个管理体系。自组车队也有利于更好地控制物流服务过程，使物流服务质量更有保证。同时雄厚的车队资产也能展示企业的实力，有利于同客户建立信任关系，对品牌推广和市场拓展有重要作用。

（4）实现信息网络共享。德邦零担物流成立至今能够保证稳步发展的一个重要原因就是差异化的市场定位，走不同于一般竞争者的高端零担物流路线。差异化的市场定位使德邦专注于自己的模式，包括自建营业网点，自购运输车辆，构建网络信息平台。网络信息平台共享是旨在提高各个营业网点的操作时效在全国所有营业网点间采用统一的管理模式，实现信息资源的完全共享的模式。公司的信息化管理平台主要包括 OA 网络智能办公系统、EDI 电子数据交换平台、ERP 企业信息平台。依托于强大的物流信息技术支持下构建的网络公共信息平台，各个营业部可以与全国范围内的营业网点和运作中心实现信息共享，提高物流服务时效和质量。网络信息共享不仅仅体现在公司内部，客户可以登入公司的网上营业厅，自主选择网点查询、价格时效查询、发货单查询、价格查询、网上订单下达、订单管理、货物追踪等服务。

而且客户可以在公司网上营业厅选择服务内容，包括在网站上对营业部服务的投诉，一定程度上也促使营业部加强内部管理，提高客户满意度。

14.3 德邦零担运输的增值服务创新内容

德邦零担物流提供的主要增值服务创新内容包括：代收货款、保价运输、安全包装，三大增值服务也是公司创造利润的重要组成部分。

1. 代收货款

代收货款的应运而生成为很多物流企业的一大收益增长点。主要是随着电子商务的发展很多初次合作的供货方和收货方受制于互信，由供货方向物流企业办理托运，收货方收到货物之后，通过物流企业代供货方向收货方收取货物款项，在规定时间内交付给供货方的一个过程。具体到德邦零担物流就是，发货客户向收货人发货之后，有公司代发货客户向收货人收回货款，并承诺在规定的时限内将货款汇至发货人账户。对于公司本身来说，代收货款一方面可以向客户收取一部分手续费，德邦零担物流的代收货款分为“即日退”和“三日退”两种，前者向客户收取费率为1‰的手续费用（200 元封顶），后者单票货物 10000 元以下，向客户收取费率为 5‰的手续费，高于 10000 元，收取 4‰的手续费（100 元封顶）。另一方面可以将代收货款的款额用于资金流转。据资料显示，截至 2010 年 12 月份，德邦零担物流累计代收货款突破 68 亿元人民币。对于发货人来说，面对的收货客户可能是第一次合作的客户，彼此之间尚未建立互信的关系，由物流公司带其收回货款某种意义上是帮助其挽留了一个客户。对于德邦物流这样的大中型物流企业来说，本身拥有良好的信誉加上货款流动的及时性，保证了代收货款服务是效益大于风险的增值服务，所以代收货款服务的实现在企业之间存在双赢的关系。

2. 保价运输

保价运输以托运人和物流企业共同确定货物价值为前提，由物流企业托运的货物一旦出险，即获得相应赔偿的一种运输方式。德邦零担物流根据客户需求对货物进行保价，公司和客户之间达成保价运输的协议，根据其具体运输类型收取保险费用，并且每票货物设有最低保险费。对于一些贵重的货物，公司可以受客户委托帮助客户向专业的保险公司投保。此外保价运输还涉及理赔的问题，包括现场理赔和申请理赔程序理赔两种类型。这是根据货物的破损程度和客户对理赔的要求而定的，最终在公司和客户的协商下解决；而涉及投保于保险公司的贵重货物理赔，则将客户和保险公司签订的保险协议作为理赔依据。

3. 安全包装

安全包装主要是用具体包装材料和包装技术对零担货物进行包装，主要为了保证货物的安全和便于货物的装卸搬运。运输过程中的破损主要是由于包装不当而引起的，对零担货物的防护是公司根据客户要求进行包装的主要目的。德邦零担物流根据客户货物的重量、体积、形态要求，提供了包括多种规格的抗压纸箱、打包袋、防水纤袋、木箱、木架等多样化的包装，通过包装，防止零担货物在装卸搬运过程中受到数量和质量上的损失。经过安全包装，公司的零担货物因包装问题引起的破损仅为货物破损的2%，远远低于行业内高达47%的比例。公司实行安全包装不仅保证货物的安全性，尽量避免了货物的破损，同时也是增加收益的有效增值服务。

14.4　德邦零担运输的业务运作流程

一般来说，作为零担货物运输系统主要包括四个方面的内容：以城市为中心向外辐射的营业网点（包括偏线运输的地方合作网点）；区域内要有一个中心分拣库；专业化的运输车队；完整的运输网络以及信息共享平台。德邦物流采用自建的运输车队，自建运输网络的模式。这四个方面是区域内实现零担货运的基础，此外包括各类物流服务构成了整个零担物流运输系统。

基于完整的零担货物运输系统，德邦规划从客户下达订单经过各营业网点有效配合到货物运至收货人处的整个过程为其零担物流业务运作流程。具体到德邦开展零担物流的运作流程如图14－1所示。

首先，客户有两种方式发货，其一，客户通过电话咨询下单或者网上营业厅下单，与营业部预约上门接货时间，后由运输车队将货物运送至营业厅，由营业厅工作人员网上开单；其二，客户直接将货物送至营业厅，填写发货单协助工作人员网上开单。

其次，运作中心集中区域内各个营业部货物发送至指定营业部，货物一

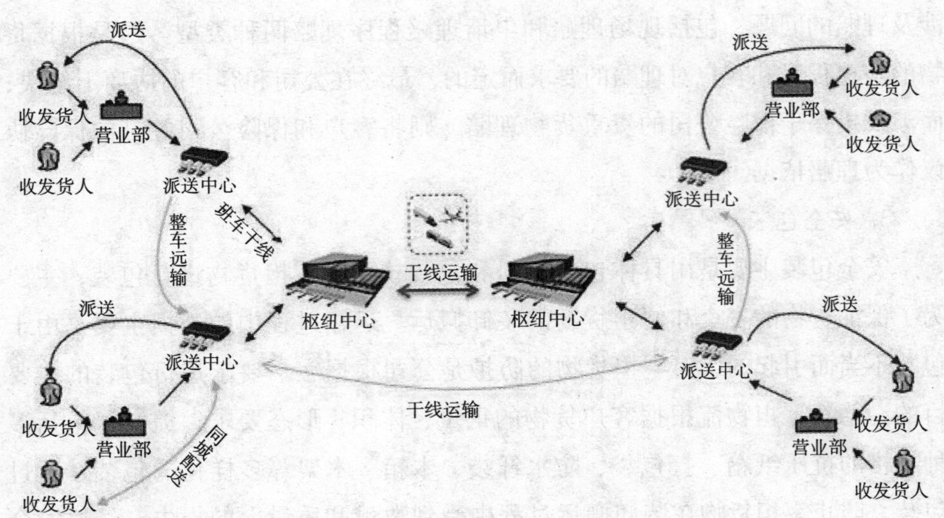

图 14－1　德邦零担运输物流业务流程

旦到达入库，到达区域营业部通知客户取货，或者根据客户要求送货上门。

最后，对于一些非直达的偏线运输货物（一般这类运输都受制于营业网点覆盖率，无法达到网点对接），就要涉及转运，具体运作部门与目的地货运企业合作，委托货运企业将货物运至离收货人最近的货运站，收货人自提货件。

14.5　德邦零担运输的应用效益

在激烈的市场竞争中，德邦牢牢把握运输的精准化服务，始终把客户的满意度和自身服务水平的提高放在第一位，取得了令人瞩目的成就。作为国内零担运输的龙头企业，虽然德邦采取了单一的零担运输模式，但是它的应用效益依然是巨大的。

(1) 德邦的零担运输模支持多网点联合运营，实现了公司 400 多家网点的集成运作，为公司零担快运业务的开展提供了完整的信息化支持，提升了以快运业务为主的整体服务能力，满足了客户多样化的、全面的需求。

(2) 零担运输采用统一的订单管理和运输方式规划，能够加快对顾客订货的反应能力，加快订单处理，实现货物的快速交付。通过对运量的准确预测，优化的运输线路选择，满足快速、精确的运输服务需求，使运输调度的效率和运力使用率得到了很大的提升，降低了德邦的物流费用。

（3）通过对运输过程全程跟踪，零担运输实现了对货物情况及时、有效的掌握，为企业有效管理运输过程提供了便捷的管理方式。

（4）采用统一的结算中心，共享同一套数据，使总部与各网点及客户实现快速和精准的结算，满足高效结算和对账的业务要求，全面提升了德邦的财务管理能力。

14.6　德邦零担运输对国内物流企业服务创新的启示

作为国内零担运输龙头企业的德邦物流，取得令人瞩目的成就无疑是国内许多新兴物流企业的榜样，对于致力于零担运输的物流企业如何进行服务创新具有深刻的启示。

（1）规模化的发展。业内许多物流小公司虽然也致力于零担运输，经营得非常不错，但是企业的生死存亡就完全维系在几条专线之上了，要想真正分散经营风险企业还需要做大、做强。企业的营业网点分布广，就能在一定程度上分散区域市场的经营风险。此外，网点较多也能吸引到较多的客户，很多客户经常会选择一家或几家物流企业进行走货，较全的网点布局有助于吸引这些潜在客户。

（2）专业化的发展。很多业内的的小公司依托专业化的运营取得了不错的经营业绩，在零担物流企业做大做强的同时仍然需要保持这种专业化的优势，不然就会造成大而不强的结局。专业化服务的主要方向有三方面：时效、个性化的需求和货物的安全性。零担物流企业需要提供专业化的服务才能收取较高的价格和吸引住拥有不同需求偏好的客户。

（3）优秀的管理水平。零担物流行业也是个人力密集型行业，员工的成分和种类复杂，营业网点数量多且分布不一，所以人员管理和财务管理是个难题。物流行业的业务流程比较复杂，要想在扩大企业规模的同时实现专业化、个性化的服务难度相当大，中间需要较为优秀的流程管理水平。企业发展也需要购入大量固定资产，对于公司管理层的财务管理能力尤其是融资能力要求很高。总之，优秀的零担物流企业需要解决这一些列管理难题。

（4）与企业间的关系嵌入式合作。企业之间良好的合作关系是物流企业高速发展之所在。为了保证与生产商的更紧密合作，德邦不断进行服务创新，通过与制造商协商制定代收货款的模式，既保证了商品的安全性，缩短了中间响应的时间，又为自身企业发展获取了利润。

（5）从产业联动的视角保证制造商和客户的利益。为了促进物流企业与制造商和客户之间的互动，德邦根据制造商的生产状况与客户的需求，加强物流企业与制造商和客户之间的信息交流，在自身良好发展的前提下相互促进、共同发展，进而保证了各方利益的最大化。

15 物流供应链集成创新研究

物流供应链可以理解为一条有机的物流链条，从产品或服务市场需求开始，到满足需求为止的时间范围内所从事的经济活动中所有涉及物流活动的部分所形成的链条。这一链条包括了大量的人、钱、物和信息，这就需要对这些物质进行管理，以有效加以利用。在当前的市场环境下，在各类型的行业中，物流供应链被许多企业视为生命线，物流供应链在控制成本、降低库存、分散风险方面的作用已经得到越来越多的企业家的认同和重视。

15.1 中国铁路物资股份有限公司供应链集成服务模式创新的原因

中国铁路物资股份有限公司（以下简称中国铁物）是经国务院国资委批准，由中国铁路物资总公司整体改制设立的大型中央企业，其前身是铁道部物资管理局，2004 年由铁道部移交国务院国资委管理。中国铁物是国家计划单列企业、财政部一级预算单位和商务部重点联系指导的大型流通企业，是我国铁路建设、运营和维护服务的主要物资供应商，也是国内最大的钢材贸易综合服务商之一。2011 年，中国铁物实现营业收入 2068 亿元，位列世界企业 500 强第 349 位。

（1）中央企业转型升级的客观要求

由于特殊的历史原因，一直以来中央企业普遍存在经济发展质量不高、发展方式粗放、片面追求规模扩张等问题，“大而不强”是许多中央企业的通病。“十一五”期间，国资委积极推进中央企业加快转变经济发展方式，推动产业结构优化升级工作。中国铁物作为商贸类中央企业之一，积极落实国资委中央企业转型升级工作要求，结合企业实际，围绕调整产业结构、产品结构、产权和组织结构等重点工作，加快转变发展方式，实现服务模式的转变。

（2）商贸流通企业转变发展模式的必然选择

随着国家经济体制的改革和市场化竞争的加剧，传统商贸流通企业业务模式的局限性越来越突出。一是传统商贸流通企业作为流通领域的中间环节，主要从事一般性贸易业务，简单赚取差价，缺少高附加值的服务，价值链短，激烈的市场化竞争导致利润微薄。二是在经营过程中缺少难以替代的服务功能，核心竞争力较弱，不断受到上下游企业的挤压，企业发展空间小。三是传统商贸流通企业属于资金密集型企业，需要依靠大量资金投入维持正常的业务开展，又要以预付赊销方式为上下游企业垫付资金，上下游企业的风险向中间环节传递，导致风险不断集聚。面对着经济结构调整和经济剧烈波动的双重压力，亟须转变自身的发展模式，拓展业务空间，加强产业链整合，从传统的一买一卖简单赢利模式向创新型、多功能、综合型交易模式转型升级，实现由"单纯贸易商"向"集成服务商"转变。

（3）中国铁物重塑企业竞争优势的现实需要

中国铁物的业务可以分为铁路和非铁路（市场化）两大类。铁路业务主要是钢轨、成品油、机车车辆配件和铁路建设招标及物资供应，非铁路业务主要是钢材、煤炭、铁矿石、进出口、物流。其中，铁路业务是中国铁物的传统业务，是公司经营发展的基础。但是随着铁路管理体制的改革，铁道部政府职能的转变以及铁路局经营机制的转化，使中国铁物在目标客户、采购方式、竞争对手等方面发生重大变化。核心客户的改变，客户资源优势的减弱给中国铁物发展带来一定的影响，为了积极化解不利影响，主动适应铁道部实施多元化经营战略和强化铁路局市场主体地位的新形势，中国铁物需要深化与铁路局的战略合作，继续围绕铁路基建、铁路运营和铁路维护三大市场提高服务能力和水平，为整个铁路产业链提供配套服务，注重不同服务之间的协同，努力推进从单一物资供应向全方位的铁路物资供应链服务转变。

中国铁物也是国内最大的生产资料流通企业（包括钢材、煤炭、铁矿石等）之一，其中钢材贸易业务是中国铁物经营规模最大的市场化业务，但是一直以来存在着粗放经营、赢利模式单一和增值服务能力低等问题。随着国家钢铁产业政策的调整，钢铁企业整合不断向纵深推进，一些大型钢铁企业与终端大客户发展直接贸易，使纯粹的商贸流通企业处境更加艰难。面对前后夹击的困境，中国铁物着眼长远发展，必须深化与钢铁企业的战略合作关系，优化完善钢铁分销网络，围绕钢铁贸易产业链，加快向上游资源和向下端市场整合的步伐，打造集“矿石供应、钢材集采、加工、分销、物流、钢材市场、电子商务、金融担保、期货电子盘”于一体的钢铁供应链集成服务。

15.2 中国铁物供应链集成服务创新的模式

供应链集成服务，就是以市场需求为起点，与供应链重要供应商和客户结成稳定的联盟合作伙伴关系，整合供应链资源（上游资源、内部资源和下游客户资源），挖掘供应链上的服务需求，深化增值服务，为整个供应链提供综合性、全方位、一体化服务的营运模式。

（1）中国铁物供应链集成服务内涵

中国铁物供应链集成服务是指围绕铁路和钢铁两大核心业务领域进行供应链上下游延伸，依靠强大的综合物流能力、贸易能力和丰富的金融资源，强化供应链和产业链关键节点控制，实施“大供应商、大客户、大商品”营销策略，集成供应链上下游及内部资源，挖掘供应链服务需求，提供全方位、一体化增值服务，提高中国铁物供应链上下游企业整体竞争力，实现铁路和钢铁两大产业整体供应链的价值创造与增值服务。

①中国铁物铁路物资供应链服务

中国铁物铁路物资供应链服务主要是发挥公司铁路行业背景、钢材等大宗生产资料贸易能力和物流资源等优势，围绕铁路产业的铁路建设、铁路运营和铁路维护三个市场开展物资供应链服务（如图 15－1 所示），实现从单一物资供应向铁路物资供应链服务转变。

②中国铁物钢铁供应链集成服务

钢铁供应链集成服务包括上游铁矿石、焦煤、生铁等冶金矿产资源和下游钢材分销及相关物流、商流、资金流和信息流综合性业务（如图 15－2 所示）。

③中国铁物供应链联动发展

铁路物资供应链服务和钢铁供应链集成服务是中国铁物两大核心业务，两大供应链之间相互联动、协同配合、共同提升（如图 15－3 所示）。

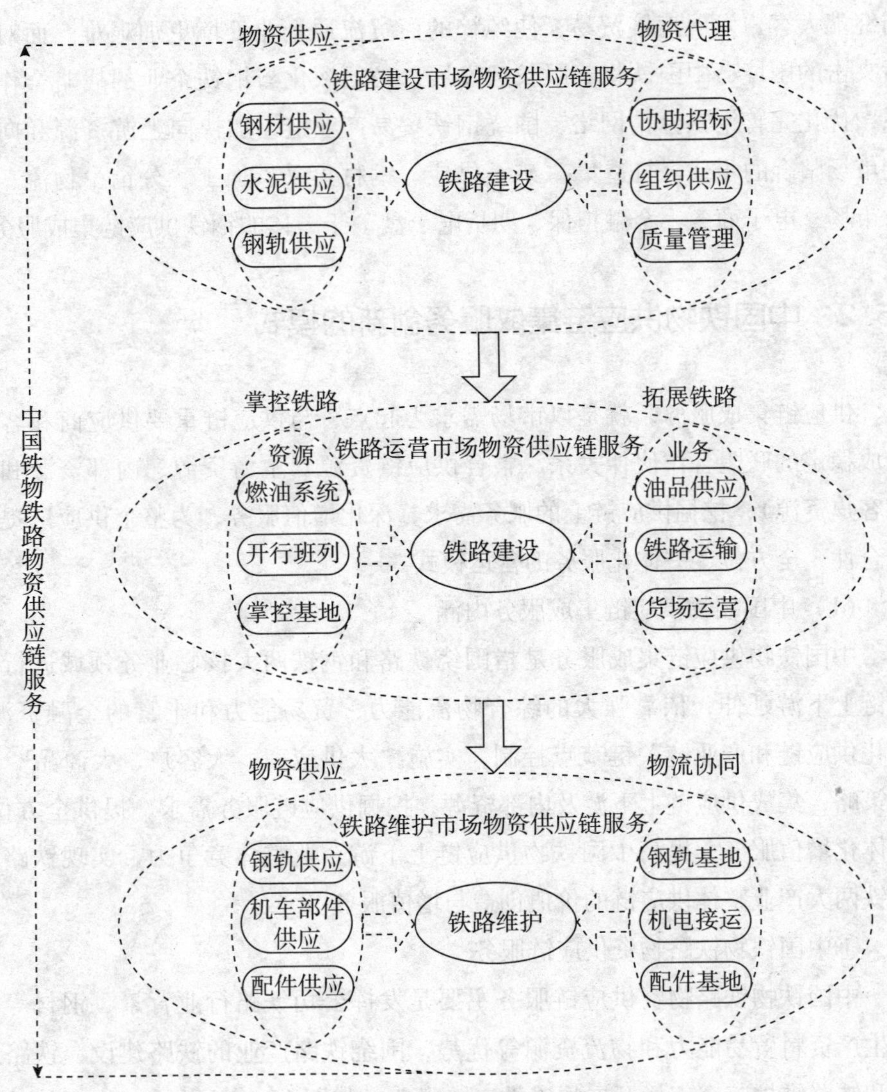

图 15－1　中国铁物铁路物资供应链服务体系示意

一方面，铁路物资供应链业务带动钢铁供应链业务。在铁路基础建设过程中，通过提供铁路基建物资代理服务带动了钢材、水泥投标供应，及运输、仓储、装卸等基础物流业务。在铁路运营中，中国铁物利用深厚的铁路背景，掌控运力资源，拓展了铁路运输、多式联运、货站运营等业务，同时也为中国南车、北车等提供造车材供应等业务。

另一方面，钢铁供应链业务促进了铁路物资供应链业务的发展。在入股

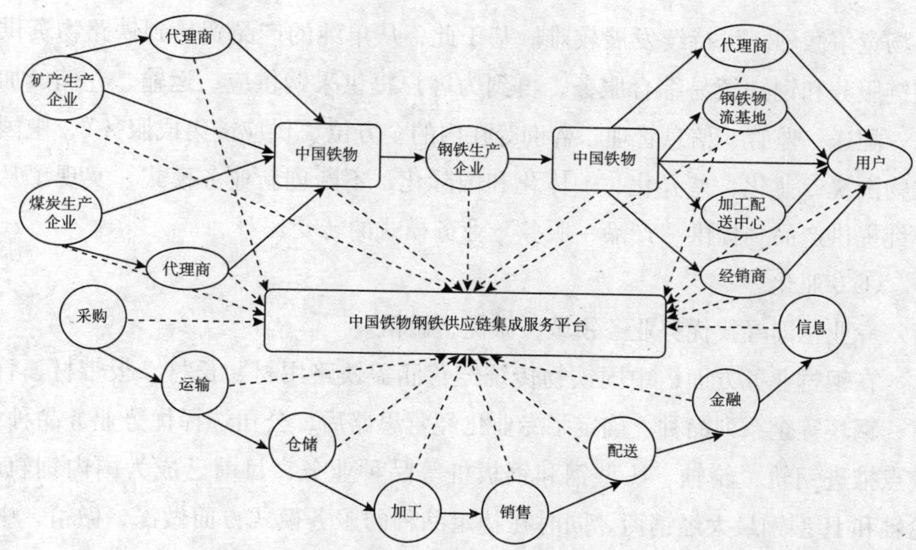

图 15－2 中国铁物钢铁供应链集成服务体系

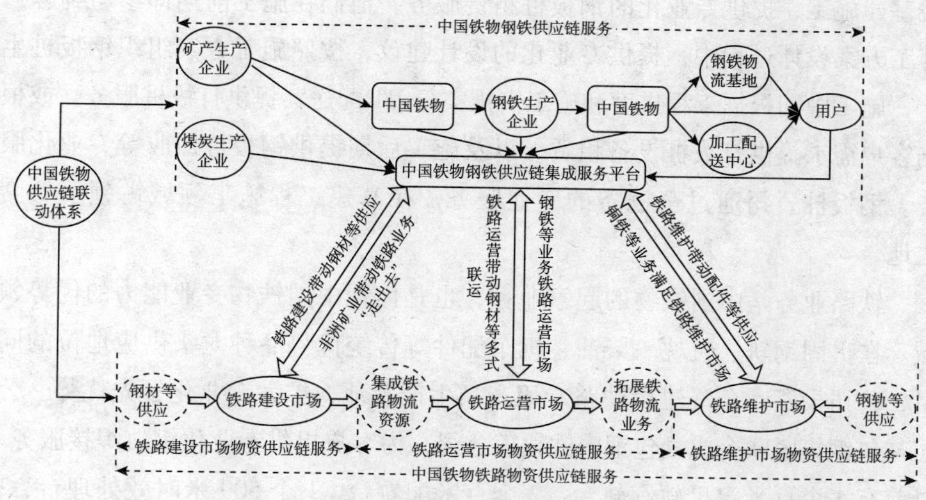

图 15－3 中国铁物供应链联动体系

非洲矿业获取矿石资源过程中，为从矿区至港口的铁路建设供应钢轨、轨枕等基建材料，提供机车车辆进口代理及技术咨询等服务，促进了铁路物资供应链国际化业务的发展。

(2) 中国铁物供应链集成解决方案

中国铁物作为传统的商贸企业，在业务发展中越来越深刻地体会到：通过单纯的产品买卖博取差价很难在产业链中获取优势地位，并且经营风险大、市场竞争激烈、可持续发展较难。基于此，从单纯的产品贸易到铁路物资供应链服务和钢铁贸易综合服务，再到为客户提供采购供应、运输、仓储、加工、配送、监管、信息管理、咨询等在内的全方位“供应链集成服务”，中国铁物围绕专业化、差异化、一体化和国际化，不断创新业务模式，实现了从单纯提供产品到提供“产品+服务”业务模式的转变。

①专业化

专业化即寻找优势业务领域，做优、做精。

在钢材业务方面，中国铁物传统经营涵盖铁路用材、长材、板带材、管材、钢坯等全系列品种。确定了专业化经营思路后，公司选择优势业务品种，重点推进钢轨、轮轴、H型钢和钢板桩等品种业务，目前已成为国内钢轨、轮轴和H型钢最大经销商。同时在特定品种的服务模式方面做深、做精，中国铁物旗下的钢板桩公司深刻研究以钢板桩为主的基础工程材料产业链，围绕基建施工，提供专业化的钢板桩租赁服务。他们在施工前期即参与到客户施工方案设计过程中，提供专业化的设计建议，按照施工方案组织钢板桩生产，施工中期根据工程进度和施工安排实行JIT配送、提供打拔桩服务，或根据客户需求提供打拔桩设备租赁，以及施工后期提供钢板桩回收等专业化服务。钢板桩公司通过全链条的专业服务，在基建工程施工领域占领了一席之地。

铁路业务是中国铁物的起家业务，也是体现中国铁物专业能力的优势领域。在巩固钢轨、轨枕、柴油、机车配件等传统优势品种龙头供应地位的同时，公司投资、合资建设铁路专用产品生产基地，扩大专业化领先优势。公司与包钢集团联合成立包钢中铁轨道公司，为客户提供专业化钢轨焊接服务。目前有4个百米定尺轨存轨台、2个百米配轨台、1个500米时效处理台、1个500米长轨成品台，主要为客户提供25米、100米等钢轨焊接服务，焊轨生产流水线双线双班设计生产能力可达2500千米/年，是国内第一家实现500米钢轨焊接生产的企业。

在基础物流方面，中国铁物也围绕专业化做足功夫，做精做细，为客户提供专业化物流服务。一是运输工具的专业化，针对运输配送产品的功能要求定制专用运输工具，公司为宣钢大宗钢材运输定制购置重载运输拖车，为武钢精品钢材运输定制购置翼展式集装箱运输车，为武汉本田配套商定制购置专用座椅运输车，为运输超长钢轨定制购置钢轨专用平板运输车，针对客户个性化需求提供专业化物流服务。二是物流解决方案的专业化，根据客户需要，制定专业化库存方案，减少库存资金占用，确保货物供应；制定专业化运输方案，增加对向运输，降低空载率；制订专业化装载方案，充分利用装载空间，保证货物运输安全。旗下中铁伊通公司运输精品钢材时，针对运载产品特性研发了专用固定钢架和防腐枕木托架，提高了装载率，确保了精品钢材运输安全，其服务被誉为“像运鸡蛋一样运钢材”。

②差异化

差异化即设计有别于竞争对手、别具一格的业务模式，从而获得竞争优势。

在同质化竞争加剧的市场背景下，中国铁物积极创新业务模式，在钢铁贸易领域为客户提供差异化服务。中国铁物旗下的西本新干线电子商务公司实施了有别于传统贸易公司和一般电子商务公司的业务模式，推行“现货市场＋电子商务”差异化运作，避免了单一现货市场或单一电子商务运作的弊端，同时开展期货交易，满足不同客户需要，迅速占领了市场。同时在经营品种上沿钢铁供应链实行多元化，为客户提供融合铁矿石、焦炭、钢材等大宗生产资料的综合贸易服务。在技术上采取差异化，通过“电子商务的业务模式＋云计算的技术架构体系”，突破了原有基于 Web 技术面向信息发布与交易撮合的简单电子商务模式，向上游与生产系统集成，下游与物流和终端管理系统集成，使供应链中各个环节的信息在“云”中会聚、交互，拓展了与客户合作领域和范围。目前，西本新干线电子商务公司已成为互联网上最大的标准商品交易平台之一，引领了钢铁行业价格走势，被誉为“中国钢铁价格市场风向标”。

③一体化

一体化即沿产业链上下游延伸，整合上下游企业及内部资源，实现商流、物流、信息流和资金流的四流合一，为供应商的供应商、客户的客户提供一体化综合服务。

在钢铁业务方面，中国铁物注重上游资源获取，入股非洲矿业、与澳大利亚等地资源厂家签订合作协议，锁定外矿资源，丰富铁矿石获取渠道。同时在内蒙古、山西等地建设煤炭铁路集运站，积极拓展越南、印度尼西亚、俄罗斯等国外煤进口业务，掌控更多煤炭资源；在中游建立了钢铁综合物流基地、钢材加工配送基地、港口集散基地等基础设施，强化综合服务能力；在下游完善经营网络，掌控终端客户，实现了沿钢铁供应链，矿石、煤炭、钢材等大宗生产资料的采购、供应、储存、运输、流通加工、信息处理等一体化综合服务。

在铁路油品业务方面，中国铁物分别与中石化、中石油和中海油成立合资公司，从上游掌控油品资源；在中游通过建立铁路燃油配送系统，强化油品供应能力，实时掌握终端需求和存、缺货信息，实施配送；下游形成了以全路 18 个铁路局（公司）为主的大客户体系，沿铁路油品供应链提供了油品采购、储存、配送、供应等一体化综合服务。

④国际化

国际化即以贸易为先导，以投资为拉动，以实业为支撑，以境外铁路和钢铁业务为重点，以“走出去”为方向，整合全球资源，为客户提供全方位服务，打造世界一流企业。

中国铁物围绕铁路物资供应链服务和钢铁供应链集成服务两大主业，在美国、澳大利亚、塞拉利昂等地拓展业务，为客户提供包括铁路建设工程总包、物资供应综合解决方案、铁路装备租赁、配套综合物流服务、项目融资、工程技术咨询等高附加值业务，提高了赢利能力，以上下游资源、供应链渠道、资本运作和人力资源实现全球化配置，带动了国内、国际两个市场的联动发展。

15.3 中国铁物供应链集成服务模式的创新点

（1）战略创新

中国铁物从最早的铁路物资供应机构，到铁路物资企业、传统物资企业、商贸物流企业，再到供应链服务企业集团的转型发展离不开战略的不断创新，由“一铁”（铁路物资供应）到“两铁”（铁路物资供应和钢铁综合贸易），由“铁路物资供应”到“铁路物资供应链服务”，由“钢铁综合贸易”到“钢铁供应链集成服务”，由“打造国内领先”到“创世界一流企业”，中国铁物战略定位不断优化，发展目标不断升级，形成了总体战略、业务战略和职能战略、重要子企业战略三级战略规划体系，为企业下一步发展指明方向。

（2）管控体系创新

中国铁物在管控体系建设方面进行了一系列创新，采用基于专业管理、集约经营与战略协同的战略操控模式，在集团层面上对内部资源进行整合。以上市为契机，完善法人治理结构，完成股份制改造，形成产权清晰、权责明确、政企分开、管理科学的企业制度体系。加强集团管控，建立专业化业务管理和职能管理体系。在业务管理方面实施“事业部”制，按照产业链及目标细分市场需要，沿铁路产业链设立（铁路）油品、铁路线路、铁路装备、铁路建设四个事业部，沿钢铁产业链设立钢铁、矿产、能源三个事业部，同时设立物流、国际两个综合事业部，运作供应链集成服务，强化了事业部作为集团业务指挥中心的引领和带动作用。同时对总部职能部门进行调整，设立资金部强化资金管理，设立审计部、运营安监管理部等加强风险管控等，加强了集团的专业化管理水平。

（3）业务模式创新

从单纯的产品贸易到铁路物资供应链服务和钢铁贸易综合服务，再到为客户提供采购供应、运输、仓储、加工、配送、监管、信息管理、咨询等在内的全方位“供应链集成服务”，中国铁物围绕专业化、差异化、一体化和国际化，不断创新业务模式，实现了从单纯提供产品到提供“产品＋服务”的供应链集成业务模式的转变。

（4）资源管理创新

为提升供应链集成服务能力，完善物流网络布局，构建“大物流”体系，2011年中国铁物制定了《中国铁物2011—2015年物流网络布局指引》，明确了通过改造、自建、兼并、联营、输出管理等方式掌控物流资源的资源构建思路，确定了在中国大陆地区建设三级131个物流节点、构建完备物流网络的布局规划。目前，已开工建设钢铁物流综合服务基地、钢材加工配送中心、煤炭铁路发运站和港口集散基地8个，其中黄骅港集散基地分阶段投入运营。在社会仓储整合方面，制定下发了《社会仓储资源整合指引》，和《仓储商（运输商）信用评价体系》，规范了仓储资源评价和管理办法，有效降低了运营风险。目前已整合掌控协议库10家。中国铁物对整合仓储资源具有冠名权，仓库财务、安保和装卸等关键岗位员工均由中国铁物派驻，加强了对供应链关键节点的控制，提升了公司供应链集成服务能力，实现了由分散使用、独立经营仓储资源向多方式整合、多板块共享的中国铁物仓储连锁网络的转变。

（5）供应链联动创新

中国铁物的非洲矿业项目是中国铁物供应链集成服务模式创新的集中体现，实现了铁路物资供应链服务与钢铁供应链集成服务的联动发展。一是沿钢铁供应链上下游延伸，在全球范围掌控上游铁矿石资源，提高钢铁供应链集成能力，确立了在钢铁供应链中的核心地位；二是立足非洲矿业项目，带动铁路物资供应，向国外输出了中国铁路技术、标准、服务和装备等，创造了矿山、铁路和港口三位一体资源开发新模式，实现了中国铁物国内与国际业务的协同发展；三是带领中资企业抱团"走出去"，引入了中国土木工程集团有限公司、中国交通建设股份有限公司等参与项目配套的铁路和港口基础设施建设，开拓了"中国铁路"走出去的新领域；四是以贸易为先导，以投资为拉动，以实业为支撑，以物流综合服务提供矿石运输等全方位服务，集中体现了商流、信息流、资金流和物流四流合一。

15.4 中国铁物供应链集成服务模式的实施成果

（1）取得了显著的经济效益

为了适应市场需求的不断变化和早日实现世界一流企业的目标，中国铁物主动变革、积极创新，大力推进以战略为引领的转型升级，努力推进从商贸流通企业向供应链服务企业转变，公司实现了快速发展。营业收入从2008年的1002亿元增长到2011年的2068亿元，增长106.4%；利润总额和资产总额的增幅也分别达到128.4%和128%。

2011年，中国铁物销售的钢材、铁矿石和煤炭实物量均超过2000万吨，钢铁供应链集成业务整体利润同比增长36.3%。为铁路建设供应钢材和水泥等物资400余万吨、钢轨100多万吨，为铁路运营供应路局柴油近500万吨。在取得显著经济效益的同时，为中国铁路建设和运营起到了保驾护航作用。

（2）提高了整体运营效率

中国铁物先后开发了多个专项业务信息管理系统，对重要业务节点进行统一管理，提升整体运营效率，降低经营风险。2008年，在铁道部的大力支持下，中国铁物运用成熟的供应链理论和先进的信息技术，加大研发和设施改造投入，先后建设完成了铁路燃油配送系统、钢轨供应链管理信息系统、铁路建设物资招评标系统、钢材信息平台等供应链系统和信息系统，并在全路上线使用。通过供应链创新，实现了对铁路物资供应链流程、运输规划、库存水平的全方位优化，实现了信息共享和在途实时追踪，实现了库区作业的监控与互动，全面提升了铁路物资管理和服务水平。

中国铁物也正在建设和完善覆盖中国铁物各级子公司的 ERP 系统，包括信息的采集、存储、加工、分析、测试、传递、报告、披露等，实现信息在各管理部门、业务单位之间的集成与共享。作为供应链上的核心企业，中国铁物还积极与上游供应商和下游客户开展信息系统对接工作，通过及时了解上下游企业的需求信息和各环节的存货信息，快速做出反应，缩短了交易时间，也大大提高了业务的运营效率。

（3）创造了良好的社会效益

中国铁物作为隶属于国务院国资委管理的的中央企业，一方面，积极落实国资委转型升级工作要求，通过转变发展方式努力提高经济效益，为国家和地方经济的发展也作出应有的贡献，2011 年上交税金 11.3 亿元，较 2008 年增长 50.7%。中国铁物在全国 30 个省市、自治区拥有 1500 多个经营网点，在册员工 10330 人、劳务派遣人员 1000 多人，有效拉动了地方就业。中国铁物共计与 11 个省级地方政府签署战略合作协议，立足铁路物资供应链服务和钢铁供应链集成服务两大主业，围绕区域经济发展规划、区位资源优势及区域经济发展政策优势与地方政府进行战略合作，有效带动了地方经济的快速发展。

另一方面，中国铁物也积极承担中央企业的社会责任，利用各种形式为行业和社会的发展贡献自己的力量。积极参与铁路、钢铁、物流等行业标准的制定，承担国家部委、行业协会课题研究任务，并积极为行业发展建言献策，促进行业健康发展。中国铁物作为钢铁贸易流通行业中的领军企业，始终以引领行业可持续发展为己任，通过建立第三方公共信息平台为行业内企业提供实时的信息支持，提高了企业对市场价格波动的反应能力，旗下哈尔滨物流有限公司的黑龙江钢材网是黑龙江省最大的电子商务平台，柳州物流公司的物流公共平台面向西南和东盟地区提供服务，西本新干线电子商务有限公司也已成长为国内最大的标准商品交易电子商务平台之一。

中国铁物经过两次战略转型升级，第一次实现了由传统物资企业向商贸流通企业的转型，从单纯的物资贸易向多元化经营转变；第二次实现了由商贸流通企业向供应链服务企业的转型，从传统贸易物流服务向供应链集成服务转变。中国铁物的成长过程也是供应链管理实践的过程，对同类物资企业和商贸流通企业向供应链服务企业转型起到了良好的示范和带动效应。

在中国铁物转型过程中，立足核心主业、深挖链条内涵，实现商贸业务和物流业务有机融合、集成发展的战略思路，其专业化、一体化、网络化、国际化的战略举措是值得在同类企业转型过程中推广和借鉴的。此外，中国铁物在物流业务模式创新、物流网络布局、物流信息化等方面做出的积极探索，也为其他企业提供了有益的参考价值。

参考文献

[1] BUSSE, CHRISTIAN. A procedure for secondary data analysis: innovation by logistics service providers [J]. Journal of Supply Chain Management. 2010, 46 (4): 44 -58.

[2] BUSSE, CHRISTIAN, Wallenburg, Carl Marcus. Innovation management of logistics service providers foundations [J]. International Journal of Physical Distribution & Logistics Management, 2011, 41 (2): 187 -218.

[3] CHAPMANR L, SOOSAY C. Innovation in logistic services and the new business model A conceptual framework [J]. International Journal of Physical Distribution & Logistics Management, 2003, 33 (7): 630 -650.

[4] CHIEH - YU LIN. Influencing Factors on the Innovation in Logistics Technologies for Logistics Service Providers in Taiwan [J]. Journal of American Academy of Business, 2006, 9 (2): 257 -263.

[5] CHYI JAW, JYUE - YULO, YI - HSING LIN. The determinantsof new service development: Service characteristics, market orientation, and actualizing innovation effort [J]. Technovation. 2010, (30): 265 -277.

[6] DAUGHERTY, PATRICIA J., CHEN, HAOZHE, et al.. Organizational structure and logistics service innovation [J]. International Journal of Logistics Management. 2011, 22 (1): 26 -51.

[7] DREJERI. Identifying innovation in surveys of services: Aschumpeterian perspective [J]. Research Policy. 2004, (33): 551 -562.

[8] FORSMAN H. Innovation capacity and innovation development in small enterprises: A comparison between the manufacturing and service sectors [J]. Research Policy. 2011, 40 (5): 739 -750.

[9] JUNG - TANG HSUEH, NENG - PAI LIN, HOU - CHAO LI. The effects of network embeddedness on service innovation performance [J]. Service Industries Journal. 2010, 30 (10): 1723 - 1736.

[10] LIN, CHIEH - YU. Determinants of the adoption of technological innovations by logistics service providers in China [J]. International Journal of Technology Management & Sustainable Development. 2008, 7 (1): 19 - 38.

[11] LOVE, JAMES H., ROPER, STEPHEN, HEWITT - DUNDAS, NOLA. Service Innovation, Embeddedness and Business Performance: Evidence from Northern Ireland [J]. Regional Studies. 2010, 44 (8): 983 - 1004.

[12] MOTA PEDROSA, ALEX. Customer Integration during Innovation Development: An Exploratory Study in the Logistics Service Industry [J]. Creativity & Innovation Management. 2012, 21 (3): 263 - 276.

[13] ROSS L CHAPMAN, CLAUDINE SOOSAY, JAY KANDAMPULLY. Innovation in logistic services and the new business model: a conceptual framework [J]. Managing Service Quality. 2002, 12 (6): 358 - 371.

[14] WALLENBURG, CARL MARCUS. Innovation in logistics outsourcing relationships: proactive improvement by logistics service providers as a driver of customer loyalty [J]. Journal of Supply Chain Management. 2009, 45 (2): 75 - 93.

[15] YANG, CHING - CHIAO. Assessing the moderating effect of innovation capability on the relationship between logistics service capability and firm performance for ocean freight forwarders [J]. International Journal of Logistics: Research & Applications. 2012, 15 (1): 53 - 69.

[16] YANG, CHING - CHIAO, MARLOW, PETER B., LU, CHIN - SHAN. Assessing resources, logistics service capabilities, innovation capabilities and the performance of container shipping services in Taiwan [J]. International Journal of Production Economics. 2009, 122 (1): 4 - 20.

[17] 安贵. 知识整合能力对企业自主创新能力的影响研究——以西安高新技术企业为例[D]. 西安：西安工业大学，2011.

[18] 安建梅. 物流服务创新动力机制分析 [[J]. 大连海事大学学报，2008，7 (2)：78 - 80.

[19] 毕康．北京市物流业的投入产出分析[D]．北京：北京交通大学，2006.

[20] 蔡伟琨，聂锐．低碳供应链发展的制度安排——基于对政府和企业的博弈均衡分析[J]．商业时代，2012（3）：24－25.

[21] 曾翔．物流服务价值创新理论与方法研究[D]．西安：长安大学，2011.

[22] 陈晖．欧盟航空碳税及其应对措施[J]．电力与能源，2012（2）：108－112.

[23] 陈理浩．低碳经济下我国的产业结构升级研究[D]．吉林：吉林大学，2011.

[24] 陈新明．淘宝数据平台数据仓库建设[D]．大连：大连理工大学，2013.

[25] 戴定一．物流企业服务创新的方法论[J]．物流技术与应用，2011（12）：71－74.

[26] 董岗，傅铅生．关于企业创新能力的评价模型研究[J]．商业研究，2004（9）：34－36.

[27] 杜志平，唐长虹．基于核心竞争力的物流企业创新研究[J]．技术经济与管理研究，2011（7）：49－52.

[28] 段向云．物流企业低碳化发展的影响机理与运营机制研究[D]．天津：天津财经大学，2011.

[29] 范久富．长三角地区物流产业联动发展对策研究[J]．物流科技，2006，29（131）：39－42.

[30] 方国昌．一类新型节能减排系统的分析和应用[D]．镇江：江苏大学，2013.

[31] 方家喜．大数据国家战略有望提上议程[N]．经济参考报，2013－10－11（2）.

[32] 冯凌．欧盟航空碳税对中欧旅游贸易的影响及应对[J]．中国经贸导刊，2012（26）：11－12.

[33] 高放．服务制胜的联邦快递[J]．企业改革与管理，2004（6）：54－55.

[34] 高清华. 物流企业服务创新及其绩效评价实证研究[D]. 长春：吉林大学，2012.

[35] 高云. 从哥本哈根气候变化大会看气候变化谈判的焦点问题及 IPCC 第五次评估报告的可能作用[J]. 气候变化研究进展，2010（2）：81－88.

[36] 官建成，史晓敏. 技术创新能力和创新绩效关系研究[J]. 科研管理，2004（11）：1000－1003.

[37] 郭晓科. 大数据[M]. 北京：清华大学出版社，2013.

[38] 郭延娜，郑伴. 数据仓库与数据挖掘在物流企业中的应用[J]. 中国科技博览，2011（29）：302.

[39] 胡静锋. 建设低碳经济的演化博弈分析——地方政府和企业双方互动角度[J]. 经济问题，2011（4）：53－56.

[40] 胡松，蔺宙，吴贵生. 服务创新的驱动力和模式[J]. 研究与发展管理，2006，18（1）：33－39.

[41] 嵇登科. 企业网络对企业技术创新绩效的影响研究[D]. 杭州：浙江大学，2006.

[42] 姜海燕，张宏伟. 联邦快递在华营销策略分析及启示[J]. 经济论坛，2011（6）：218－220.

[43] 况漠，缪兴锋. 当前我国物流企业服务体系创新途径分析[J]. 经济体制改革，2010（5）：77－80.

[44] 李国政，杨明洪. 低碳经济视野下企业碳排放的博弈分析[J]. 生态经济，2012（4）：137－140.

[45] 李贺. 基于知识管理的企业组织创新研究[D]. 长春：吉林大学，2006.

[46] 李虹. 制造业与物流业联动发展对策分析——以辽宁省为例[J]. 生产力研究，2009（10）：10－11.

[47] 李庆东. 技术创新能力评价指标体系与评价方法研究[J]. 现代情报，2005（9）：174－176.

[48] 李荣生. 低碳经济下我国制造业企业核心竞争力研究[D]. 哈尔滨：哈尔滨工程大学，2011.

[49] 李玮婷. 物流企业服务创新的战略路径选择研究[D]. 天津：天津

大学，2011.

［50］李燕．日本城市碳排放清单计算方法——以横滨市为例［J］．城市环境与城市生态，2012（5）：38－42.

［51］李燕平．低碳经济背景下广东省民营企业转型升级研究［D］．广东：广东商学院，2013.

［52］李耀新．大数据时代的挑战与机遇［J］．上海信息化，2013（10）：11－12.

［53］李媛．低碳供应链中政府监管企业减排的演化博弈模型［J］．天津大学学报，2013（5）：193－197.

［54］梁锷．德邦物流的时效管理［J］．企业管理，2014（4）：49－51.

［55］林泉，王钦，解进，等．中国制造性物流企业的演进路径与创新能力升级——以海金物流为例［J］．福建论坛，2011（9）：26－31.

［56］蔺宙，吴贵生．服务创新［M］．北京：清华大学出版社，2007.

［57］刘丹．物流企业服务创新特性及类型［J］．中国流通经济，2013（5）：28－32.

［58］刘化柱．浅谈发展低碳经济对我国企业的影响及对策［J］．金融经济，2012（5）：20－21.

［59］刘南，姜泰元，姜敏求．第三方物流的创新案例研究——以韩国甲物流企业为例［J］．科技管理研究，2011（4）：108－113.

［60］刘润生．大数据对政府的大影响［N］．学习时报，2012－11－26（7）.

［61］刘珊珊．基于低碳经济的企业技术创新战略选择［D］．重庆：重庆理工大学，2011.

［62］刘元．低碳约束下的企业与政府间碳博弈分析与策略研究［J］．长春理工大学学报，2012（2）：47－49.

［63］刘照军，王秀荣．基于循环经济的第三方物流企业创新研究［J］．中国物流与采购，2011（16）：72－73.

［64］刘志康．第三方物流衍生服务创新研究［D］．上海：复旦大学，2011.

［65］龙长青．物流服务创新与物流绩效关系的实证研究——以武汉城市

经济圈物流企业为例[D]. 武汉：华中农业大学，2009.

[66] 鲁峰. 碳税预期对企业的经济影响及其对策问题研究[J]. 武汉航海，2010 (4)：29-34.

[67] 吕涛，聂锐. 产业联动的内涵理论依据及表现形式[J]. 工业技术经济，2007 (5)：23-24.

[68] 马昌盛. 2030 年中国环境污染将跨越恶化拐点[J]. 节能与环保，2013 (6)：44-45.

[69] 麦肯锡. 大数据：下一个创新、竞争和生产力的前沿[J]. 安晖，陈阳，张鼎，译. 同步跟踪国外工业和信息化最动向，2012，25 (57)：23-25.

[70] 毛羽鹏. 关于物流企业服务创新的讨论[J]. 中国新技术新产品，2010 (21)：205.

[71] 民政部国家减灾中心. 全国自然灾害基本情况分析 (2013 年上半年) [J]. 中国减灾，2013 (8)：57.

[72] 民政部国家减灾中心. 全国自然灾害基本情况分析[J]. 中国减灾，2013 (10)：57.

[73] 慕静. 物流企业集群服务创新行为演化模型及案例分析[J]. 商业经济与管理，2011 (9)：5-11.

[74] 慕静. 基于循环创新链的物流企业集群服务创新体系研究[J]. 商业经济与管理，2012 (6)：5-12.

[75] 倪令亮. 中铁物流定位、运作模式及组织结构探讨[J]. 铁道物资科学管理，2002，20 (1)：7-8.

[76] 牛建涛，慕静. 基于复杂适应系统理论的物流企业科技创新行为模式研究[J]. 科技管理研究，2010 (2)：19-21.

[77] 欧训民，张希良，王若水. 低碳技术国际转移双层多主体博弈模型[J]. 清华大学学报，2012 (2)：234-237，242.

[78] 潘琼. 企业动态能力与经营绩效关系研究[D]. 南京：南京航空航天大学，2008.

[79] 齐严. 网络背景下商业模式创新趋势与物流企业创新研究[J]. 中国流通经济，2011 (2)：72-75.

[80] 秦粮朋. 欧盟征收碳税对我国航运经济的影响与对策[J]. 中国海

事，2012（6）：49－52.

［81］饶志锋．提升我国第三方物流企业服务创新研究［J］．物流管理，2007（7）：32－33.

［82］荣泰生．AMOS 与研究方法［M］．重庆：重庆大学出版社，2009.

［83］阮国祥，傅克俊．现代物流企业协同创新机制分析［J］．江苏商论，2010（3）：56－57.

［84］沙之杰．低碳经济背景下的中国节能减排发展研究［D］．成都：西南财经大学，2011.

［85］沈涵，沈沂．“空战”正酣，“海战”又起欧盟碳税交易引发的全球博弈［J］．环球财经，2012（5）：70－72.

［86］石静．基于知识管理的企业知识创新能力研究［D］．成都：西南石油大学，2011.

［87］施同兵，简晓彬．论产业联动对可持续发展的作用——以江苏为例［J］．生态经济，2007（2）：37－39.

［88］宋锦玉．温室气体排放及日本的应对措施［J］．当代化工，2013（10）：1437－1440.

［89］宋小芬．航空碳税与中国民航竞争力［J］．时代经贸，2012（12）：97－98.

［90］宋小芬．欧盟推行航空碳税对我国的影响及应对策略［J］．经济纵横，2013（5）：111－114.

［91］孙海蓉．中国邮政速递物流市场竞争及策略分析［D］．北京：北京邮电大学，2010.

［92］孙颖，陈通，毛维．物流信息服务企业服务创新过程的关键影响要素研究［J］．科学学与科学技术管理，2009（8）：196－199.

［93］谭飞燕，刘辉煌．企业低碳技术研发与产品差异化策略的博弈分析［J］．统计与决策，2012（3）：78－81.

［94］涂子沛．大数据［M］．南宁：广西师范大学出版社，2013.

［95］汪旭晖，徐健．中国本土物流企业有主创新能力的影响因素：一个实证研究［J］．经济管理，2010（1）：140－146.

［96］王迪．天津中邮物流公司低碳化运营模式构建研究［D］．天津：天

津财经大学，2011.

[97] 王佳宁，慕静．群外企业加入物流集群的创新行为激励机制研究[J]．科技管理研究，2011 (7)：126 - 136.

[98] 王静．中国第三方物流企业服务创新的价值[J]．宁夏社会科学，2007 (6)：175 - 177.

[99] 王静．第三方物流企业服务创新的价值与绩效分析[J]．交通企业管理，2008 (4)：24 - 25.

[100] 王茂林，刘秉镰．制造业与物流业联动发展中存在的问题与趋势[J]．现代管理科学，2009 (3)：6 - 7.

[101] 王其藩．系统动力学[M]．修订版．北京：清华大学出版社，1994.

[102] 王其藩．系统动力学理论与方法的新进展[J]．系统工程理论与实践，2001 (2)：6 - 12.

[103] 王荣梅，杨秋红．欧盟征收航空碳税的影响[J]．金山，2012 (8)：71.

[104] 王少凯．德邦模式启示录[J]．商业评论，2012 (19)：53.

[105] 王晓华．物流业服务创新研究——行业、企业服务创新分析[D]．北京：首都经济贸易大学，2007.

[106] 王许栾．新邦物流以公路快运为核心向电商物流延伸[J]．物流技术与应用，2011 (6)：56 - 58.

[107] 王雁．物流企业服务产品创新的动力和模式研究[D]．天津：南开大学，2007.

[108] 王宇．基于动态能力的第三方物流企业理念创新[J]．生产力研究，2011 (1)：180 - 181.

[109] 王元卓，靳小龙，程学旗，等．网络大数据：现状与展望[J]．计算机学报，2013，36 (6)：1127 - 1129.

[110] 韦影．企业社会资本对技术创新绩效的影响：基于吸收能力的视角[D]．杭州：浙江大学，2005.

[111] 魏江，寒午．企业技术创新能力的界定及其与核心能力的关联[J]．科研管理，1998 (6)：12 - 17.

[112] 魏江，周丹．生产性服务业与制造业融合互动发展——以浙江省

为例[M]. 北京：科学技术出版社，2011.

[113] 吴明隆. 结构方程模型——AMOS的操作与应用[M]. 重庆：重庆大学出版社，2009.

[114] 吴友军. 产业技术创新能力评价指标体系研究[J]. 商业研究，2004（11）：27－29.

[115] 夏怡凡. SPSS统计分析精要与实例详解[M]. 北京：电子工业出版社，2010.

[116] 肖彦. 低碳生态经济视角下钢铁企业综合绩效评价[D]. 长沙：中南林业科技大学，2010.

[117] 薛睿. 中国低碳经济发展的政策研究[D]. 北京：中共中央党校，2011.

[118] 闫娅，丁宝根. 透析欧盟征收航空碳税的影响及应对措施[J]. 对外经贸实物，2012（2）：92－95.

[119] 杨宝峰. 关于物流创新与提升物流企业竞争力的思考[J]. 厦门大学学报，2003（42）：56－60.

[120] 杨国锐. 中国经济发展中的碳排放波动及减碳路径研究[D]. 武汉：华中科技大学，2010.

[121] 杨浩雄，赵钊. 基于供求分析的物流企业服务创新研究[J]. 开发研究，2011（2）：119－122.

[122] 杨敏. 服务流程视角下我国物流企业创新路径分析[J]. 商业时代，2010（26）：40－41.

[123] 杨晓楼. 物流公司推广增值服务探析——以新邦物流公司为例[J]. 商业现代化，2013（7）：93.

[124] 杨永刚. 数据挖掘在流通领域中的应用[D]. 武汉：武汉理工大学，2006.

[125] 叶茂盛. 现代物流业与制造业升级互动关系探析[J]. 市场周刊，2007（10）：62－63.

[126] 叶玉萍. 数据挖掘技术在物流业中的应用研究[J]. 福建电脑，2009，25（5）：2－3.

[127] 苑金海. 物流企业在低碳经济下的经营对策研究[J]. 研究与探

讨，2012（10）：72-74.

［128］翟运开．我国第三方物流企业服务创新模式研究［D］．武汉：武汉理工大学，2005.

［129］章萌．中国航空客运服务出口欧盟受碳关税影响研究［D］．南昌：江西财经大学，2012.

［130］张传玉，孙文军，李辉．加快日照市制造业与物流业联动的发展策略［J］．商场现代化，2009（3）：53-55.

［131］张明通．邮政速递物流企业营销策略创新研究［J］．物流工程与管理，2011，33（9）：30-31.

［132］张秀娥，刘洋，毛佳．现代物流企业创新机制研究［J］．经济纵横，2007（7）：76-77.

［133］张艳．大数据——物流企业的新蓝海［N］．现代物流报，2013-05-23.

［134］张艳．物流行业如何拥抱大数据［N］．现代物流报，2013-11-26.

［135］赵道致，李玮婷．物流企业服务创新的战略路径选择［J］．科学学与科学技术管理，2011（11）：152-172.

［136］赵林捷．企业创新网络中组织间学习研究［D］．合肥：中国科学技术大学，2007.

［137］朱子昊．基于数据挖掘技术的物流信息系统研究［D］．上海：上海交通大学，2007.

［138］宗威，吴锋．大数据时代下数据质量的挑战［J］．北京：科学出版社，2013，33（5）：40-42.

［139］邹宇杰．论我国物流企业服务创新［J］．现代商贸工业，2011（21）：38.

附　录

附录1　物流企业访谈提纲

一、请您简要介绍一下贵公司及所处市场环境的概况

1. 贵公司成立于何时？主营的物流业务的包括哪些？

2. 贵公司的员工总数是多少？近两年的销售额和资产状况如何？

3. 贵公司的物流服务在行业内处于什么水平？何时开展供应链管理？

4. 贵公司外部利益相关者有哪些？所处市场环境变化情况如何？

二、请您谈谈贵公司与主要利益相关者的竞合情况

1. 贵公司主要的利益相关者有几家？通过哪些方式与这些利益相关者进行竞争或合作？

2. 贵公司与主要利益相关者之间的信任或竞争程度如何？彼此共享或隐匿了那些信息？

3. 请您谈谈并举例介绍贵公司与主要利益相关者之间的问题是如何解决的？

4. 与主要利益相关者的竞合给贵公司带来了哪些服务创新方面的帮助？有何负面影响？

三、请您介绍一下贵公司与利益相关者的地理位置关系

1. 贵公司物流服务的范围是多大？有多少个分区？

2. 与贵公司有往来的利益相关者的数量是多少？分布是否集中？规模和类型的差异如何？

3. 贵公司有多少实体网点？各利益相关者距贵公司最近的实体网点的平均距离是多少？

4. 多少利益相关者的交流必须经过贵公司？

四、请介绍一下贵公司的服务创新能力和创新动力情况

1. 贵公司关于技术信息、产品信息、市场信息、管理信息等的来源有哪些？

2. 与同行相比，贵公司获取新信息与新知识的速度、数量与质量如何？

3. 贵公司能否尽快地将这些信息与新知识应用于实践？举例说明。

4. 贵公司对服务创新风险、收益的预期以及创新意愿如何？

五、请介绍一下贵公司服务创新表现和绩效情况

1. 贵公司的服务创新的数量、速度、执行情况以及创新的连续性如何？

2. 贵公司服务创新的质量、被模仿的难易程度，以及创新的时效性如何？

3. 贵公司服务创新的成功率如何？

4. 贵公司的服务创新绩效如何？服务创新的产值占销售额的比重多大？

附录2 “物流企业服务创新”调查问卷

尊敬的先生/女士：

我是北京物资学院物流管理方向的硕士研究生。由于撰写毕业论文，需要对物流企业的服务创新进行调查，希望您能抽出宝贵的2~3分钟时间填写这份问卷。您的选择并无对错之分，请您根据贵企业的情况如实填写，本调查只是希望能了解您的看法，绝不涉及贵公司的商业秘密。您所填答的任何资料，将严格按照《中华人民共和国统计法》的有关规定予以保密，纯粹作为学术分析之用。

若您需要本研究成果作为参考，请待本研究完成后，我们将奉寄研究结论与摘要以表谢忱。您的合作与意见，将是本次研究能否成功的关键，劳烦之处，敬请谅解。谢谢！

敬祝身体健康，万事如意！

联系人：杨江龙

联系电话：18701058479

以您所在的物流企业或您最熟悉的一家物流企业为依据填写：

1. 企业设立年份为＿＿＿＿＿＿年，员工总数约为＿＿＿＿＿人

2. 公司的企业性质（　　）（1）国有独资（含国有控股）（2）民营（含民营控股）（3）中外合资（4）外商独资（5）其他，请注明：＿＿＿＿＿

3. 企业主营物流业务（可多选）（　　）

（1）仓储（2）运输（3）装卸（4）搬运（5）流通加工（6）物流信息

4. 您的角色：（　　　）（1）老板（2）高层管理者（3）中层管理者（4）基层管理者

5. 企业近两年年均销售额为：（　　）（1）<500万元（2）500万~3000万元（3）3000万~3亿（4）3亿元以上

5. 若您需要本研究结果作为参考，请留联系电话（或E-mail）＿＿＿＿＿

以下题项中 1 ~ 7 的分值表示从不同意向同意依次渐进，请在相应的框内打√（1 表示非常不同意，7 表示非常同意）	不同意⟵⟶同意						
	1	2	3	4	5	6	7
本企业合作单位在规模上、类型上、主营业务上差异非常大							
其他许多企业之间进行交流时必须经过本企业							
与本企业有来往的外部单位数量很多							
合作企业与本企业都能相互信任							
合作企业与本企业能互相协同解决难题							
本企业与合作伙伴之间的交流非常频繁							
在与合作伙伴的合作中本企业投入了大量的资源（如人力、设备、资金等）							
本企业能够很快地获得市场、行业变化的信息							
本企业能迅速认识到获得的新知识对开发新服务的价值							
本企业能够将外部新知识应用于新服务开发							
本企业能够迅速地将新服务推向市场							
本企业能够辨认新服务开发的机会与可行性							
本企业能够准确分析创新过程中的风险和收益							
本企业能够认清自身创新优势在多久之后会被对手超过							
相比竞争对手而言，本企业服务创新数量非常多							
相比竞争对手而言，本企业服务创新开发速度快							
相比竞争对手而言，本企业服务创新市场反应好							

此外，您认为影响物流企业服务创新的因素还有那些？

LOGISTICS

中国物流专家专著系列

供应链风险预警机制	刘永胜
企业物流信息系统整合与应用	于宝琴 等
集群式供应链库存优化与应用	黎继子 等
物流与供应链中的三大问题研究	黄祖庆
物流成本管理理论及其应用	黄由衡
服务供应链管理	刘伟华 等
回收产品再生物流理论模型及协商机制	周三元
农产品物流框架体系构建	李学工 等
国际物流与制度因素	王国文
物流的内涵和物流战略管理实践	靳 伟
铁路现代物流中心综合发展规划理论与应用	韩伯领
铁路物流发展理论及其支撑技术研究	张 诚
生产物流系统工作流管理关键技术研究与实践	杨志军
基于成员目标定位的大规模定制模式下供应链运作	姚建明
物流外包风险分析与控制策略研究	徐 娟
物流企业创新	**田 雪**

定价：48.00元